DeutschPlus

new edition

REINHARD TENBERG   **BBC** ACTIVE   SUSAN AINSLIE

Published by BBC Active, an imprint of Educational Publishers LLP, part of the Pearson Education Group. Edinburgh Gate, Harlow, Essex CM20 2JE

New edition 2004
Reprinted 2006 (twice), 2007
© BBC Worldwide Ltd 2004

ISBN 978-0-563-51915-7

Printed and bound by Mateu Cromo, Spain.

The Publisher's policy is to use paper manufactured from sustainable forests.

The **Deutsch Plus** course book and four audio cassettes or CDs are linked to the content of the award-winning BBC television series **Deutsch Plus**.
(Television programmes first broadcast autumn 1996.)

Television producer: David Hargreaves
Television writer: Barbara Derkow Disselbeck

Also available:
- Language pack (course book and 4 audio CDs)
- Language pack (course book and 4 audio cassettes)
- CD pack (containing all 4 audio CDs)
- TV series broadcast regularly on the BBC TWO Learning Zone
- Free online activities at **www.bbc.co.uk/languages**

Course designer: Lore Arthur
Editor: Corinna Schicker
Project editor (new edition): Josie Frame
Editor (new edition): Bettina Kantelhardt
Glossary compiled by Christine Shuttleworth
Design by Gregor Arthur
Cover design and artwork by Pentacor plc
Cover photographs: Getty Images/Jorg Greuel, Mervyn Rees/Alamy, Artografika Bildagentur/Alamy, Archivberlin Fotoagentur GmbH/Alamy, UKraft/Alamy
Additional picture research by Rachel Jordan
Additional artwork by Belinda Farrell, Anna Wray and Jo Sproat
Production controller: Man Fai Lau
Audio producer: Alan Wilding
Audio producer (new edition): Martin Williamson, Prolingua Productions

Contents

Introduction

Welcome to **Deutsch Plus**. The course is designed for adult learners of all ages in a range of situations: studying on your own, in a class, for business or leisure purposes, perhaps working towards a qualification. It is carefully structured to suit you, the beginner, introducing you to the language in a meaningful and interesting way and helping you to develop your language skills. Whatever your needs, **Deutsch Plus** has something to offer you.

You will find that the topics and themes covered in the course are those that you are most likely to encounter if you are travelling to a German-speaking country or if you need to converse with native speakers of German.

The structure of the course is the key to its accessibility. As you work through each unit, you will see how the language links together and learn how to build on these links and make the most of what you already know. Study tips help you to learn more effectively and the activities enable you to develop an ear for listening, which in turn gives you the confidence to speak German yourself. After all, what matters most is being able to say what you want to say! Reading and writing activities are, in turn, used to help you build up vocabulary and practise what you know.

Additional features such as *Sprachtipp*, *Speichern* and the end of unit *Quiz* or *Checkliste* encourage you to reflect on how the language works, help you to build vocabulary and see how well you are doing. A wealth of cultural information is to be found in the *Wissenswert!* sections. For more on these, see **How to use this course** on page vi.

The course

Deutsch Plus contains 37 units, divided into *Willkommen*, *Hallo*, *Erste Kontakte* and *Treffpunkte*.

Willkommen and Hallo units 1–4: a gentle introduction to the basics of the language and to the storyline of the television drama. Test your knowledge with the Quiz at the end of each *Hallo* unit.

Erste Kontakte units 1–16: the television storyline continues and more new language themes are introduced. These units use audio extracts from the television series and from specially recorded interviews with German-speaking people in Jena,

Lübeck and Mainz. There's also a *Quiz* to test you after every unit.

Treffpunkte units 1 Plus–16 Plus: revisit the themes presented in *Erste Kontakte* and expand and develop them. These units use more of the location recordings and also use written material to present new language. A *Checkliste* at the end of each unit (except for unit 16) helps you to monitor your progress.

Additionally, after *Hallo* unit 4, *Erste Kontakte* units 8 and 16 and *Treffpunkte* units 8 Plus and 16 Plus, there are self-assessment tests under the heading *Kein Problem!* to help you practise what you have learned. For more details on the content of the units, see the **Course Menu** on page viii.

In the **Reference**, at the end of the course book, you will find answers to all the activities, a reference grammar section, transcripts of the audio material, word groups and a German-English glossary.

You'll also find a selection of free online activities at **www.bbc.co.uk/languages.**

Deutsch Plus is accompanied by four audio CDs or cassettes containing all the listening material that you need in order to follow the course. Listen to interviews with local people in Jena, Lübeck and Mainz as they talk about themselves, their cities and their way of life and follow the everyday events in Nico's life as he lives and works in Cologne. Our presenters will guide you through the materials, adding explanations and tips to help you. In addition, they enable you to play your part in conversations that recap what you've just learned and build your confidence for the real thing.

Television

Deutsch Plus is accompanied by an award-winning twenty-part television series. This specially written drama features a Romanian worker in the fictitious television studios, *Deutschland Plus*. Nico Antonescu is a German learner himself and we see him adopting a range of coping strategies, for example, asking people to repeat themselves or to speak more slowly. However, the theme of learning the language is coincidental to the drama; Nico gets mixed up with the police, has flat problems, goes for a job interview and falls in love. The series offers additional source material for the learner but it should be noted that the course book and audio are a stand-alone resource.

For details about transmission times on the BBC TWO Learning Zone, visit the website: **www.bbc.co.uk/learningzone**.

The transcripts of the TV programmes can be downloaded from **www.bbc.co.uk/languages**.

Hints for learners

You will find learning tips throughout the units, giving specific hints on how to learn the language and on ways to build your vocabulary. The quizzes and checklists also have a key role to play in helping you to gauge your progress. If you have never tried to learn a language before, or if your past experiences have been less than memorable, you may be asking questions like "Where do I start?" and "What is the best way to learn?"

Motivation is one of the keys to your success. Be clear about why you want to learn German and be realistic about how much time you can devote to it. Language learning doesn't happen overnight and it's best to create a routine for yourself, devoting a regular amount of time to the process. Experiment with different approaches and then think about which works best for you. Use every opportunity to revise. Play the audio on the way to work or while doing routine jobs that don't require much thought. Work out from time to time how you would say everyday things in German and if you don't know, look them up later. Try to make contact with German speakers, through twinning arrangements, holiday or business trips, or join a local class. Rehearse as often as you can; why not record your own audio as you go, building up a stock of language? Be sure to use language that you know is correct, rather than trying to translate English thoughts into German, and see if you can do it again later without a script, after all, that's the most likely situation you will eventually find yourself in.

Another key to success is success itself, a feeling of achievement. **Deutsch Plus** is accessible; the units are four pages in length and each can be done two or four pages at a time, manageable chunks for you to work through and get a sense of having made progress. The German speakers you are learning about are interesting in their own right. Their language has a structure which you are introduced to in a logical way, without too much reference to grammatical terminology for its own sake. You will soon be using a range of structures without necessarily having to learn the full set of rules behind them, although you can explore these in the grammar reference section if you choose. Remember, you are in control.

Deutsch Plus is for absolute beginners and contains approximately 80 hours of material, with an additional 20 hours if the broadcast programmes are included. By the end of the course you will have covered most of the language needed in preparation for NVQ Level 1 accreditation, the Languages Ladder Preliminary Stage or the Common European Framework level A2, all roughly the equivalent of Foundation GCSE.

Pronunciation tips

German pronunciation is straightforward and follows a number of rules, a few of which are explained briefly below. As you listen to the audio, you will hear the correct way to pronounce the language. Here are a few hints to start you off, beginning with the title of the course itself.

Deutsch Plus: **eu** is pronounced like the *oy* in *boy*; **u** rhymes with *to*; auf Wiedersehen (goodbye): **au** sounds like *ow* in *cow*.

Wie geht's? (how are you?): **w** is pronounced like *v*; **ie** rhymes with *see*

Mai (May) and ich heiße... (I'm called...): **ai** and **ei** both rhyme with *sky*; **ß** is called Eszett in German and sounds like *ss* as in *Miss*.

The **ch** in Bauch (stomach) is pronounced like *ch* in *loch* (with a Scottish accent!) and **ch** in Brötchen (bread roll) sounds like *hu* in *huge*.

Vielen Dank: **v** sounds more like the *f* in *feeling*; **zum Wohl!** (cheers!): **z** sounds like *ts* as in *cats*.

Viel Spaß! (have fun!): **s** before a consonant such as *p* or *t* is pronounced like *sh*.

Umlaut: this refers to the two dots on the vowels ä, ö, ü, which change the sound. Some sounds have equivalents in English, others do not:

ä	long	ungefähr (roughly)	*fair*
	short	Äpfel (apples)	*kept*
ö	long	schön (beautiful)	*les yeux* (French)
	short	ich möchte (I'd like)	*refer*
ü	long	üben (to practise)	*tu* (French)
	short	Frühstück (breakfast)	like *tu* (French) but shorter

How to use this course

Each unit is introduced by photographs, illustrations and realia, which set the scene and introduce the topic of the unit.

Cross-reference to the TV episode number.

Each unit has key language functions under the heading *Lernpunkte*.

Cultural information on the German-speaking countries related to the topics of this unit are given in *Wissenswert!*

Useful German phrases and expressions are given with their English translation or with visual examples.

Lernpunkte

- Answering the telephone
- Making a call and getting through to the right person

▶1 36 A cue to using the audio CD or cassette materials (1 = CD; 36 = track number).

Additional help with vocabulary for the audio dialogues.

How to answer a phone call:

At home...	Simply say your surname or *Hallo?*
In a company...	*Siebert & Co., guten Morgen.* *Prima Plus Büro, Daniels am Apparat.* *Produktionsbüro, Koch am Apparat.*

● What to say if someone is not there:

Tut mir leid. Herr/Frau... ist (im Moment) nicht da/hier.

Asking for the caller's name... *Wer spricht da, bitte?*
                                                 Wer ist am Apparat?

In *Hallo* and *Erste Kontakte*, the key language functions are introduced in *Lernpunkte*. These are picked up, recycled and expanded under the same heading in *Treffpunkte*.

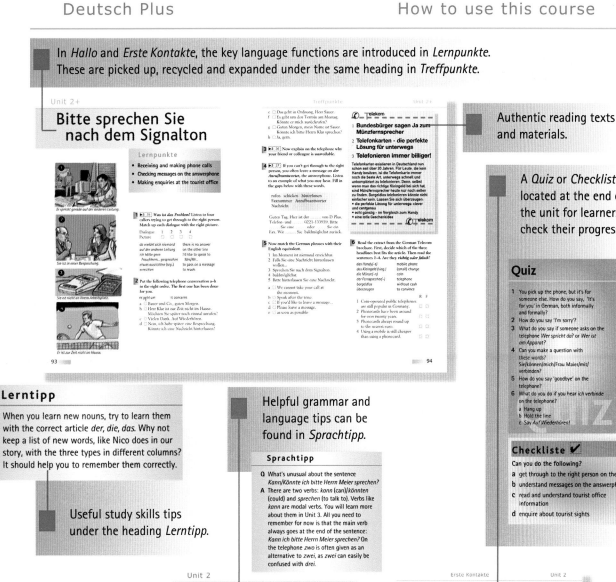

Authentic reading texts and materials.

A *Quiz* or *Checkliste* is located at the end of the unit for learners to check their progress.

Lerntipp

When you learn new nouns, try to learn them with the correct article *der, die, das*. Why not keep a list of new words, like Nico does in our story, with the three types in different columns? It should help you to remember them correctly.

Useful study skills tips under the heading *Lerntipp*.

Helpful grammar and language tips can be found in *Sprachtipp*.

Additional help with vocabulary for the audio dialogues in *Speichern*.

Course menu

Unit	Functions	Vocabulary	Cultural Information	Grammar
Herzlich Willkommen!	Saying hello and goodbye Basic pronunciation of names, towns, countries	Numbers 0-20 Greetings	German-speaking countries	

Hallo

Unit	Functions	Vocabulary	Cultural Information	Grammar
Und wer sind Sie? **1**	Saying your name Saying where you come from Saying where you live Saying where you work and what you do and asking the same of others Asking questions: Wer? Wo? Woher? Wie? Was?	Countries, jobs	The four largest cities in Germany	Present tense verb endings: I, you
Der zweite Tag **2**	Giving personal details Spelling names Asking how people are and saying how you are Accepting and offering a cup of coffee	Personal information, coffee	Statistics on coffee and the consumption of other drinks	Definite and indefinite articles
Wo ist Studio A? **3**	Asking where something is Finding your way to a particular place Finding your way around town	Directions The work place Places	The tourist office	Singular, plurals and the accusative
Was darf es sein? **4**	Shopping for food Asking how much something costs and understanding the answer	Numbers 21-100 Shopping Quantities Fruit	German bread	*Er, sie, es* and verbs in 3rd person Using *du - Sie*

Kein Problem! 1

Erste Kontakte

Unit	Functions	Vocabulary	Cultural Information	Grammar
Wie spät ist es? **1**	Asking what time it is and telling the time yourself Ordering food and drink	Time Food and drink	Reibekuchen recipe	Adverbs of time: *heute, heute Abend* Word order
Daniels am Apparat **2**	Answering the phone Giving your phone number Making a call and getting through to the right person	Telephone numbers Telephone language	Jena	Introduction to some forms of modal verb: *können*
Ich muss einen Termin machen **3**	Talking about the days of the week Talking about what you can or must do Talking about the year Arranging a meeting	Days of the week, months of the year, seasons	Cologne	Modal verbs: *müssen, können, wollen,* and word order

Unit	Functions	Vocabulary	Cultural Information	Grammar
Ich fahre nach Amsterdam 4	Buying a railway ticket on public transport Asking people to help you Understanding directions	Travel, railways	Travelling by train, buying different types of ticket	Introduction of separable verbs Revision of directions: *zum/zur*
Wie war's? 5	Talking about past events Revising times and numbers Improving your telephone skills	Revising times and numbers	Lübeck	Imperfect of *sein* and *haben* Revision of *sein/haben* in the present tense
Die gefällt mir sehr gut 6	Saying what you like and don't like Finding your way around a department store Describing what you want	Talking about music Shopping	German shopping hours	*gern/lieber; das gefällt mir/die gefallen mir nicht/besser* Modal verbs: *mögen*
Ich möchte Geld abholen 7	Numbers over 100 Asking someone to do something Changing and taking out money at a bank	Numbers 101–999 Money	Currency	Asking for things: *geben* + dative Possessive pronouns: *Ihr/dein/mein* + accusative Pronouns: *mir/mich*
Ich habe keine Wohnung mehr 8	Reporting something that's happened Asking and talking about the family and talking about your own family	The family	Public and religious holidays	Perfect tense of regular verbs with *haben*
Kein Problem! 2				
Zimmer zu vermieten 9	Understanding small ads for accommodation Enquiring about a bedsit Talking about family relationships Understanding and saying dates	Revision: numbers and dates, telephone language	Housing problems in Germany	Perfect tense with *sein* More separable verbs
Ich zeige Ihnen mal das Haus 10	Finding somewhere to live Describing a house or flat Saying where you live Asking others about accommodation Talking about your daily routine	Types of accommodation	Rented accommodation	*in* + dative
Waren Sie schon mal in Amsterdam? 11	Talking about where you've been, what you've done Describing things Asking questions Practising more telephone language	Revision: asking questions - Wann? Warum? Wer? Wie? Wie viel? Was? Wo? Woher? Wohin?	Rügen	Perfect and imperfect tenses Adjectives Interrogative pronouns
Ich muss zum Zahnarzt gehen 12	Talking about what you must do, can do and want to do Making an appointment at the dentist's Saying what's wrong with you and asking the same of others	At the dentist's/ doctor's The body, symptoms	Medical insurance in Germany	Modal verbs – *mögen, dürfen, sollen, müssen, können, wollen*
Die Kinder machen am meisten Sport 13	Talking about the sports you play and watch Saying what you like doing best Saying how often you do something Making comparisons	Sport		Adjectives: comparatives

Course menu

Unit	Functions	Vocabulary	Cultural Information	Grammar
Haben Sie Familie? 8+	Talking about yourself and your family Asking someone about him/herself Describing people	Family and relationships		Adjective endings
Kein Problem! 4				
Zu Hause in Deutschland? 9+	Saying where you grew up Saying how long you've been doing something and why Asking about someone's background	Nationalities	Foreigners in Germany	*seit* with present and past tense Separable verbs
Wir sind schon voll belegt 10+	Booking a hotel room by phone Confirming the booking in writing Making a complaint when things go wrong Describing problems of finding somewhere to live	Holiday Accommodation	Cost of rented accommodation in Germany	Use of *man* (one, you)
Leben nach der Wende 11+	Expressing feelings Asking people for their opinions... ...and giving your own	Recent German history (German unification)		Word order in subordinate clauses with *dass*
Wo tut es weh? 12+	Getting medicine and understanding the instructions Describing your symptoms and talking about what's happened to you	Health Diet Feeling unwell		Modal verbs (*müssen*)
Gesundheit und Fitness: man ist, was man isst! 13+	Comparing different lifestyles Eating habits Talking about what you like doing best	Diet and nutrition General health	Kuren (health spas)	Modal verbs (*müssen*) Comparatives and superlatives
Ich mach mal einen Anfängerkurs 14+	Saying what you're studying and why Talking about your future career Understanding some aspects of the German educational system	Education	Adult education Vocational training	Word order in subordinate clauses (*dass, weil, wenn*) *werden* (present tense) Future tense with and without *werden*
Die Umwelt - was soll man tun? 15+	Talking about the environment Saying what should be done Recycling	Protecting the environment	Recycling	Modal verbs (*sollen, müssen, können*)
Dann wünsche ich Ihnen ein schönes Fest! 16+	Learning about German festivals and customs Describing how Christmas is celebrated in Germany Taking back a present Expressing congratulations and Good Luck wishes	Christmas and other festivities	German Weihnachtsmärkte (Christmas markets)	
Kein Problem! 5				

Nico's story

In the first half of the course book the storyline of the TV series, **Deutsch Plus**, is a main feature of the *Hallo* and *Erste Kontakte* units. The *Treffpunkte* units depart from the use of the drama, developing the language first encountered in the *Hallo* and *Erste Kontakte* units and providing a wide variety of additional exercises and realia to consolidate all of your German language skills.

The drama, set in Cologne, introduces us to Nicolai Antonescu – Nico – a refugee from Romania who comes to live and work in Germany, not speaking any German. He gets a job as a runner at the *Deutschland Plus* TV station, popularly known as *D Plus*. He joins a production team making a daytime 'lifestyle' programme called *Prima Plus*.

The *Hallo* and *Erste Kontakte* units use Nico's story and scenes from the TV drama to explore the language introduced there with the use of exercises, learning tips, cultural information, audio exercises and quizzes. You'll learn in parallel with Nico as he tries to pick up the German he needs for work and for his private life, struggling to understand and often asking people to repeat or explain. Not everything goes right for him. However, as Nico settles into his new life in Cologne and makes new friends, he begins to speak and understand more German and his confidence with the language grows and grows.

Nico, Volontär
- *trainee*

Frau Maier, Produzentin
- *programme manager*

Susanne Weiß, Reporterin
- *reporter*

Anna Daniels, Produktionssekretärin
- *production secretary*

Dieter Hager, Tonmeister
- *sound recordist*

Herr Schiller, Pförtner
- *chief receptionist*

Ulli Michel, Aufnahmeleiter
- *production manager*

Elke Schneider, Cutterin
- *video editor*

Deutsch Plus audio. The television series was filmed in Cologne and the audio recorded in Jena, in eastern Germany, Lübeck on the North Sea, and Mainz in the South. These four venues have been chosen to present a varied and balanced picture of present-day Germany.

Andrea Köhler is the main interviewer for all of the audio recording. She comes from Schwerin in east Germany.

Andrea Köhler

Kunde am Kiosk
- *kiosk customer*

Kioskbesitzer
- *kiosk owner*

Herzlich Willkommen!

- Saying 'Hello' and 'Goodbye'
- Learning the basics of German pronunciation
- Using numbers from 0 – 20

Hallo Deutschland!

Hallo Österreich!

Hallo Schweiz!

Saying 'Hello' and 'Goodbye'

This is one of the first things you will need to say when in a German speaking country!

- **During the day you can say:**

  Hallo, Guten Tag or simply *Tag*

- **In the morning you can say:**

  Guten Morgen or just *Morgen*

- **...and from early evening onwards:**

  Guten Abend or the short form *'n Abend*

- **And to say 'goodbye':**

  Auf Wiedersehen or just *Wiedersehen* or use the colloquial *Tschüss*

1 Imagine you are meeting German-speaking people at the following times. Tick the greeting you would use.

	Guten Tag	Guten Abend	Guten Morgen
1 8 am			✓
2 5.30 pm		✓	
3 2 pm	✓		

Sprachtipp

Note that in German, people often address each other by name when saying 'Hello' and 'Goodbye', for example:

Guten Morgen, Herr Schiller!	Good morning, Mr Schiller.
Wiedersehen, Frau Maier!	Bye, Mrs Maier.

2 ►1 1 Switch on your tape recorder/CD player and listen to these phrases.

3 ►1 2 Now it's your turn to practise saying 'Hello' and 'Goodbye'.

4 ►1 3 Look at some names of towns in Germany, Austria and Switzerland. Turn on your tape recorder/CD player, listen to how they are pronounced and practise some of the basic sounds of the German language.

Wissenswert!

Did you know that German is spoken as a native language by more than 100 million people? Outside Germany, it is spoken in Austria, Liechtenstein, large parts of Switzerland, Northern Italy (South Tyrol), some parts of Eastern France (Alsace) and some parts of Luxembourg as well!

5 Match each fact file opposite to the right German-speaking country. Find the right capital for each country.

a Switzerland
b Berlin
c Germany
d Bern
e Austria
f Wien (Vienna)

1 Fact file ....

Size:	357 000 sq km
Population:	82.4 million
Population per sq km:	231
Federal structure:	16 Bundesländer (federal states)
Capital	*Germany*

2 Fact file ....

Size:	83 855 sq km
Population:	8 million
Population per sq km:	93
Federal structure:	9 Bundesländer
Capital	....

3 Fact file ....

Size:	41 293 sq km
Population:	7.3 million
Population per sq km:	176
Federal structure:	26 Kantone (cantons)
Capital	....

6 ►1 4 Switch on your tape/CD and listen to numbers 0 to 20. Then it's your turn to practise saying them.

0	null	7	sieben	14	vierzehn
1	eins	8	acht	15	fünfzehn
2	zwei	9	neun	16	sech zehn
3	drei	10	zehn	17	sieb zehn
4	vier	11	elf	18	achtzehn
5	fünf	12	zwölf	19	neunzehn
6	sechs	13	dreizehn	20	zwanzig

7 ►1 5 You are now ready to start unit 1! Listen and join in the countdown.

Und wer sind Sie?

e p i s o d e 1

Wie heißen Sie?

Mein Name ist Nico Antonescu.

Nico is a young Romanian who has just started a job as a *Volontär*, a trainee at the television station *Deutschland Plus*.

Lernpunkte

- Saying your name
- Saying where you live
- Saying where you come from
- Saying where you work and what you do...
- ...and asking the same of others

Woher kommen Sie, Herr Antonescu?

Ich komme aus Rumänien.

On his first day at work, he meets lots of new people, so he needs to introduce himself, to say where he comes from...

Ich bin Volontär.

...what his job is and to ask what others do.

This is how you introduce yourself:

I am	*ich bin*
I'm called	*ich heiße*
my name is	*mein Name ist*

And this is how you ask somebody their name:

Who are you?	*Wer sind Sie?*
What are you called?	*Wie heißen Sie?*
What (literally 'How') is your name?	*Wie ist Ihr Name?*

Saying where you live and come from:

I am from	Ich bin aus Ich komme aus	Berlin. Sydney. London.
I live in	Ich wohne in	Deutschland. Australien. England.

● **How to ask somebody else where they live:**

Where are you from?	Woher sind Sie?
Where do you come from?	Woher kommen Sie?
Where do you live?	Wo wohnen Sie?

1 ▶1 6 Now listen to these phrases and practise them.

2 Match the questions with the correct answers. The first one is done for you.

1 Wo wohnen Sie?   a Mein Name ist Nico Antonescu.

2 Woher kommen Sie?   b Ich wohne in England.

3 Wie ist Ihr Name?   c Ich komme aus London.

4 Wer sind Sie?   d Ich bin Claudia Bauer.

Sprachtipp

Note the different German endings for verbs (words like 'to live', 'to come' etc.):

	wohne	I	live
ich	komme		come
	heiße		am called
	wohnen		live
Sie	kommen	you	come
	heißen		are called

3 Now look at the notes below. Imagine you are Nico. Read and answer the questions.

name:	Nico Antonescu
comes from:	Romania
lives in:	Cologne

1 Wie ist Ihr Name, bitte? ....
   What is your name
2 Woher kommen Sie? ....
   where do you come from
3 Wo wohnen Sie? ....
   where do you live

How to say where you work:

I work in	Cologne. Berlin. Munich.	Ich arbeite in	Köln. Berlin. München.

How to say what you do:

I am	a teacher. a sales assistant. a journalist.	
	(man)	(woman)
Ich bin	Lehrer. Verkäufer. Journalist.	Lehrerin. Verkäuferin. Journalistin.

Unit 1

4 Have you spotted the difference between the male and female words for jobs? Fill in the grid.

(man)	(woman)
1 Architekt	
2	Studentin
3	Ingenieurin
4 Manager	
5	Polizistin

How to ask where someone works and what their job is:

Where do you work?	Wo arbeiten Sie?
What do you do? (Lit. 'What are you by profession?')	Was sind Sie von Beruf?

5 ▶1 7 Turn on the tape/CD and practise these and similar phrases.

6 Now you can complete the text below.

Lehrer Potsdam wohne Name

Mein *Name* ist Theodor Meisemann. Ich *wohne* in Berlin und ich arbeite in *Potsdam*. Ich bin *Lehrer* von Beruf.

7 What would the following people say? Look at the notes and write down the phrases, following the model in activity 6.

1
Claudia Lemke
lives in Dortmund
works in Essen
journalist

2
Richard Sauer
lives in Sutton Coldfield
works in Birmingham
architect

Wissenswert!

THE FOUR LARGEST GERMAN CITIES (POP.)

Berlin	3 391 500
Hamburg	1 726 300
München	1 260 600
Köln	968 600

8 Can you remember the German for all these question words? Write them down.

MODELL Where? *Wo?*
1 Where... from? *Ws*   *von/aus*
2 Who? *her*
3 What? *Was*

Sprachtipp

1 Note that in German, the article 'a' is not used when saying what you do for a living.

Q In German, as in English, the names of people and places start with a capital letter. But have you noticed that other words start with a capital as well? See how many you can find in activity 2 on page 4, excluding words at the beginning of a sentence.

A In German, all nouns (i.e. people, places and things) start with a capital letter. The formal words for 'you' *(Sie)* and 'your' *(Ihr)* start with a capital as well.

2 The German *w* in words like *wo?* or *wer?* is pronounced like the English 'v' in 'very'. The German 'v' in words like *Verkäufer* or *von* is pronounced like the English 'f' in 'fast'.

3 Q Have you noticed any unfamiliar letters in this unit?

A *ss* is replaced by *ß* after words that contain a long vowel, such as *Straße* (street) or *heißen* (to be called). There are also some words that contain the letters *ä, ö* or *ü* (called *Umlaute* in German).

9 List all the words you can find in this unit with an *Umlaut*.
1 ä ....
2 ö ....
3 ü ....

10 ▶1 8 For the remainder of the unit, use the book and the audio together. Look for any phrases or words you don't understand in the *Speichern* list on page 6.

5 Mien name is C. L Ich wohne in Dortmun, Ich arbeit in Esser und Ich bin Journasister von Beryl
Ich heiße Richard Sauer, Ich wohne in Su Co und Ich bin architekt von Benipt

• S p e i c h e r n •

...aus dem Sudetenland	from the Sudetenland (a former German
formerly (-gau)	settlement in the Czech Republic)
Germanist	German specialist
Redakteur	editor
Sind Sie aus Jena?	Are you from Jena?
Ich bin neu hier.	I'm new here.
Sie müssen zu Büro 312.	You must go to office number 312.
Woher sind Sie denn?	So where are you from?
Wie bitte?	Pardon?
Ich verstehe nicht.	I don't understand.

1

KATJA	Wie ist Ihr Name, bitte?
ANNA KOS	Mein Name ist Anna Kos.
KATJA	Wie bitte?
ANNA KOS	Anna Kos.
KATJA	Und woher kommen Sie?
ANNA KOS	Ich komme aus dem Sudetengau.

2

ANJA	Wie ist Ihr Name, bitte?
HERR IGNASIAK	Ich heiße Detlef Ignasiak.
ANJA	Sind Sie aus Jena?
HERR IGNASIAK	Nein, ich komme aus Berlin.
ANJA	Und was sind Sie von Beruf?
HERR IGNASIAK	Ich bin von Beruf Germanist, Journalist, Redakteur.

▶1 8 **Now listen to the dialogues again. Tick the right information you hear.**

1 Frau Kos comes from...
   a ☐ South Germany.
   b ☐ the Czech Republic.

2 Herr Ignasiak comes from...
   a ☐ Berlin.
   b ☐ Jena.

3 His job is...
   a ☐ a teacher, journalist and architect.
   b ☐ a German specialist, journalist and editor.

11 ▶1 9 **Now it's your turn to ask questions. You will be asking:**

1 What's your name? *(Wie ist Ihr name?)*
2 Where do you come from? *(Wo wohnen sie)*
3 Where do you live? *(Wo kommen sie)*
4 What are you called? *(Wie hießen sie?)*
5 Where do you work? *(Wo arbeiten sie)*
6 What do you do? *(Was sind sie von beruf)*

12 ▶1 10 **It's your turn again. Listen to the prompts and answer. You may like to prepare by looking at the notes below.**

1	2	3
Sandra Merz architect lives in Berlin comes from Berlin	Jens Schreiber journalist lives in Munich comes from Austria	Susan Ross teacher lives in Dresden comes from London

Quiz

1 You are talking to a German person, but don't understand everything he or she is saying. How would you say 'Pardon' in German? *(Wie bitte)*
2 There are several ways of asking someone's name. Can you remember two of these? *(wie ist Ihr name / wie hießen sie)*
3 Tell a German friend that you are from Sydney *(Ich komme aus Sydned)*
4 Write down the correct endings for the following verbs: ich komm*... Sie komm*en
5 Can you make a question with these words? sind/von Beruf/Sie/was? *(was sind sie von Beruf)*
6 Which German words start with a capital letter? *(nouns)*

Der zweite Tag

Ihr Name, bitte?

Nico A-N-T-O-N-E-S-C-U.

It is Nico's second day at work and he needs an *Ausweis* (company pass). So he needs to give his personal details and spell his name.

Lernpunkte

- Giving your personal details...
- ...and spelling your name
- Asking people how they are...
- ...and saying how you are
- Accepting a cup of coffee...
- ...and offering a cup of coffee to
- someone else

HAUSAUSWEIS
Deutschland Plus Television

Antonescu
Name
  Nicolai
Vorname
  Gabelsberger Str. 25 Köln
Anschrift
  K23419/N0043070
Personal-Nr.:
Nico Antonescu 20.5.04
Unterschrift   Datum

Nachname, Vorname		Telefon
Postleitzahl	Anschrift(en)	
55407		
Geburtsdatum		Geburtsort
Beruf		

1 Look at Nico's *Ausweis* on the right and fill in his personal file (*die Personalakte*) at *Deutschland Plus*.

2 Now complete the word list below.

MODELL *der Name/Nachname* surname

1 *der* .... first name
2 *das* .... date of birth
3 *der Geburtsort* ....
4 *die Anschrift/Adresse* ....
5 *das* .... country
6 *der Beruf* ....

Sprachtipp

Q Is there more than one word in German for the article 'the'?

A Yes, German has three words for 'the':
die for feminine nouns, for example,
die Adresse;
der for masculine nouns, for example,
der Name;
das for neuter nouns, for example, *das Land.*

These are the German words for the article 'a':
eine for feminine nouns: *eine Adresse*
ein for masculine nouns: *ein Name*
ein for neuter nouns: *ein Land.*

3 Fill in the correct article *der*, *die* or *das* for each word.

MODELL .... Ausweis   *der* Ausweis

1 *der* Nachname
2 *die* Anschrift
3 *der* Beruf
4 *das* Land

How to ask someone to spell his/her name:

How do you write that?	*Wie schreibt man das?*
How do you spell that?	*Wie buchstabiert man das?*

● Possible answers are:

It's written...	*Das schreibt man...*
It's spelt...	*Das buchstabiert man...*

● What to say if you didn't catch it the first time round:

Could you repeat that, slowly?	*Bitte wiederholen Sie das, langsam.*
Say that again, please. Slowly!	*Noch mal, langsam bitte.*

4 ▶1 *11* Now listen to the German alphabet.

5 ▶1 *12* For the next two activities, use the book and audio together. First, listen to people spelling their names. Tick the ones you hear.

1 ☐ Jens Brajer
2 ☐ Susanne Kirchmeyer
3 ☐ Jan Gassel
4 ☐ Frank Mentz
5 ☑ Susane Höller
6 ☐ Sabine Ziebell

6 ▶1 *13* Now look at the photos of some German-speaking actors and work out how to pronounce the letters of their surnames, then listen to hear the answers.

Klaus-Maria...
Marlene...
Kurt...
Hanna...

> *Eine Tasse Kaffee?*
>
> *Ja, gerne.*

Most people are friendly at *Deutschland Plus*. Nico manages some small talk and gets invited for coffee.

How to ask someone how he/she is:

How are you?	*Wie geht es Ihnen?*
	Wie geht's Ihnen?
	(or the short form: *Wie geht's?*)

How to say that you are well:

Very well, thank you.	*Danke, sehr gut.*
Fine, thank you.	*Gut, danke.*
Great, thank you.	*Prima, danke.*

NOTE The word *danke* can either go at the beginning or at the end of the phrase.

● **And you may want to finish your conversation by wishing someone a nice day or evening:**

Have a nice day!	*Schönen Tag noch!*
Have a nice evening!	*Schönen Abend noch!*

7 ▶1 14 Turn on the tape/CD and practise using these and similar phrases.

8 Complete the dialogue below.

FRAU SCHNEIDER Hallo, Herr Antonescu, *Wie* geht's?

HERR ANTONESCU Gut, danke, Frau Schneider. Und wie geht's *Ihnen*?

FRAU SCHNEIDER Prima, *danke*

HERR ANTONESCU *Schönen* Abend noch!

Wissenswert!

Did you know that coffee is the most popular drink in Germany? Germans drink around 156 litres of *Bohnenkaffee* (real coffee) per capita a year as opposed to 122 litres of beer, the second most popular drink. *Tee* (tea) only ranks 6th with 26 litres after *Mineralwässer* (mineral water), *Milch* (milk) and *Fruchtsäfte* (fruit juices).

Durstige Deutsche
Pro-Kopf-Verbrauch im Jahr 2002 in Liter

Kaffee	156
Bier	122
Mineralwässer	119
Milch	90
Fruchtsäfte	41
Tee	26
Wein	20

Source: Globus 2003

How you accept or decline a cup of coffee:

Yes, please.	*Ja, bitte.*
Yes, I'd like some.	*Ja, gern(e).*
No, thank you.	*Nein, danke.*

● **Saying how you would like your coffee:**

with milk and sugar	*mit Milch und Zucker*
with milk, no sugar	*mit Milch, ohne Zucker*
black, without sugar	*schwarz, ohne Zucker*
a little milk, no sugar	*ein bisschen Milch, keinen Zucker*

How to offer a cup of coffee to someone else:

Coffee?	*Kaffee?*
Would you like a coffee?	*Möchten Sie einen Kaffee?*
A cup of coffee?	*Eine Tasse Kaffee?*

9 ►1 15 For the remainder of this unit, use the book and audio together.

1

FRAU DANIELS	*Hallo, Herr Antonescu. Eine Tasse Kaffee?*
HERR ANTONESCU	*Oh ja, danke.*
FRAU DANIELS	*Milch und Zucker?*
HERR ANTONESCU	*Nein, danke.*
FRAU DANIELS	*Schwarz?*
HERR ANTONESCU	*Ja, schwarz.*

2

FRAU MENDRA	*Möchten Sie eine Tasse Kaffee?*
KATJA	*Ja, gern.*
FRAU MENDRA	*Mit Milch?*
KATJA	*Ja, mit Milch und Zucker, bitte.*
FRAU MENDRA	*Ja, bitte.*
KATJA	*Danke schön.*

Listen to the two dialogues. Tick the correct information for each person.

	mit Milch	Zucker	schwarz
Herr Antonescu			
Katja			

10 ►1 16 Imagine you're Herr Preuss asking Frau Richter how she is and offering her a coffee. Here are her answers. What were your questions? Prepare them before you switch on your tape/CD.

HERR PREUSS	Tag, Frau Richter *Wie gehts* ?
FRAU RICHTER	Sehr gut, danke, und Ihnen?
HERR PREUSS	Prima, danke. *Möchten sie einer kaffee*
FRAU RICHTER	Oh ja, gern.
HERR PREUSS	Mit *Milch* und *Zucker* ?
FRAU RICHTER	Mit Milch, ohne Zucker.

Lerntipp

When you learn new nouns, try to learn them with the correct article *der, die, das*. Why not keep a list of new words, like Nico does in our story, with the three types in different columns? It should help you to remember them correctly.

11 ►1 17 You are now going to take part in a short dialogue similar to the ones in activity 9. Prepare the role of Frau Richter by looking at the notes below.

HERR PREUSS	*Tag, Frau Richter, nehmen Sie Platz. Wie geht es Ihnen?*
FRAU RICHTER	Say you're very well and ask him how he is.
HERR PREUSS	*Prima, danke. Möchten Sie einen Kaffee?*
FRAU RICHTER	Say yes, you would.
HERR PREUSS	*Mit Milch und Zucker?*
FRAU RICHTER	With milk, no sugar.
HERR PREUSS	*So, bitte schön.*
FRAU RICHTER	Thank you.

Quiz

1 What is the German word for 'surname'?
2 What is another word for *Adresse* which you often find on official forms?
3 How would you ask someone 'Would you like a coffee?'
4 A German acquaintance has just given you her name. Ask her/him in German 'How do you spell that?'
5 How would you reply if someone asked you *Wie geht's Ihnen?*
6 Is the word *Vorname* feminine *(die)*, masculine *(der)* or neuter *(das)*?
7 How does someone like his/her drink if the answer is *ein bisschen Milch, keinen Zucker?*
8 How do you wish someone a 'nice day'?
9 What are the German words for the article 'a' (feminine, masculine and neuter)?
10 Which is the most popular drink in Germany: *Bier? Tee? Kaffee? Wasser?*

Wo ist Studio A?

Lernpunkte

- Asking where something is...
- Asking your way to a particular place...
- Finding your way around town...
- ...and understanding the answers

Wo finde ich das Büro 420?

At *Deutschland Plus*, Nico spends the whole day running errands...

Kein Geld.

Keinen Kaffee?

A few days later, Nico is at his local kiosk (*der Kiosk*) reading the paper *Der Kölner Stadt-Anzeiger*. A dubious looking individual comes in and talks to Nico. Nico suddenly realises the time and rushes off to work.

Sie gehen den Gang entlang...

Noch mal langsam bitte.

...so he has to be able to understand directions.

How to ask where something is:

Where is		Wo ist	
	the vending machine?		der Automat?
	the milk?		die Milch?
	the kiosk?		der Kiosk?
	my coffee?		mein Kaffee?
Where are	the toilets?	Wo sind	die Toiletten?
	the studios?		die Studios?
	the offices?		die Büros?

● Possible answers are:

The studio is	on the right.	Das Studio ist	rechts.
The kiosk is	on the left.	Der Kiosk ist	links.
The coffee is	over there.	Der Kaffee ist	dort drüben.
The studios are	on the right.	Die Studios sind	rechts.
The offices are	on the left.	Die Büros sind	links.
The toilets are	over there.	Die Toiletten sind	dort drüben.

1 ▶1 18 Now listen to these phrases on the tape/CD and practise them.

2 You need to go to various places. What do you ask?

MODEL the kiosk *Wo ist der Kiosk?*
1 the vending machine *Wo ist der Automat*
2 the studio
3 the toilets *Wo sind die toilleten*
4 the office *die büro's*

● Useful words to do with the workplace:

die Rezeption	reception
der Computer	computer
der Aufzug	lift
der Ausgang	exit
das Telefon	telephone
das Restaurant	restaurant
die Etage/der Stock	floor/storey
die Treppe	stairs/staircase

3 Now read the exchanges below and tick the right illustration for each one.

1 NICO *Wo sind die Toiletten, bitte?*
  ELKE *Die Toiletten sind links.*

a ☑   b ☐

2 NICO *Wo ist der Automat?*
  HERR S *Der Automat ist dort drüben.*

c ☐   d ☑

3 NICO *Wo ist das Studio?*
  ANNA *Das Studio ist rechts.*

e ☐   f ☑

● Other questions to use for asking the way:

Excuse me,	*Entschuldigen Sie bitte,*
where can I find...	*wo finde ich...*
the lift?	*den Aufzug?*
the reception?	*die Rezeption?*
the restaurant?	*das Restaurant?*

4 Now it's your turn to ask *Wo finde ich...?* Look at pictures a–f below and make questions.

The word 'der' in 'der aufzig' changes to den after such phrases as 'wo finde ich?'

To ask how to get to a particular place, you say:

How do I get...	*Wie komme ich...*
to the lift?	*zum Aufzug?*
to the reception?	*zur Rezeption?*
to the office?	*zum Büro?*

Possible answers are:

straight on	*geradeaus*
up the stairs	*die Treppe rauf*
you go down	*Sie gehen*
the stairs	*die Treppe runter*
along the corridor	*den Gang entlang*
around the corner	*um die Ecke*

Sprachtipp

Q What is the German plural for 'the'?

A The German words for 'the' *der, die, das* all become *die* in the plural. (All German plurals are given in the vocabulary list.)

Q What is different about the words for 'the' in the phrases like *Wo finde ich...?*

A The word *der* in *der Aufzug* changes to **den** after such phrases as:

Wo ist...	*Wo finde ich...*
der Aufzug?	*den Aufzug?*

Q What are the different words for 'to the' in the phrases above?

A to the reception ➠ **zur** *Rezeption (die)* to the
to the lift ➠ **zum** *Aufzug (der)* to the
to the office ➠ **zum** *Büro (das)* to the .

Q What is the word order in German for phrases like 'along the corridor'?

A It's 'the corridor along' *den Gang entlang.*

5 ▶1 *19* Now turn on your tape/CD and listen to these phrases. You will then practise them.

Useful words for finding your way around town:

die Stadtmitte	centre
die Bank	bank
die Mozartstraße	(the) Mozart Road
an der Ampel	at the lights
der Bahnhof	station

die erste/zweite/	the first/second/
dritte Straße	third road
der Marktplatz	market square
der Dom *die*	cathedral
das Museum	museum
das Theater	theatre
das Hotel Kaiser	the Hotel Kaiser

Wissenswert!

If you need to find your way around in German cities or towns, look for the tourist office (*das Fremdenverkehrsbüro*); the staff there will be able to tell you directions, and they will also provide you with a map.

6 You have found your way to *der Marktplatz* (the market square). Read the directions you are given. Where will they lead you to?

1 Sie gehen geradeaus und dann links. Die erste Straße rechts und dann die erste Straße links.

2 Sie gehen rechts und dann die erste Straße links, dann geradeaus bis zur Ampel und dann rechts.

3 Sie gehen links und dann an der Ampel rechts. Dann die erste Straße links und geradeaus.

7 ▶1 20 Now use the book and the audio together. You will find any phrases or words you don't understand in the additional *Speichern* box below.

• Speichern •

beim Bahnhof	at/near the station
Ich weiß.	I know.
Am Ende nochmals rechts um die Ecke.	Turn right again at the end of the road.
Da ist die Bibliothek.	That's where the library is.
also	so
Alles klar?	OK?

TOURIST   *Entschuldigen Sie, bitte.*
PASSER-BY   *Ja, bitte?*
TOURIST   *Wo finde ich das Hotel Union?*
PASSER-BY   *Das Hotel Union?*
TOURIST   *Ja, beim Bahnhof.*
PASSER-BY   *Ach, ja, beim Bahnhof - ich weiß…*
Sie gehen links und dann geradeaus.
An der Ampel links und dann die
zweite Straße rechts. Dort ist das
Hotel Union.
TOURIST   *Ah: links, geradeaus und dann an*
der Ampel links. Dann die zweite
Straße rechts. Danke!
PASSER-BY   *Bitte.*

A Now listen to the first dialogue. Which of the directions below do you hear? Tick them as you listen.

1 ☐ rechts   4 ☑ an der Ampel links
2 ☑ links   5 ☐ die zweite Straße links
3 ☑ geradeaus   6 ☑ die zweite Straße rechts

B Now listen to the second dialogue. Look at the map below and draw in Klaus's route.

8 ▶1 21 Now you'll be able to ask for and give directions. Work out how you would say the phrases below, then listen to see if you got it right.

1 Excuse me!
2 Where is the town centre?
3 Where can I find the station?
4 Could you repeat that?
5 How do I get to the market square?
6 Pardon? I don't understand.

Quiz

1 What sign would you look for in the theatre when it's time to go?

2 What is a *Fremdenverkehrsbüro?*
   Tourist Info

3 What is the German word for 'the' in the plural?

4 In which of the following couldn't you get a meal?
   a *das Hotel Kaiser*
   b *das Restaurant*
   c *die Rezeption*

Was darf es sein?

episode 4

Ulli liebt Elke. Elke liebt Dieter.

Ulli, the unit manager, is in love with Elke, but Elke prefers sound recordist Dieter. Nico is not aware of what is going on.

Lernpunkte

- Shopping for food
- Asking how much something costs...
- ...and understanding the answer
- Using numbers 21–100

Ich möchte ein Pfund Kaffee.

Then Nico is sent out to buy coffee...

Questions you may be asked when shopping:

Yes, please?	*Bitte schön?*
Yes?	*Bitte sehr?*
What would you like?	*Was darf es sein?*
You'd like... ?	*Sie wünschen?*
Anything else?	*Sonst noch etwas?*
Is that all?	*Ist das alles?*
A little more?	*Ein bisschen mehr?*

Wir duzen uns.

He makes friends with Anna and goes out with her and Ulli in the evening.

Possible answers are:

	a pound of coffee.		ein Pfund Kaffee. (das Pfund)
	a litre of milk.		einen Liter Milch. (der Liter)
I'd like	a kilo of bananas.	*Ich möchte*	ein Kilo Bananen. (das Kilo)
	half a white loaf.	*Ich hätte gerne*	ein halbes Weißbrot.
I'll have	200g of salami.	*Ich nehme*	200 Gramm Salami.
	a piece of cheese.		ein Stück Käse.
	six slices of ham.		sechs Scheiben Schinken.

Sprachtipp

Q Did you notice anything unusual in the phrases on page 15?

A The word *ein* for masculine nouns (*ein Liter*) changes to *einen* after phrases like *ich möchte, ich hätte gerne* or *ich nehme:*
Ich nehme einen Liter Milch.

How to ask for the price of something:

| How much does that come to? | *Was macht das?* |
| What does it cost? | *Was kostet das?* |

Possible answers are:

That costs five euros.	*Das kostet fünf Euro.*
They cost four euros per kilo.	*Sie kosten vier Kilo das Kilo.*
That comes to...	*Das macht...*
euros and... cents.	*Euro und... Cent.*

1 ▶1 22 Now switch on your tape/CD and practise these phrases.

2 Match the pictures to the words. The first one has already been done for you.

a 3   1 Ein Liter Milch.

b ☐   2 200 Gramm Käse.

c ☐   3 Ein Stück Butter.

d ☐   4 Ein Kilo Tomaten.

e ☐   5 Ein Pfund Zucker.

How to say numbers from 21 to 100:

21 einundzwanzig	30 dreißig
22 zweiundzwanzig	31 einundreißig
23 dreiundzwanzig	40 vierzig
24 vierundzwanzig	50 fünfzig
25 fünfundzwanzig	60 sechzig
26 sechsundzwanzig	70 siebzig
27 siebenundzwanzig	80 achtzig
28 achtundzwanzig	90 neunzig
29 neunundzwanzig	100 hundert/einhundert

Sprachtipp

Q Did you notice any difference in how to make numbers above 20 in German?

A You say 1+20 (one and twenty), 2+20 (two and twenty) etc., instead of the English 'twenty-one', 'twenty-two'. The numbers from 30 to 99 are made in the same way: 2+30 *zweiunddreißig*, 3+40 *dreiundvierzig*.

3 Write out the following numbers.

23	59 ....
38	72 ....
61	84 ....

4 Look at the numbers on your lottery ticket. This is what the announcer says:

sieben, zwölf, siebzehn, einunddreißig, einundvierzig, sechsundvierzig

Have you won the German lottery?

5 ▶1 23 Listen. You will hear some numbers, in German, then it's your turn to say them in English.

Unit 4

● Useful words for shopping for fruit:

pear(s)	*die Birne(-n)*
orange(s)	*die Apfelsine(-n)/die Orange(-n)*
banana(s)	*die Banane(-n)*
peach(es)	*der Pfirsich(-e)*
apple(s)	*der Apfel(-)*
grape(s)	*die Weintraube(-n)*

6 Look at the phrases below and tick the right illustration for each phrase.

1 Die Apfelsinen kosten achtzig Cent das Stück.

a ☐   b ☐

2 Die Weintrauben kosten drei Euro das Kilo.

a ☐   b ☐

3 Ich hätte gerne drei Birnen.

a ☐   b ☐

4 Ich möchte ein Kilo Äpfel, bitte.

a ☐   b ☐

7 Read the text and answer the questions.

Das ist Nico. Er ist Volontär. Er wohnt jetzt in Köln, aber er kommt aus Rumänien. Er lernt Deutsch.
Das ist Anna. Sie ist Sekretärin. Sie wohnt in Köln, aber sie kommt nicht aus Köln. Sie arbeitet bei Deutschland Plus.

1 Was ist Nico von Beruf?
2 Wo wohnt er?
3 Woher kommt er?
4 Lernt er Englisch?
5 Was ist Anna von Beruf?
6 Wo wohnt sie?
7 Kommt sie aus Köln?
8 Wo arbeitet sie?

Wissenswert!

There is an amazing choice of different breads and rolls to choose from in Germany. Most people start their day with coffee and rolls, *Brötchen* or *Semmel* (southern Germany). Especially popular are *Vollkornbrötchen* made from wholemeal flour and *Mohnbrötchen* (with poppy seeds). Wholegrain bread is very much the order of the day for das *Abendbrot*, the evening meal, which usually consists of a choice of breads, cold meats and cheese. Some of the best-known breads are shown here, and they are all quite delicious!

8 ▶1 *24* Use the book and audio together for the rest of this unit. You will find any unfamiliar language in the *Speichern* list.

• Speichern •

welchen	which one
im Angebot	on special offer
gemahlen	ground
ist das recht?	is that all right?
das reicht	that's enough
das ist in Ordnung	that's all right
das Wiener Würstchen	small cooked sausage
wie teuer sind die?	how much are they?
sonst noch etwas?/	
kommt noch	
etwas dazu?	anything else?
wunderbar	wonderful
das war's	that was it (that's all)
ich geb das einmal	I'll just give it to the
zur Kasse	cashier

a Listen to the first dialogue. Then read the similar dialogue below. All the sentences – except the first one – are in the wrong order. Put them in the right order.

VERKÄUFERIN	1 *Was darf es sein?*	6
NICO	6 *Das ist alles.*	
VERKÄUFERIN	☐ *Welchen?*	3
NICO	☐ *Die Feine Milde.*	4
VERKÄUFERIN	3 *Sonst noch etwas?*	5
NICO	2 *Ich möchte ein Pfund Kaffee.* 2	

b Listen to the second dialogue. What did Andrea buy? Write out her shopping list and note down how much she got of each item.

9 ▶1 *25* Now you are going to take part in a dialogue similar to the ones in activity 8. Here is what you will have to say:

1 I'd like a kilo of sugar, please.
2 No, I'd like a litre of milk and 200 grammes of cheese.
3 And a piece of sausage.
4 That's OK. How much does that come to?
5 Eleven euros and eighty cents.
6 Thank you and goodbye.

Quiz

1 Unravel the following sentence: *darf/sein/es/was?*
2 Which is the odd one out?   *bread*
  a *Pfirsiche*   c *Brötchen*
  b *Weintrauben*   d *Birnen*
3 Which of the two answers is right? *Sonst noch etwas?*
  a *Nein, ich möchte ein Pfund Tomaten.*
  b *Ja, ein Pfund Tomaten, bitte.*

Kein Problem!

1 Match the questions with the answers.

1 [d] Woher kommen Sie?   a Ich heiße Helga.
2 [c] Wo wohnen Sie?   b Gut, danke.
3 [e] Was sind Sie von Beruf?   c Ich wohne in Köln.
4 [a] Wie heißen Sie?   d Ich komme aus Mainz.
5 [b] Wie geht's?   e Ich bin Verkäufer.

[ ] /5 POINTS

2 Read the passage and answer the questions in English.

Hallo! Ich heiße Mentz. Mein Nachname ist Mentz und mein
Vorname ist Frank. Ich komme aus Leipzig, aber ich wohne
jetzt in Jena. Ich bin Lehrer von Beruf. Ich trinke Kaffee mit
Milch, aber ohne Zucker. Meine Telefonnummer ist drei null
acht vier sieben neun.

1 What is his first name? *frank*
2 Where does he live? *leipzig Jena*
3 What is his job? *teacher*
4 How does he like his coffee? *milk no sugar*
5 What is his telephone number? (Write it out in numerals.)
308479

[ ] /5 POINTS

3 Separate out the sentences below, then write out what each one means in English.

bittewiederholensiedaswiebuchstabiertmandasnocheinmallang
sambittewieschreibtmandaswiebitte

repeat / to spell / slowly / Please / write / one / that

[ ] /10 POINTS

4 Write down the missing numbers to complete the sums.

1 elf   + *sieben* = achtzehn
2 zehn   + dreizehn = *vierzehn*
3 *zwie undverzig* + zwanzig = zweiundsechzig
4 siebzehn + vierunddreißig = *104* *ein hundert und vier*
5 ein Euro fünfzig + *_____* = acht Euro neunzig

51   *sieben* *78*
un vierzig

[ ] /5 POINTS

19

5 Match the German with the English.

1 *d* Entschuldigen Sie bitte!
2 *e* An der Ampel links und dann geradeaus.
3 *h* Wo ist der Ausgang?
4 *g* Die dritte Straße rechts.
5 *i* Die Treppe runter.
6 *j* Den Gang entlang.
7 *c* Um die Ecke.
8 *a* Dort drüben.
9 *f* Wie komme ich zum Aufzug?
10 *b* Wo finde ich die Bibliothek?

a Over there.
b Where can I find the library?
c Round the corner.
d Excuse me!
e Left at the lights and then straight on.
f How do I get to the lift?
g The third street on the right.
h Where is the exit?
i Down the stairs.
j Along the corridor.

☐ /10 POINTS

6 Which are the odd ones out?

1 Apfelsinen Birnen Angebot Weintrauben
2 Schinken Käse Tschüss Würstchen
3 Liter Kilo Stück Euro
4 Dom Scheiben Bahnhof Bibliothek
5 Lehrer Verkäufer Ingenieurin Polizist

engineering / female ☐ /5 POINTS

7 You are on holiday with friends in the Black Forest and decide to go for a picnic. You volunteer to do the shopping. Here is your shopping list. Write it out in German so that you will be prepared when you go into the shop.

8 rolls
1 pound of cheese
butter
500 grammes of ham
4 oranges and 2 apples
a litre of water
beer
a loaf of bread

8 brötchen Käse
ein pfund die butter
500 grammes der schinken
4 Oranjen 2 Appel
Ein litre das wasser.
beer.
das brot

☐ /9 POINTS

8 The following conversation at the grocer's is in the wrong order. Can you sort it out?

1 ☐ Hier ist der Zucker. Sonst noch etwas?
2 ☐ Und zwanzig Cent zurück.
3 ☐ Das macht drei Euro achtzig.
4 ☐ Danke. Auf Wiedersehen.
5 ☐ Ja. Was macht das?
6 ☐ Zwei drei vier Euro.
7 ☐ Ich möchte ein Pfund Zucker bitte.
8 ☐ Danke schön. Auf Wiedersehen.
9 ☐ Und ein Kilo Karotten bitte.
10 ☐ Bitte sehr. Ist das alles?
11 *a* Guten Tag. Was darf es sein?

☐ /11 POINTS

9 Fill in the gaps in the following with the appropriate present tense forms.

MODELL Ich .... in Köln. (arbeiten)
Ich arbeite in Köln.
1 Ich *lerne* Deutsch. (lernen)
2 Sie (*you*) .... immer geradeaus. (gehen)
3 Wir *duze* uns. (duzen)
4 Wie *gehts* es Ihnen? (gehen)
5 Wo *arbeit* Sie? (arbeiten)

☐ /5 POINTS

TOTAL ☐ /65 POINTS

Wie spät ist es?

> Danke. Um wie viel Uhr?

> Heute Abend gehe ich in die Kneipe - 'Petersberger Hof'. Kommen Sie mit?

Lernpunkte

- **Telling the time**
- **Asking what time it is**
- **Ordering food and drink**

Ulli arranges to meet Nico and Anna in the evening at the *Kneipe*, the pub.

> Wie spät ist es?

> Es ist 17 Uhr.

Nico is looking forward to an evening in the *Kneipe*.

> Was hätten Sie gerne?

> Ich hätte gerne ein Malzbier.

In the evening, Nico orders food and drink at the *Kneipe*.

How to tell the time

As Nico has made arrangements to meet Anna and Ulli, he needs to be able to ask for and tell the time in German.

1   Neun Uhr.
    hours.

2   Halb elf.
    Half

3   Viertel vor vier.
    quarter to

4   Zwanzig nach sechs.
    twenty past

1 Now match the clocks below with the captions on the right.

1 ☐
2 ☐
3 ☐
4 ☑

a Fünf vor acht.
   to
   Quarter Past

b Viertel nach drei.

c Fünf Uhr.

d Halb zwei.

2 ▶1 26 Listen to the exchange between Nico and Herr Schiller. Then read the following statements. Are they true (*richtig* - R) or false (*falsch* - F)?

Was machen Sie	What are you doing
heute Abend?	this evening?
das Wochenende	weekend

	R	F
quarter to five		
1 Es ist viertel vor fünf.	☐	☑
2 Nico trifft heute Abend		
Michael und Anna. *meets this evening*	☐	☐
3 Sie treffen sich um halb		
sieben in einer Kneipe. *they meet at half seven the pub*	☐	☐
4 Heute ist Dienstag.	☐	☐
Today is Tuesday.		

Lerntipp

When you listen to someone speaking to you in German, it is initially easier to understand the gist of what is being said than to try to understand every word. You will be able to listen for particular details more and more as your listening skills develop.

3 ▶1 27 Listen to a stallholder talking about her working day and fill in the gaps below.

jeden Tag	every day
eine Stunde	an hour
von... bis	from... to

STALLHOLDER Ja, jeden *Tag*. Acht *Stunden*.
INTERVIEWER *Acht* Stunden jeden Tag. Und von wann bis wann?
STALLHOLDER Von *Morgen* um zehn bis abends um *sechs*

How to ask for the time:

Wie spät ist es?	
Wie viel Uhr ist es?	What time is it?
Wann...	When...
...beginnt die Arbeit?	...does work begin?
Um wie viel Uhr...	(At) what time...
...treffen wir uns?	...are we meeting?

Sprachtipp

Q What's unusual about the word order in the phrases above?

A In questions which have a question word or phrase (*wann?, um wie viel Uhr?, wie?* etc.), the question word (or phrase) goes at the beginning of the sentence followed by the verb:
Wann *beginnt die Arbeit?*

How to say what time it is:

Es ist...

ein Uhr

zwölf Uhr

Mittag

Mitternacht

viertel nach drei
3 Uhr 15

viertel vor fünf
4 Uhr 45

fünf vor sieben
6 Uhr 55

halb neun
8 Uhr 30

zwanzig nach zehn
10 Uhr 20

Unit 1

● In Germany, the 24-hour clock is often used:

16.40	19.20
sechzehn Uhr vierzig	neunzehn Uhr zwanzig

13.30	21.15
dreizehn Uhr dreißig	einundzwanzig Uhr fünfzig

4 Look at the following pictures and match them with the right time. The first one is done for you.

1 e̅ Es ist fünf   a
    vor vier.

2 ☐ Es ist viertel   b
    vor neun.

3 ☐ Es ist zehn   c
    nach eins.

4 ☐ Es ist halb sieben. d

5 ☐ Es ist zwanzig
    nach elf.   e

5 ▶1 28 Now turn on the tape/CD to listen and practise telling the time.

6 ▶1 29 For the next two activities, use the book and audio together. First, look at the following times. Say 'At...' in two different ways and check your answers on tape/CD.

1	9.30	4	8.05
2	11.50	5	6.15
3	2.45		

7 ▶1 30 Look at Nico's diary. When is he meeting Anna and Ulli? Listen and answer the questions.

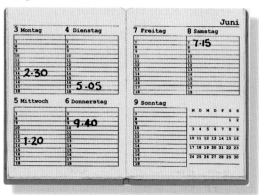

Useful words for ordering food and drink:

When you go to *die Kneipe*, as Nico, Anna and Ulli do in our story, you need to know the necessary vocabulary.

Ich möchte bestellen.	I'd like to order.
Bedienung, bitte!/	
Herr Ober!	Service, please!
Und für Sie?	And for you?
Und zu trinken?/	
Und zum Trinken?	And to drink?
Was essen Sie?	What are you eating?
Schmeckt es?	Does it taste good?
Guten Appetit!/Mahlzeit!	Enjoy your meal!
Zum Wohl!/Prost!	Cheers!
Ich möchte (be)zahlen!	I'd like to pay.
Haben Sie noch einen	Have you got a free
Tisch frei für mich?	table for me?
Kann ich die	Can I have
Speisekarte haben?	the menu?
Wir möchten	We'd like something
(et)was essen.	to eat.
Möchten Sie	Would you like
(et)was trinken?	something to drink?

8 ►1 *31* Now listen to some of these phrases and practise them.

9 ►1 *32* Listen to some people ordering food and drink. Then fill in the grid below.

Hähnchen mit Kartoffeln	chicken with
und Salat	potatoes and salad
ein Glas Weißwein	a glass of white wine
Schweinesteak(-s)	pork fillet
mit Pommes frites	with French fries
die Ananas(-)	pineapple
der Fisch(-e)	fish
die Scholle(-n)	plaice
der Reibekuchen(-)	potato rosti (cake)

KUNDE   *Ich möchte bestellen.*
KELLNER   *Ja, was hätten Sie gern?*
KUNDE   *Ich möchte Hähnchen mit Kartoffeln und Salat, bitte.*
KELLNER   *Ja, gut. Und zu trinken?*
KUNDE   *Ein Glas Weißwein, bitte.*
KELLNER   *Bitte sehr.*
KUNDE   *Danke.*

	to drink	to eat
1	....	....
2	....	....
3	Anna	~~fish plaice~~
	Nico	~~white wine rosti~~
	Ulli	....

10 ►1 *33* You are now going to take part in a short dialogue similar to the one from activity 9. Prepare your role by looking at the notes below. Then switch on your tape/CD.

1 Ask if they have a table free.
2 Say thank you and ask for the menu.
3 Call the waiter over and say you'd like to order.
4 Say you'd like fish.
5 Say you'd like a beer.
6 Say thank you and goodbye.

Wissenswert!

WIE MACHT MAN REIBEKUCHEN?

Zutaten	Ingredients
ein kilo Kartoffeln	1 kilo potatoes
zwei Eier	2 eggs
etwas Salz	pinch of salt
zwei geriebene	2 onions,
Zwiebeln	grated
Öl zum Braten	oil for frying
zwei Esslöffel Mehl	2 tablespoons of flour
Apfelmus	apple sauce

Peel the potatoes, grate them and squeeze the liquid through muslin. Add salt, grated onions and eggs and mix with two tablespoons of flour. Heat up oil in a pan and fry small thin pancakes crisply on both sides. Serve with freshly made apple sauce.

Quiz

1 *Wie spät ist es?*
   MODELL 8.45   *Es ist viertel vor neun.*
   9.20   1.55   4.30   17.50
2 What can you say before you start to eat your meal?
3 Write two ways of saying 'Cheers' when having a drink.
4 Which is the odd one out?
   Wein   Bier   Reibekuchen

Daniels am Apparat

episode 6

Prima Plus Büro, Daniels am Apparat.

Prima Plus is a very busy office at *Deutschland Plus* where the phones are never silent for long.

Für dich!

Nico worries about having to answer the phone and avoids it whenever he can.

Lernpunkte

- Answering the telephone
- Making a call and getting through to the right person

Könnte ich bitte Frau Maier sprechen?

Frau Maier ist nicht hier.

Elke Schneider, the video editor at *D Plus*, practises answering the phone with him.

How to answer a phone call:

At home...	Simply say your surname or *Hallo?*
In a company...	*Siebert & Co., guten Morgen.*
	Prima Plus Büro, Daniels am Apparat.
	Produktionsbüro, Koch am Apparat.

● **What to say if someone is not there:**

Tut mir Leid. Herr/Frau... ist (im Moment) nicht da/hier.

Asking for the caller's name...	*Wer spricht da, bitte?* Who's
	Wer ist am Apparat? Speaking
... and telephone number:	*Wie ist Ihre Telefonnummer?*

1 ▶1 _34_ Now listen to these phrases and practise them.

2 ▶1 _35_ Listen to a short telephone call and write down the different numbers.

3 Complete the gaps in the following telephone conversations.

1 FRAU MAIER   .... *Morgen, Maier am*
.... *. Wer spricht da?*
Ach, guten Morgen Herr
Schloemer. Nein, tut mir ....
Sie .... *nicht da.*

2 RECEPTIONIST   *Siebert & Co., guten Tag.*
Wer .... *da, bitte?*
Und .... *ist Ihre*
Telefonnummer? Und die
Vor .... *für Jena?*

4 ▶1 _36_ Listen to three people answering the telephone. Then match the three phrases with the correct telephone dialogues below.

1 ☐ Frau Tauscher, bitte.
2 ☐ Kann ich bitte Frau Maier sprechen?
3 ☐ Mein Name ist Sorge.

a FRAU DANIELS   *Prima Plus Büro, Daniels*
am Apparat. – Tut mir Leid,
sie ist nicht da. Wer ist am
Apparat?

b HERR MICHEL   *Guten Morgen, Michel am*
Apparat. Wer spricht da? –
Oh, guten Morgen, Herr
Sorge. Tut mir Leid ...

c RECEPTIONIST   *Siebert & Co., guten Tag. –*
Tut mir Leid, Frau Tauscher
ist im Moment nicht da.
Wer spricht da, bitte? –
Und wie ist Ihre
Telefonnummer? – Danke.

5 ▶1 _37_ Now listen to these and similar phrases and practise them.

Wissenswert!

STÄDTEPORTRÄT: JENA

GOETHE

Where is Jena?
Jena has around 98,000 inhabitants and is situated in East Germany in the state of Thüringen (Thuringia), 300 km south-west of Berlin and 350 km north-east of Frankfurt.

What is it famous for?
Jena boasts one of Germany's oldest universities, founded in 1548. The great German classical writers, Goethe and Schiller, as well as the famous philosophers Fichte, Schelling and Hegel are inextricably linked with the university's history and tradition. Close cooperation between university scientists and the entrepreneur Carl Zeiss has put Jena on the map for world class optical instruments.

What to say to get through to the right person on the telephone:

Frau/Herrn... , bitte.	Mrs/Mr... , please.
Kann/Könnte ich bitte (mit) Frau/Herrn... sprechen?	Can/Could I speak to Mrs/Mr... ?
Könn(t)en Sie mich mit Frau/Herrn... verbinden?	Can/Could you put me through to Mrs/Mr...?

● **What to say if the person is not there:**

Wann ist er/sie wieder da?	When is he/she back?

Unit 2

Sprachtipp

Q What's unusual about the sentence
Kann/Könnte ich bitte Herrn Meier sprechen?

A There are two verbs: *kann* (can)/*könnte*
(could) and *sprechen* (to talk to). Verbs like
kann are modal verbs. You will learn more
about them in Unit 3. All you need to
remember for now is that the main verb
always goes at the end of the sentence:
Kann ich bitte Herrn Meier sprechen?
(On the telephone *zwo* is often given as an
alternative to *zwei*, as *zwei* can easily be
confused with *drei*.)

6 You can also ask questions with *können*,
but make sure you use the correct form for
ich (I), *er/sie* (he/she) and *Sie* (formal
you). Fill in the gaps below.

ich	kann
er, sie	kann
Sie	können

können Sie um 9.30 Uhr in mein Büro kommen?
kann er um 4 Uhr noch mal anrufen?
kann ich Sie heute Abend sprechen?

7 Rewrite the following questions in the
correct word order. The first word in each
sentence is correct.

1 Könnten/Sie/verbinden/mich/mit
Herrn Schloemer?
2 Kann/bitte/sprechen/Maier/ich/Frau?
3 Können/in mein Büro/kommen/Sie?
4 Könnte/Klein/sprechen/Herrn/ich?

8 ▶1 *38* First, listen to the two telephone
conversations. Then you can practise these
and other phrases.

9 ▶1 *39* For the last three activities, use
the book and audio together. First, listen
to Nico practising his telephone skills
with Elke.

• Speichern •

Ach je	Oh dear!
Können Sie ihr sagen...	Can you tell her...
Sie möchte mich zurückrufen.	She should call me back.
Sind Sie noch da?	Are you still there?
eine Nachricht	a message

NICO	*Antonescu, Apparat Frau Schneider. Guten Tag.*
ELKE	*Guten Tag. Hier ist Frau Hilger, könnte ich bitte mit Frau Maier sprechen?*
NICO	*Frau Maier? Frau Maier ist nicht da.*
ELKE	*Ach je, können Sie ihr sagen, sie möchte mich zurückrufen - vierundvierzig sechsunddreißig? Sind Sie noch da, Herr Antonescu?*
NICO	*Ja, ja... Ich verstehe Sie nicht.*
ELKE	*Sagen Sie ihr, Sie möchte Frau Hilger anrufen. Die Telefonnummer ist vierundvierzig...*
NICO	*Wiederholen Sie bitte.*
ELKE	*Vierundvierzig...*
NICO	*Vier vier?*
ELKE	*Ja, vier vier, drei sechs.*
NICO	*Vier vier, drei sechs.*
ELKE	*Danke, Herr Antonescu. Auf Wiederhören.*
NICO	*Auf Wiederhören.*

Are the following statements *richtig* (R)
or *falsch* (F)?

	R	F
1 Frau Hilger möchte Nico sprechen.	☐	☑
2 Frau Maier ist nicht am Apparat.	☑	☐
3 Nico ruft Frau Hilger an.	☐	☑
4 Ihre Telefonnummer ist vierundvierzig sechsunddreißig.	☑	☐

10 ▶1 39 Listen to the exchange again and fill in the grid with the information you hear.

Name of caller and number:	Message for:	Message:

Quiz

1 You pick up the phone, but it's for someone else. How do you say, 'It's for you' in German, both informally and formally? *für dich / für Sie*

2 How do you say 'I'm sorry'? *Tut mir leid.*

3 What do you say if someone asks on the telephone *Wer spricht da?* or *Wer ist am Apparat?* *Mein Name ist*

4 Can you make a question with these words? Sie/können/mich/Frau Maier/mit/ verbinden? *können sie* *Frau Maie, mit mich verbinde*

5 How do you say 'goodbye' on the telephone? *Auf Wiederhören?*

6 What do you do if you hear *ich verbinde* on the telephone?
   a Hang up
   b Hold the line
   c Say *Auf Wiederhören!*

11 ▶1 40 Now it's your turn to make telephone calls. Prepare what you want to say by looking at the sentences below. Choose the appropriate response for each situation. Then turn on your tape/CD.

Situation

1 You are ringing Mr Klein's office at Henkel, but someone else answers. Ask to speak to Mr Klein.

2 Give this telephone number: 60 20 321 and your name: Haase.

3 Ask the receptionist at Siebert & Co. to put you through to Mrs Wolf.

Responses

a Können Sie mich bitte mit Frau Wolf verbinden? — *to put through.*

b Kann ich mit Herrn Klein sprechen, bitte?

c Meine Nummer ist 60 20 321 und mein Name ist Haase.

Ich muss einen Termin machen

e
p
i
s
o
d
e
7

Ich muss ein Paket aus Amsterdam holen, aber ich kann nicht nach Amsterdam fahren.

Nico is asked to collect a parcel from Amsterdam.

3 Montag		4 D:
7		7
8		8
9	9.15 Dr. Strauff	9
⑩	Sitzung	10
11	11.30 Besprechung	11
12	mit W. Koch	12
13		13
⑭	Konferenz	14
15		

It's another busy day at *Deutschland Plus*, with meetings, conferences and appointments to arrange.

Lernpunkte

- Talking about the days of the week
- Talking about what you can, must, or want to do
- Talking about the year
- Arranging a meeting

Was essen Sie denn?

Currywurst.

Frau Weiß is preparing a programme about eating habits in Germany and she interviews some young people on the street.

1 ▶1 41 For the next two activities, use the book and audio together. Listen to Nico going through the monotonous routine of his week. First, look at his diary below. Then listen. Which day of the week does he not mention?

Sprachtipp

There are two words for 'Saturday' in German: *Samstag* and *Sonnabend*.

2 ►1 `42` Frau Maier, unlike Nico, has a hectic schedule. She shows her diary to Ulli. Listen to the dialogue and then look at the sentences below. Are they *richtig* (R) or *falsch* (F)?

(an)schauen (sep.)	to look (at)
der Termin(-e)	appointment
eine Sitzung(-en)	meeting
zwischendurch	in between
immer pünktlich	always punctual

	R	F
1 Um 10 Uhr ist eine Sitzung.	☐	☐
2 Um 8 Uhr hat sie eine Konferenz.	☐	☐
3 Um 11 Uhr 30 hat sie eine Besprechung.	☐	☐
4 Frau Maier ist nie pünktlich.	☐	☐

3 ►1 `43` Now turn on the tape/CD and practise these and similar phrases.

Sprachtipp

Q How do you talk about what you must, can or want to do?

A You use modal verbs, for example:

must	can	want to
ich muss	ich kann	ich will
sie/er/es muss	sie/er/es kann	sie/er/es will
Sie müssen	Sie können	Sie wollen

Remember that after using modal verbs, the other verb must go to the end of the sentence. (See page 73 of the grammar section.)

In our story, the villain tells Nico *Ich muss ein Paket aus Amsterdam holen*, 'I must fetch a parcel from Amsterdam'; *Ich kann nicht nach Amsterdam fahren*, 'I can't go to Amsterdam'; *Jemand muss das Paket holen*, 'someone must fetch the parcel'. Look out for more examples of what you can or must do in what follows!

4 Put the right form of 'I/you must/can/want' in the gaps:

MODELL   Ich **MUSS** nach Berlin fahren. (must)
Ich muss nach Berlin fahren.

1 Sie **können** heute zum Markt gehen. (can)
2 **Wollen** Sie eine Tasse Kaffee trinken? (want)
3 Ich **muss** Deutsch lernen. (must)
4 Sie **können** um 10 Uhr telefonieren. (can)
5 Ich **will** Reibekuchen essen. (want)

5 Put the words in the right order.

MODELL Englisch/er/sprechen/kann.
Er kann Englisch sprechen.

1 machen/ich/Reibekuchen/muss.
2 trinken/Sie/wollen/was?
3 Plus/bei/arbeiten/will/Deutschland/ich.
4 muss/gehen/ich.
5 Schinkel/muss/Liste/Nico/zu/bringen/die/Herrn.

How to talk about the year:

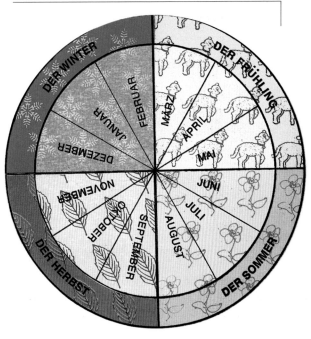

6 Now read the text describing the year. Then match the definitions on the left with those on the right.

Das Jahr hat 12 Monate. November ist ein Monat. Es gibt vier Jahreszeiten in einem Jahr. Ein Monat hat 30 oder 31 Tage (aber der Februar hat 28 Tage). Es gibt vier Wochen in einem Monat und 52 Wochen in einem Jahr. Eine Woche hat sieben Tage, ein Tag hat 24 Stunden. Eine Stunde hat 60 Minuten und eine Minute hat 60 Sekunden.

1 ☐ das Jahr   a 60 Sekunden
2 ☐ der Monat   b 24 Stunden
3 ☐ die Jahreszeit   c 60 = eine Minute
4 ☐ der Tag   d 60 Minuten
5 ☐ die Woche   e vier Wochen
6 ☐ die Stunde   f vier in einem Jahr
7 ☐ die Minute   g 52 Wochen
8 ☐ die Sekunde   h sieben Tage

7 ▶1 *44* Now turn on the tape/CD and practise these and similar phrases.

8 ▶1 *45* Now use the book and audio for the rest of the unit. First, listen to the dialogue at the *Fremdenverkehrsbüro*. Then complete the grid below (you might want to listen to the dialogue several times).

geschlossen   closed

JENA
FREMDENVERKEHRSBÜRO

Opening times

Summer

Months	days of week	opening hours
From _____	Monday-Friday	_____
till _____	Saturday	_____
	Sunday	_____

Winter

Months	days of week	opening hours
From _____	Monday-Friday	_____
till _____	Saturday	_____
	Sunday	_____

9 ▶1 *46* In the next dialogue, Frau Biechele rings Herr Kellermann to arrange a meeting. Listen to the recording and then tick the right information.

einen Termin vereinbaren   to arrange a meeting
der Vorschlag   suggestion
ungefähr   about, approximately

1 Herr Kellermanns Vorschlag ist...
  a ☐ Montag   b ☐ Donnerstag

2 Sie treffen sich am...
  a ☐ Freitag   b ☐ Donnerstag

3 Sie treffen sich...
  a ☐ um fünf Uhr   b ☐ um 15 Uhr

4 Sie treffen sich in...
  a ☐ Frau Biecheles   b ☐ Herr
      Büro   Kellermanns
                              Büro

Wissenswert!

STÄDTEPORTRAIT: COLOGNE

Köln (Cologne), the capital of the Rhineland, is one of the most important cultural and commercial centres in Germany, dating back to Roman times when it was known as *Colonia*. The city's most prominent feature is its cathedral, a masterpiece of Gothic architecture. Its construction commenced in the 13th century but it was not completed until 1880.

There are many attractions for the art enthusiast: over 30 art galleries, four theatres and an opera house.

Attractively stretching along both banks of the Rhine, with the *Altstadt* to the left, Köln is a lively, bustling commercial centre which houses some of the world's biggest trade fairs. It is an important centre for a number of radio and television channels and, on the outskirts, home to a major Ford car production plant.

10 ▶1 47 Now listen to the conversation between Nico and the villain in the kiosk and make notes for the following questions.

holen	to fetch
krank	ill
wenn	if
geben	to give
schon	already

1 Was muss der Mann holen?
2 Woher muss er es holen?
3 Wann muss er es holen?
4 Warum kann er nicht nach Amsterdam fahren?
5 Wie viel Geld will er Nico geben?

11 ▶1 48 You are now trying to make an appointment over the phone. Prepare what you have to say before you turn on the tape/CD.

1 Hello. Can I speak to Frau Müller?
2 I want to make an appointment.
3 I can't come on Tuesday.
4 I must go to Frankfurt.
5 Wednesday or Thursday.
6 At what time?
7 Good. We'll meet on Wednesday at one o'clock. Where?
8 In the pub round the corner!
9 Thank you. Goodbye.

Quiz

1 The computer has lost the second half of the following list of words. They are all days of the week or months. Complete the words.

Feb ruar   Ap ril   Dien stag
Jan uar   Sept ember Mon tag
Sonna bend

2 Which is the odd one out?
Besprechung   Konferenz   geschlossen   to close
Sitzung   Termin
pp.

3 Put the dialogue in the right order.
a ☐ *Um 11 Uhr.*
b ☐ *Frau Köhler, wann hatten Sie den Termin vereinbart?*
c ☐ *Guten Tag. Bitte schön.*
d ☐ *Um 11 Uhr. Ich schau mal eben nach. Frau Hess ist in einer Besprechung.*
e ☐ *Guten Tag.*
f ☐ *Mein Name ist Andrea Köhler, und ich habe einen Termin mit Frau Hess vereinbart.*

arrange.

Ich fahre nach Amsterdam

Lernpunkte

- Buying a ticket on public transport
- Asking people to help you...
- ...and revising understanding directions

Entschuldigen Sie, bin ich hier richtig? Ich will nach Amsterdam.

Im Bahnhof ist das Reisezentrum.

episode 8

Also – das Reisezentrum.

Nico will be travelling to Amsterdam this weekend and needs to buy a ticket. There are quite a few words to add to his computer database.

Nächster Zug 11.17 Uhr.

At the station, Nico is asking for help.

1 ▶2 1 Nico is a little apprehensive about going abroad by train and asks Elke to help him with some basic expressions. Use the book and audio together. Listen to the dialogue and match 1–4 with a–d opposite.

da kaufst du	there you buy
deine Fahrkarte	your ticket
der Zug	train
die schnellen Züge	the fast trains

ELKE *Da kaufst du deine Fahrkarte.*
NICO *Die Fahrkarte...*
ELKE *Dann gehst du zum Bahnsteig...*
NICO *Zum Bahnsteig...*
ELKE *Ja. Und dann kommt der EuroCity...*
NICO *Der... EuroCity?*
ELKE *Ja, der EuroCity oder EC. Das sind die schnellen Züge, die ins Ausland fahren.*

1 to buy a ticket
2 to go to the platform
3 to take the EuroCity train
4 to go abroad

a ☐ *eine Fahrkarte kaufen*
b ☐ *zum Bahnsteig gehen*
c ☐ *ins Ausland fahren*   Ausland – abroad
d ☐ *den EuroCity nehmen*

PASSER-BY 1   *Gehen Sie hier gleich links in die Hohe Straße, dann immer geradeaus bis zur Schildergasse.*

PASSER-BY 2   *Nehmen Sie die erste Straße links, das ist die Luxemburger Straße. Dann an der Ampel gleich rechts.*

PASSER-BY 3   *Das ist hier gleich um die Ecke.*

PASSER-BY 4   *Am besten nehmen Sie die 1 oder 2 von hier.*

PASSER-BY 5   *Am besten fahren Sie zum Neumarkt und steigen da um.*

2 Which is the odd one out? Tip: check the gender, *der, die, das.*

Bahnhof   EuroCity   Bahnsteig
Fahrkarte   Zug

3 Imagine you are going to take the train from Cologne to Amsterdam. You need to go from *Universitätsstraße* to *Neumarkt* and continue by the underground (*die U-Bahn*) to the main railway station (*der Hauptbahnhof*). Write down questions using *Wie komme ich zum/zur...?**

MODELL   *Wie komme ich zur Stadtmitte?*
(die Stadtmitte)

a .... ZUR .... ?
(die Universitätsstraße)
b ..... ZUM ..... ?
(der Neumarkt)
c ... ZUR ZUM ... ?
(die U-Bahn)
d ..... ZUR ..... ?
(der Hauptbahnhof)
e ..... ZUM ..... ?
(das Reisezentrum)

* Remember to use *zum* with masculine and neuter nouns (*der Bahnhof, das Reisezentrum*) and *zur* with feminine nouns (*die Bibliothek*).

4 ▶2 2 Now use the book and audio together. Listen to the five short conversations. First, tick each question from activity 3 as you hear it. Number each direction below given in reply to each question.

NOTE   Some people ask *Wie komme ich am besten zum/zur...?* (What's the best way to...?)

Sprachtipp

Q Are *steigen... um* and *umsteigen* one and the same verb?

A Yes, some verbs in German, such as *umsteigen* (to change), *aussteigen* (to get out) and *ankommen* (to arrive) are so-called separable verbs. When a separable verb is used in one of the simple tenses (present or past), the prefix (the first part of the verb) is normally separated from the verb and placed at the end of the sentence:

Steigen Sie am Neumarkt um.
Change at Neumarkt.

Wann kommt der nächste Zug an?
When does the next train arrive?

5 Make phrases with these separable verbs.

1 (umsteigen):
   Bitte Steigen Sie am Bahnhof um.
2 (aussteigen): Wo steige ich aus?
3 (einsteigen):
   Bitte Steigen Sie in die Nummer 27 ein.
4 (ankommen): Wann kommt der Bus an?

ms/ der Masc zum
die fem. zur.

Wissenswert!

Before you use public transport in Germany, buy your ticket either from a machine (labelled *Fahrausweise*) or a ticket desk (*der Fahrkartenschalter*) to avoid incurring a heavy fine. Your ticket is only valid if you have stamped it before you start your journey. This machine is called *Entwerter* and can often be found on the top or at the bottom of staircases leading to the platform rather than on the platform itself. Most trams and buses have an *Entwerter* inside.

Buying a ticket...

Entschuldigen Sie, wo bekomme ich eine Fahrkarte?	Excuse me, where can I get a ticket?
Entschuldigen Sie, wo ist das Reisezentrum?	Excuse me, where is the travel centre?
Wo sind die Fahrpläne?	Where are the timetables?

...and asking people to help you:

Können Sie mir helfen?	Can you help me?
Wo ist Bahnsteig fünf?	Where is platform 5?
Entschuldigen Sie, bin ich hier richtig?	Excuse me, is this right?
Ich will nach Amsterdam.	I want to go to Amsterdam

6 ▶2 3 Now turn on the tape/CD and practise these and similar phrases.

```
DB ICE   Fahrkarte        UNTAUSCH/ERSTATTUNG AB DEM
CIV 80   NORMALPREIS      1.GELTUNGSTAG: 15 EURO      1 Erwachsener
Gültigkeit:07.12.04-08.12.04 II: bis 08.12.04

        VON                ->NACH                            KV/CI
        Köln Hbf           ->Amsterdam                         2
VIA: Aachen Hbf, Heerlen (IC)

                                              Preis EUR **80,20
                                                              32
   363051301                                                  00
   36305130-88    MWSt D: **80,20  16,0% =**12,83  081828061 Köln
                  BARZAHLUNG    07.12.04              11:31
```

7 ▶2 4 *Nico ist im Reisezentrum am Kölner Hauptbahnhof.* Listen to him buying a ticket. Then listen again and fill in the grid with the information you hear.

Amsterdam, hin und zurück bitte.	A return ticket to Amsterdam, please.
Amsterdam, bitte, einfach.	A single to Amsterdam, please.
Erster Klasse oder zweiter?	First or second class?
bleiben	to stay
zurückkommen (sep.)	to come back
billiger	cheaper
touer	expensire

destination	single/return	first/second class
Am	Zuruck	Zwelt

price (euros)	supplement (euros)	total (euros)
65·20	15	80·20

Wissenswert!

Did you know that a *BahnCard* from the *Deutsche Bahn* (German Rail) entitles you to 50% reduction on the entire German rail network and on most regional buses for the duration of one year? It's worth thinking about if you use public transport frequently or if you are travelling long distances.

Die Bahn   DB
Einfache Fahrt

Bahnhof	Datum	Zeit	Dauer	Umst.	Produkte	Normalpreis
Leipzig Hbf	05.06.04	ab 08.20	5.34	1	ICE, IC	64,40 EUR
Stuttgart Hbf	05.06.04	an 13.54				
Leipzig Hbf	05.06.04	ab 09.20	4.48	2	ICE	76,80 EUR
Stuttgart Hbf	05.06.04	an 14.08				
Leipzig Hbf	05.06.04	ab 09.20	5.13	1	ICE	76,80 EUR
Stuttgart Hbf	05.06.04	an 14.33				

8 ▶2 5 Turn on the tape/CD and practise some more phrases you need when travelling.

9 ▶2 6 Now listen to Christine Baumeister buying a ticket using her BahnCard. Check statements 1–5 below and correct them where necessary.

nur eine einfache Fahrt — a single ticket only
die zweite Person — the second person
sie hat keine BahnCard — she has no BahnCard
unter/über 26 — under/over 26
insgesamt — in total

1 Christine kauft zwei Fahrkarten nach Amsterdam - einfach. *Berlin*
2 Sie kauft beide Fahrkarten mit BahnCard. *kei*
3 Die andere Person ist unter 26. *über*
4 Die Fahrkarte kostet mit BahnCard € 35,60, die Fahrkarte ohne BahnCard kostet € 50,60.
5 Sie muss keinen InterCity-Zuschlag *Supplement* bezahlen. *Hamburg. 5€.*

Ankunft? Nein, Abfahrt. Amsterdam? Amsterdam? Da! 11.17, Gleis 3.

10 ▶2 7 Now it's your turn to buy a ticket. You might like to prepare what you have to say first.

die Abfahrt(-en) — departure
die Ankunft(-̈e) — arrival
das Gleis(-e) — platform

Supplement

1 A return ticket to Vienna.
2 A single to Cologne. Second class, please.
3 Two tickets to Berlin, please.
4 How do I get to platform 9?

Quiz

1 How would you ask the way to the underground?
2 What does *Fahrkarten entwerten!* mean?
3 The assistant at the ticket desk says *Ab Berlin kostet der InterCity 5 Euro pro Person Zuschlag.* Translate for your friend.
4 The assistant wants to make sure he has understood you correctly and says *Nur eine einfache Fahrt?* Translate for your friend.
5 Ask the assistant where the timetables are.

Unit 5

Wie war's ?

Lernpunkte

- Talking about past events
- Revising times and numbers
- Improving your telephone skills

> **e p i s o d e 9**
>
> Na Nico, erzähl mal, wie war Amsterdam?
>
> Amsterdam war schön. Ich war aber nur kurz da.

Back at work, Nico is asked about his short trip to Amsterdam.

> Die Fotos waren zu spät bei Herrn Koch.

Nico is being told off by Frau Maier because he was late for an appointment with Herr Koch.

8 Samstag	9 Sonntag
Amsterdam	Amsterdam
7	7
8	8
9	9
10	10
11	11
12	12
13	13
14	14
15	15
16	16
17	17
18	18

10 Montag

7	
8	9.15 Besprechung mit Frau Schneider
9	9.30 im Postraum
10	9.40 in Frau Daniels Büro
11	
12	11.15 Termin mit Herrn Koch
13	11.45 in Frau Schneiders Büro
14	13.10 Mittagspause

> Ich habe viel zu erledigen!

It's a hectic Monday morning. Nico has to cover for his colleagues and answer the phones.

1 ▶2 8 *Wie war's?* Anna is asking about Nico's trip to Amsterdam and his appointment with Herr Koch in the morning. Listen to the dialogues and find out the German for the phrases 1–4 on page 38.

wie war...?	How was...?	*du fährst wieder mal dahin*	you'll go there again
wie war's?	How was it?	*sicher*	sure
ich war aber nur kurz da	but I was only there for a short time	*zu spät*	too late
		sauer	annoyed (lit. 'sour')
vielleicht	perhaps	*böse*	angry, annoyed

37

1 ANNA   *Na Nico, wie war Amsterdam?*
NICO   *Amsterdam? Amsterdam war schön. Ich war aber nur kurz da.*
ANNA   *Na, vielleicht fährst du wieder mal dahin.*
NICO   *Oh ja, sicher.*

2 ANNA   *Warst du denn bei Herrn Koch?*
NICO   *Um... zwölf Uhr.*
ANNA   *Oh Nico! Das war zu spät! Nico, Frau Maier ist sauer...*
NICO   *Sauer? Was bedeutet das?*
ANNA   *Böse! Die Fotos waren zu spät bei Herrn Koch.*

1 I was only there for a short time.
2 When were you with Herr Koch?
3 It was nice.
4 Herr Koch received the photos too late.

Sprachtipp

Q You already know most of the present tense forms for the verbs *haben* (to have) and *sein* (to be). But what about their past tense forms? Do they take the same endings?

A No, their past tense forms are different; both verbs are irregular:

Present		haben	sein
ich	I	habe	bin
du	you (familiar singular)	hast	bist
er, sie, es	he, she, it	hat	ist
wir	we	haben	sind
ihr	you (familiar plural)	habt	seid
sie	they	haben	sind
Sie	you	haben	sind
	(formal singular + plural)		
Past			
ich	I	hatte	war
du	you (familiar singular)	hattest	warst
er, sie, es	he, she, it	hatte	war
wir	we	hatten	waren
ihr	you (familiar plural)	hattet	wart
sie	they	hatten	waren
Sie	you	hatten	waren
	(formal singular + plural)		

2 ▶2 9 Not everything went according to schedule on this hectic Monday morning. Frau Maier wants a detailed account of what Nico has been doing. Listen to the account and read the statements below. Are they *richtig* (R) or *falsch* (F)?

	R	F
1 Um 9 Uhr war Nico im Postraum.	☐	☐
2 Um halb zehn hatte er eine Besprechung mit Frau Schneider.	☐	☐
3 Um 11.15 Uhr hatte er einen Termin mit Herrn Koch.	☐	☐
4 Um 12.30 Uhr war er in Frau Daniels Büro.	☐	☐
5 Um 12.45 Uhr war er in Frau Schneiders Büro.	☐	☐
6 Um 13.10 Uhr hatte er Mittagspause.	☐	☐

3 ▶2 10 Turn on the tape/CD and practise talking about past events.

4 ▶2 11 Now take Nico's role. Prepare what to say by looking at the diary entries below. Then listen and answer Frau Maier's questions using *war* (was) or *hatte* (had).

MODELL Um 9 Uhr im Büro (war)
Um 9 Uhr war ich im Büro.

1 Um 9.15 Uhr   die Besprechung mit Frau Schneider (hatte)
2 Um 9.30 Uhr   im Postraum (war)
3 Von 9.40 Uhr bis 11.30 Uhr   in Frau Daniels Büro (war)
4 Um 11.15 Uhr   den Termin mit Herrn Koch (hatte)
5 Um 12.45 Uhr   in Frau Schneiders Büro (war)
6 Um 13.10 Uhr   Mittagspause (hatte)

Unit 5

5 ▶2 12 Now you can talk about your schedule for yesterday morning. Look at your diary entries and decide whether you need to use *hatte* or *war*.

Modell   Wo waren Sie um 8.30 Uhr?
         Um 8.30 Uhr war ich im Büro.

8.30	im Büro
9.15	im Postraum
10.30	bei Herrn Schiller
10.40	einen Anruf von Frau Weiß
11.15	den Termin mit Herrn Blüm
12.00	in der Kantine

6 *War/en* or *hatte/n* ? Complete the sentences with the correct verb form.

1 _____ Sie einen Termin mit Herrn Koch um 11.15 Uhr?
2 Ja, aber ich _____ zwei Stunden am Telefon und _____ um 12.00 Uhr bei Herrn Koch.
3 Dann _____ Sie nicht pünktlich?
4 Nein, er _____ schon Mittagspause.
5 _____ Sie um 12.45 Uhr in Frau Schneiders Büro?
6 Ja, aber sie _____ nicht da.

7 Anna rings in on Monday morning to see how Nico is coping in the office. Nico says:

Ich bin im Büro. Es ist total hektisch. Ich habe einen Termin mit Herrn Koch um 11.15 Uhr. Ich habe viel zu erledigen. Es ist schon 11.30 Uhr. Ich bin nicht pünktlich. Frau Maier ist sauer!

Take Nico's role and write about your day in the office by using the same words as above but in the past tense. The first and last sentences have been done for you.

Ich war im Büro. Es _____
_____
_____
_____
                          Frau Maier war sauer!

8 ▶2 13 Nico has taken an important phone call for someone else. Listen to the call and, using Nico's notebook, draft his message.

ich weiß nicht, wann er wieder da ist	I don't know when he's back
es ist dringend	it is urgent

9 ▶2 14 Talking about past events is, of course, not only restricted to work! Listen to Frau Fritz from Lübeck talking about her last holiday and fill in the grid below.

Wo haben Sie Ihre letzten Ferien verbracht?	Where did you spend your last holiday?
Wie lange?	How long?
Hat es Ihnen gefallen?	Did you like it?
das Wetter	the weather

wo?	
wann?	
wie lange?	
Wetter?	

10 ▶2 15 Now turn on the tape/CD and practise these and similar phrases.

Wissenswert!

STÄDTEPORTRÄT: LÜBECK

The medieval Hanseatic city of Lübeck, about 50 km north-east of Hamburg, is well worth a visit. The most impressive way to enter Lübeck's old town centre is through the arch of the magnificent twin towers of the Holstentor. The Altstadt is surrounded by water and there are several delightful old buildings, excellent shops and cosy restaurants. The coffee houses for your afternoon *Kaffee* und *Kuchen* are second to none in Lübeck, as this is the home of the famous Lübecker Marzipan.

TWO FAMOUS SONS OF LÜBECK

Thomas Mann (1875–1955): German novelist born in Lübeck. His best-known works are Buddenbrooks, Death in Venice, The Magic Mountain and Doctor Faustus. Mann opposed Nazism and was forced to emigrate to Switzerland in 1933 before going to live in the USA. He was awarded the Nobel Prize for literature in 1929 for his novel Buddenbrooks.

Heinrich Mann (1871–1950): Brother of Thomas Mann, also a novelist and born in Lübeck. His best-known works include Professor Unrat (The Blue Angel) and Der Untertan (Man of Straw).

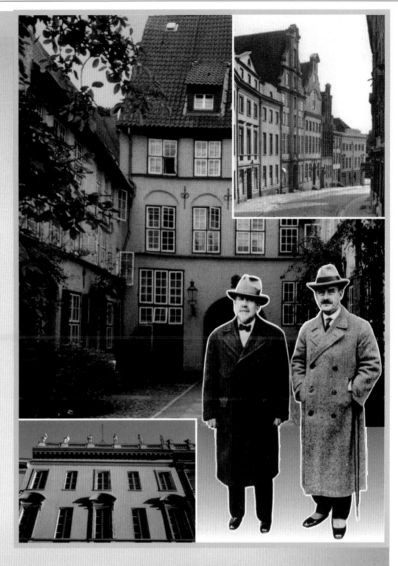

Quiz

1 Complete this sentence with *war* or *waren*:
   Dieter und Susanne .... zu Hause.
2 Put the sentence in the correct order. Start with *Um 15.30 Uhr...*
   mit Frau Schneider/Termin/ich/hatte/um 15.30 Uhr/einen
3 What does *sie ist sauer* mean?
4 Heute bin ich im Büro. Gestern .... ich in Amsterdam.

Die gefällt mir gut

Na, wie ist es mit diesem?

Ja, dieses Hemd gefällt mir gut. Ich nehme das.

episode 10

Nico goes shopping with Anna in the *Kaufhaus* (department store). He buys a new shirt.

Lernpunkte

- Saying what you like and don't like
- Finding your way around a
- department store

Was für Musik magst du denn? Ich höre gerne Pop.

Ich finde klassische Musik gut.

While they're looking at CDs, Anna and Nico begin to realise that they like each other.

Meanwhile, Frau Weiß and Anna – who are making a film about drug dealing *(der Drogenhandel)* – meet the police inspector *(der Kommissar)* at the police station, and are horrified to see a photograph of the drug dealer and Nico in the cemetery.

---

1 ▶2 16 Nico says 'I like this shirt a lot' *(dieses Hemd gefällt mir gut)*. Listen and find three more examples of this expression as Nico chooses a present *(das Geschenk)* for his mother. And what does he choose?

ein (das) Armband(-̈er)	a bracelet
eine (die) Brosche(-n)	a brooch
dies(-er, -e, es)	this/these
vielleicht	perhaps
anschauen	to look at
hübsch	pretty

NICO   *Ich möchte ein Geschenk für meine Mutter.*
ASSISTANT   *Was darf es denn sein? Ein Armband, eine Brosche?*
NICO   *Eine Brosche.*
ASSISTANT   *Gefällt Ihnen hiervon etwas? Diese vielleicht?*
NICO   *Nein, die gefällt mir nicht.*
ASSISTANT   *Oder diese?*

NICO   *Ja, die gefällt mir besser, aber...*
ANNA   *Nico, schau dir diese Broschen an.*
NICO   *Ach, die sind hübsch!*

Sprachtipp

Note how the verb *gefallen* is used:

Wie gefallen Ihnen diese?   How do you like these?
Wie gefällt Ihnen diese Brosche?   How do you like this brooch?

Feminine *Diese Brosche gefällt mir.*   I like this brooch.
          Die gefällt mir.   I like it.

Masculine *Dieser Film gefällt mir.*   I like this film.
          Der gefällt mir.   I like it.

Neuter   *Dieses Armband
          gefällt mir besser.*   I prefer this bracelet.
          Das gefällt mir besser.   I prefer it.

Plural   *Diese Hemden
          gefallen mir nicht.*   I don't like these shirts.
          Die gefallen mir nicht.   I don't like them.

Q Can you work out how to say: 'I like it' or 'I like them'? Use *die/der/das/die* depending on whether the item is feminine, masculine, neuter or plural.

A *die gefällt mir, der gefällt mir, das gefällt mir* or *die gefallen mir*

2 ►2 17 There are several ways of talking about what you like and don't like in German. Listen to Andrea's friends, Anja Dewers and Ingo Kluge, talking about what music they like. Listen out for these phrases:

Ich mag Popmusik.   I like pop music.
*Ich finde klassische
Musik gut.*   I like classical music.
Ich höre gern Musik.   I like listening to music.
*Ich höre lieber
Popmusik.*   I prefer listening to/I'd
                             rather listen to pop music.

Are the statements below *richtig* (R) or *falsch* (F)?

	R	F
1 Anja und Ingo mögen Musik.	☐	☐
2 Ingo hört gern Musik.	☐	☐
3 Ingo findet Popmusik gut.	☐	☐
4 Anja hört lieber klassische Musik.	☐	☐

3 Match the questions 1–4 with the answers a–d.

1 Magst du klassische Musik?
2 Gefällt Ihnen diese Brosche?
3 Ich möchte dieses Hemd.
4 Ich finde diese CD gut.

a ☐ Gern - es kostet 45 Euro.
b ☐ Ich auch - ich mag Popmusik!
c ☐ Nein, diese gefällt mir besser.
d ☐ Ja, ich höre gern klassische Musik.

4 ►2 18 Now turn on the tape/CD and practise these and similar expressions.

Finding your way around a department store:

If you want to buy something in a German department store, you need to find your way around. Here are some useful words.

die Rolltreppe(-n)	the escalator
das Erdgeschoss(-e)	ground floor
das Kellergeschoss(-e)/	basement
das Untergeschoss(-e)	
der erste Stock (sing.)/	first floor
die erste Etage(-n)	
der zweite Stock/	second floor
die zweite Etage	
der dritte Stock/	third floor
die dritte Etage	
die Kasse(-n)	the cash desk
die Herrenbekleidung	the men's
(sing.)	department
die Damenbekleidung (sing.)	the ladies'
	department
die Elektroabteilung(-en)	the electrical
	department

NOTE

There are often two words in German for the same thing, for example *der Stock* and *die Etage* (from French). Both mean 'floor' or 'storey'.

Sprachtipp

Mögen is another modal verb, like *können*, *müssen* and *wollen* (see Unit 3, page 30). Unlike other modal verbs, however, it is usually used on its own and means 'to like':
Ich mag klassische Musik (I like classical music). Here are all the verb endings:

mögen	to like
ich mag	I like
du magst	you (familiar singular) like
er, sie, es mag	he, she, it likes
wir mögen	we like
ihr mögt	you (familiar plural) like
sie mögen	they like
Sie mögen	you (formal sing + pl) like

Ich möchte, meaning 'I would like', also comes from *mögen*, but it can be used with or without another verb. When no verb follows, it means 'I would like to (have)...':
Ich möchte diese CD.
Ich möchte Kaffee trinken.

5 ▶2 *19* Listen to the sales assistant answering customers' queries and fill in the store guide with the information you hear.

basement ....
ground floor ....
first floor ....
second floor ....

6 ►2 20 Listen to Andrea in Karstadt, a large department store, asking where she can buy a toothbrush. She asks *Wo kann ich eine Zahnbürste kaufen?* Then answer the questions below.

1 Which department are they in?
2 On which floor?
3 How should she get there?
4 Is the department on the left or on the right?

7 ►2 21 Now listen and practise finding your way around a department store.

Wissenswert!

LONGER SHOPPING HOURS

German consumers have long been frustrated by some of the world's most restrictive shopping hours. Under the *Ladenschlussgesetz* of 1956 (shop closing hours law), shops were not allowed to stay open beyond 6.30pm on weekdays and 2pm.

on Saturdays (with longer opening hours on Thursdays and on *langer Samstag*, the first Saturday of each month). In June 2003, the German Government agreed that in future shops will be allowed to open from 6 a.m. to 8 p.m. on weekdays, although you will find that not all shops stay open that long, and 9 a.m. to 4 p.m. on Saturdays. Sunday opening has not been under discussion. So watch out for German shops displaying their new *Öffnungszeiten* (opening hours):

Öffnungszeiten

Montag bis Freitag	*9.00 - 20.00 Uhr*
Samstag	*9.00 - 16.00 Uhr*

8 ►2 22 Now listen to Nico and Anna in the department store buying a shirt for Nico. Then answer the questions in German.

schau mal	just look, look here
das Sonderangebot(-e)	special offer
Welche Größe hast du?	What size are you?
Wie ist es mit diesem?	What about this one?

1 Was will Nico kaufen?
2 Wo ist die Herrenbekleidung?
3 Welche Größe hat Nico?

9 ►2 23 Now have a go at buying something yourself. Here are some guidelines:

A1 You'd like to buy a shirt.
A2 Size 39.
A3 No, you don't like this shirt.
A4 But you like these.
A5 Yes, you prefer this one.
A6 Where is the escalator?

B1 Where is the electrical department?
B2 Where can you find CDs?
B3 No, you like classical music.
B4 How much is the CD?
B5 Where is the cash desk?
B6 Where are the toothbrushes?

Quiz

1 Unravel the following:
Ichhöregernmusikdiesecdgefälltmirichmagdies ehemdenichfindepopmusiknichtgut
2 You want to buy some soap. What department do you look for?
  a *Restaurant*   b *Parfümerie*   c *Bäckerei*
3 Which is the odd one out?
  gut   finden   gefallen   mögen

Ich möchte Geld abholen

Lernpunkte

- Numbers over 100
- Asking someone to do something
- Changing and taking out money at a bank

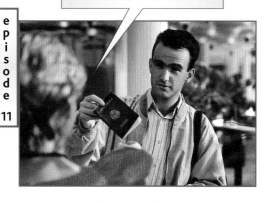

Darf ich Ihren Ausweis sehen?

episode 11

Ihre Scheckkarte und die Vollmacht zurück.

Nico collects some foreign currency at *die Stadtsparkasse* (the local savings bank) on behalf of Frau Maier.

Numbers 101–900

When changing and taking out money at a bank, you need to say the amount in German. This is how you say numbers over 100:

101	(ein)hundert(und)eins
200	zweihundert
212	zweihundert(und)zwölf
300	dreihundert
333	dreihundertdreiunddreißig
400	vierhundert
500	fünfhundert
600	sechshundert
700	siebenhundert
800	achthundert
900	neunhundert

Sprachtipp

Numbers above 100 are combined in the same way as numbers above 20 *(dreiundzwanzig)*. All you do is add the word for 100, 200 etc in front:

8 + 40 = *achtundvierzig*
700 + 8 + 40 = *siebenhundertachtundvierzig*

1 You want to change pounds into euros. Can you work out how to say the amount in German?

MODELL   £200   *Zweihundert Pfund in Euro, bitte.*

1 £400	3 £836	5 £557
2 £250	4 £999	6 £120

2 ►2 24 Now turn on the tape/CD to practise numbers above 100.

3 ►2 25 *Tun Sie mir einen Gefallen?* Nico needs to take some documents with him in order to collect some foreign currency for Frau Maier. Read the phrases below and put them in the most logical order. Then listen to check if you got it right.

Tun Sie mir einen Gefallen?	Can you do me a favour?
der Ausweis(-e)	identity card
die Scheckkarte(-n)	cheque card
zeigen	to show

1 ☐ Das müssen Sie der Bank zeigen.
2 ☐ (Nehmen Sie) Ihren Ausweis.
3 ☐ Tun Sie mir einen Gefallen?
4 ☐ Gehen Sie für mich zur Bank.
5 ☐ Nehmen Sie meinen Ausweis und meine Scheckkarte.

4 ►2 25 Now listen to the conversation again. Are these phrases *richtig* (R) or *falsch* (F)?

	R	F
1 Frau Maier fährt morgen nach London.	☐	☐
2 Sie hat Euro bestellt.	☐	☐
3 Nico geht für sie zur Sparkasse.	☐	☐
4 Frau Maier hat 200 Euro bestellt.	☐	☐
5 Die Sparkasse ist links um die Ecke.	☐	☐

5 Look at the words and phrases below and match the German 1–5 with the English a–e. Can you guess the meaning of the words you don't know?

1 Tun Sie mir einen Gefallen?
2 ich habe bestellt
3 im Wert von
4 sich ausweisen
5 schaffen

a ☐ to identify yourself
b ☐ to the value of
c ☐ I have ordered
d ☐ to manage (to do something)
e ☐ Can you do me a favour?

Sprachtipp

Tun Sie mir einen Gefallen? is a very useful phrase if you want to ask someone a favour; make sure you remember it! If you want to be even more polite, you can use it with the modal verb *können*:
Können Sie mir einen Gefallen tun?

6 ►2 26 *In der Sparkasse.* Nico is having a few misunderstandings at the bank. Listen to the dialogue with the bank clerk. Tick the information 1–3 that you hear.

Geld abholen	to collect money
ein Konto eröffnen	to open an account
der Auslandsschalter(-)	foreign exchange desk

CLERK *Ja, bitte schön?*
NICO *Ich möchte Geld abholen, für Frau Maier.*
CLERK *Haben Sie ein Konto bei uns?*
NICO *Ich? Nein.*
CLERK *Sie möchten ein Konto eröffnen?*
NICO *Konto... eröffnen? Ich verstehe nicht. Ich möchte nur das englische Geld für Frau Maier abholen.*
CLERK *Ach so, Sie möchten englisches Geld. Dann müssen Sie bitte zum Auslandsschalter - das ist hier drüben bitte.*

1 Nico möchte...
  a ☐ Geld abholen.
  b ☐ Frau Maier abholen.
2 a ☐ Er möchte ein Konto eröffnen.
  b ☐ Er hat kein Konto bei der Sparkasse.
3 Er muss...
  a ☐ zum Auslandsschalter gehen.
  b ☐ ein Konto eröffnen.

Unit 7

Sprachtipp

Note that there are different endings for the German words for 'my' (*mein*) and 'your' (*Ihr*). Such words are called possessive adjectives. They follow the same pattern as the definite articles *der, die, das*:

Hier ist   *der Ausweis*   *die Scheckkarte*   *das Geld*

            mein Ausweis   *meine Scheckkarte*   *mein Geld*

But:

Nehmen Sie *meinen Ausweis* *meine Scheckkarte*   *mein Geld*

The masculine noun changes slightly if it's the object of the sentence (the part that receives the action of the verb). The endings for *Ihr* and *dein* follow the same pattern.

(See grammar section on page 168/169.)

7 Fill in the correct endings for **mein** and **Ihr**.
Leave a blank if there is no change to the ending.

1 Nehmen Sie mein .... Ausweis und mein .... Scheckkarte und Ihr .... Ausweis und holen Sie mir das Geld bitte. Hier ist Ihr .... Vollmacht.
2 Ich möchte mein .... englisches Geld abholen.
3 Darf ich Ihr ..... Ausweis sehen und Ihr ..... Scheckkarte, bitte.
4 Danke schön, hier ist Ihr .... Ausweis und Ihr .... Geld.

Sprachtipp

There are two words for 'me' in German, *mich* and *mir*. Some verbs always take *mir* meaning, literally, 'to me'.

Können Sie mir helfen?   Can you help me? (Lit. 'Can you give help to me?')

Das gefällt mir.   I like it. (Lit. 'It is pleasing to me.')

Kannst du mir sagen,   Can you tell (to) me what
wie spät es ist?   time it is?

Similarly, 'to you' is *dir* or *Ihnen*.

8 How would you say the following sentences in German?

1 Can I help you? (formal form)
2 I like this brooch.
3 Can you tell me where the bank is?
4 Can you do me a favour?

9 ▶2 *27* Now turn on the tape/CD and practise these and other banking terms.

10 Match phrases a–f with the illustrations below.

a ☐ der Kurs (der Wechselkurs)
b ☐ umtauschen
c ☐ mit Bargeld bezahlen
d ☐ mit Scheck bezahlen
e ☐ aufs Konto einzahlen
f ☐ vom Konto abheben

Now translate the following banking terms into English.

1 mit Scheck bezahlen
2 der Kurs (der Wechselkurs)
3 Geld vom Konto abheben

11 ▶2 *28* Listen to Christine Baumeister changing cash and traveller's cheques at a bank. Fill in the gaps in the dialogue below.

unterschiedliche Kurse different exchange rates

CLERK   Englische Pfund – in ....
           oder in Travellerschecks?
CHRISTINE Ich habe beides. Ich habe
           Travellerschecks und Bargeld.
CLERK   Ja, da haben wir .... Kurse.
           Für Bargeld ist der .... , einen
           Moment, sage ich Ihnen sofort...
           Sie .... heute für ein englisches
           Pfund € ....
CHRISTINE Ja, das ist in Ordnung.
CLERK   Ja, und wie viel möchten Sie .... ?
CHRISTINE Ich habe .... Bargeld und
           100 Pfund in Travellerschecks.
CLERK   So, der Kurs für die Travellerschecks
           wäre .... : für ein englisches
           Pfund bekommen Sie € ....

12 ▶2 *29* Imagine that you need to change some money and traveller's cheques. How would you say the following? Then listen to the tape/CD to check your answers.

1 I'd like to change money.
2 I'd like £200 in euros.
3 I have £50 in cash.
4 I have £150 in traveller's cheques.
5 Here's my passport.

Quiz

1 How would someone at the bank ask you for your ID card or passport?
2 Add the correct endings: *Hier ist mein........ Scheck und mein........ Scheckkarte.*
3 What have the verbs *helfen, gefallen* and *sagen* got in common?
4 How do you say 'I'm paying by cheque' in German?
5 You'd like to change £500 into euros. What do you say?

Ich habe keine Wohnung mehr

e
p
i
s
o
d
e

12

Lernpunkte

- Reporting something that's happened
- Asking about someone's family...
- ...and talking about your own family

Morgen suchen wir dir eine neue Wohnung.

Nico has been thrown out of his flat. Anna tells him that tonight he can sleep on her sofa, and tomorrow they will look for a new flat.

Wer ist das?

Das ist mein Bruder. Hast du Geschwister?

In Anna's flat, Nico looks at photographs of Anna and her family.

| Datei | Speichern | Neu | Finden |

Der Hausmeister hat gesagt ... *"RAUS!"*

sagen	Er hat gesagt
fragen	Er hat gefragt
lachen	Er hat gelacht
machen	Er hat gemacht

The next day at work, Nico tells Elke that the caretaker has thrown him out of his flat.

1 ▶2 *30* Nico is rehearsing his past tenses so that he can tell his colleagues what happened to him the day before. Listen to what he says - what happens with the verbs?

der Hausmeister(-)	the caretaker
fragen	to ask
lachen	to laugh

NICO   *Der Hausmeister **hat** gesagt ...*
        *sagen ... Er **hat** gesagt ...*
        *fragen ... Er **hat** gefragt ...*
        *lachen ... Er **hat** gelacht ...*
        *machen ... Er **hat** gemacht ...*
        *Der Hausmeister **hat** gesagt ...*
ELKE   *Na, was **hat** er gesagt?*
NICO   *"Raus!"*

2 ▶2 *31* Now listen to three people - Frau Heinemann and two children, Stephanie and Sebastian - talking about what they did last summer. Then read the sentences below. Are they *richtig* (R) or *falsch* (F)?

spielen	to play
wandern	to go walking, ramble, hike
besuchen	to visit
Spaß haben	to have fun, enjoy yourself

	R	F
1 Stephanie hat im Sommer Fußball gespielt.	☐	☐
2 Stephanie hat Schokolade gekauft.	☐	☐
3 Sebastian hat in London Englisch gelernt.	☐	☐
4 Sebastian hat Deutsch gelernt.	☐	☐
5 Frau Heinemann hat mit ihrer Freundin Deutschland besucht.	☐	☐
6 Sie haben viel Spaß gehabt und sie haben viel gelacht.	☐	☐

Sprachtipp

The perfect tense, *das Perfekt*, is the most commonly used German past tense.
These are the rules for most verbs:

part of 'haben' +	ge.......(e)t (Past participle)
ich habe	gemacht (machen)
er hat	gelernt (lernen)
wir haben	gesagt (sagen)
sie haben	gearbeitet (arbeiten)

The past participle always goes at the end of the sentence. However, there are some exceptions in the way it is formed:

besuchen (to visit)	Wir haben Deutschland besucht.
telefonieren (to phone)	Nico hat telefoniert.
verkaufen (to sell)	Die Verkäuferin hat Brot verkauft.

(See page 171/172 of the grammar section.)

Wissenswert!

FEIERTAGE – PUBLIC HOLIDAYS

1.1	Neujahr	New Year
1. 5	Maifeiertag	Labour Day
3.10	Tag der Deutschen Einheit	German unification
25.1	1. Weihnachtstag	Christmas Day
26.12	2. Weihnachtstag	Boxing Day

Feste von 2005 bis 2008

Jahr	Ostern Easter	Himmelfahrt Ascension Day	Pfingsten Whitsun
2005	28. März	5. Mai	16. Mai
2006	16. April	25. Mai	5. Juni
2007	9. April	17. Mai	28. Mai
2008	24. März	1. Mai	12. Mai

3 ▶2 *31* Listen to the interview again and make a note of what each person said. *Was haben sie gemacht?* Here are some phrases to help you.

STEPHANIE	Tennis spielen, Geschenke kaufen
SEBASTIAN	Englisch lernen
FRAU HEINEMANN	Österreich mit meiner Familie besuchen, lachen, Spaß haben

4 *Noch einmal… Was haben Sie Sonntag gemacht?* Try a few more similar expressions:

1 Musik hören
2 Fußball spielen
3 Französisch lernen
4 im Büro arbeiten
5 ein Museum besuchen
6 eine Radtour machen

5 ▶2 32 Turn on the tape/CD and practise using the perfect tense.

6 ▶2 33 Now let's talk about the family. Back at her flat, Anna and Nico are looking at photographs and talking about their families. Listen and look at the two photos below. Can you guess which silhouette is Anna's and which one is Nico's?

NICO *Bist du das auf dem Foto?*
ANNA *Ja - mein kleiner Bruder und ich.*
NICO *Du hast einen Bruder?*
ANNA *Ja, und eine Schwester. Und du?*
NICO *Ich habe zwei Brüder.*
ANNA *Sind sie noch in Rumänien?*
NICO *Ja.*

7 ▶2 34 In Lübeck, Andrea interviewed some children about their families. She made some notes about Patrick, but they don't correspond exactly with what he said. Listen and correct them.

> Patrick : 10 Jahre alt
>
> Er hat einen Bruder, der heißt Jakob.
>
> Seine Mutter heißt Ruth.
>
> Sein Vater heißt auch Patrick.
>
> Sein Vater ist nicht Deutscher, - er ist Ire.
>
> .Patrick spricht ein bisschen Englisch.

8 Many of the words to describe a family are similar in German and in English. Try to work out how to translate the following list; some have been done for you. Check any words you are not sure of in the glossary. When you have finished, try to memorise them. Note how long it takes you. Can you say them and write them accurately from memory?

GERMAN	ENGLISH
Haben Sie Geschwister?	Have you got any brothers or sisters?
der Bruder (die Brüder)	....
die Schwester (die Schwestern)	....
Haben Sie Kinder?	Have you got any children?
das Kind	....
der Sohn (die Söhne)	....
die Tochter (die Töchter)	....
die Eltern	parents
der Vater (die Väter)	....
die Mutter (die Mütter)	....
der Mann (die Männer)	husband, man
die Frau (die Frauen)	wife, woman
der Partner(-)	....
die Partnerin (die Partnerinnen)	....

9 Match the phrases on the left with the illustrations on the right.

1 ☐ Ich habe zwei Söhne und eine Tochter.   a   b

2 ☐ Ich habe einen Bruder.   a   b

3 ☐ Das sind meine Eltern.   a   b

4 ☐ Ich habe keine Kinder.   a   b

5 ☐ Mein Mann ist dort drüben.   a   b

6 ☐ Haben Sie Geschwister?   a   b

10 ▶2 35 Now turn on the tape/CD and practise similar phrases.

11 ▶2 36 Now talk about the family. This is what you'll have to say:

1 Yes, one brother + two sisters
2 Yes, you've got children - two sons and one daughter
3 Sons: 11 and 13; daughter: nine
4 Your parents live in London
5 Have you got brothers and sisters?
6 What's your sister called?
7 Have you got any children?
8 How old is your son?

Quiz

1 Put the words in the right order:
  Sommer/gelernt/ich/im/habe/Deutsch
2 What's the word for (female) partner?
3 Which one is the odd one out?
  a *gesagt*   b *machen*   c *gearbeitet*
4 Somebody asks you *Haben Sie Geschwister?*
  What do you answer?
  a *Nein, ich habe keine Kinder.*
  b *Ja, eine Schwester und zwei Brüder.*

Kein Problem!   2

1 How would you say the following times in German?

10.30   7.50   1.45   6.05   18.15   21.40

☐ /6 POINTS

2 Fill in the gaps in the following questions.

1 _____ *beginnt die Arbeit?*
  When does _____ begin?
2 *Wie* _____ *ist es?*
  What time _____ ?
3 *Wie viel* _____ *ist es?*
  What time _____ ?
4 _____ *wie viel* _____ *treffen wir uns?*
  What time are we _____ ?
5 _____ *neun* _____ *elf Uhr,*
  _____ *. In Ordnung?*
  From _____ to _____ this evening. OK?

☐ /10 POINTS

3 Anna's friend Petra has left Anna a note asking if she'd like to go shopping one day this week and out for a drink one evening. Here is Anna's reply. Will they be able to get together, and if so, when?

Petra, diese Woche habe ich nicht viel Zeit. Ich arbeite von Montag bis Donnerstag von acht bis fünf, und Freitag bis zwei Uhr. Samstag und Sonntag besuche ich meine Eltern. Ich muss Dienstag- und Donnerstagabend arbeiten, Mittwochabend spiele ich Tennis mit meiner Schwester und Freitagabend gehe ich mit Nico ins Restaurant.

☐ /2 POINTS

4 Fill in the gaps below.

1 _____ hat 12 Monate.
2 Es gibt vier _____ in einem Jahr.
3 September bis November - das ist
  _____
4 Ein Monat hat 30, 31 oder 28 _____
5 Eine _____ hat sieben Tage.

☐ /5 POINTS

5 Match the German and the English.

1 ☐ Kann ich die   a I'd like to order.
    Speisekarte haben? b Enjoy your meal!
2 ☐ Wir möchten   c Can I have
    etwas trinken.   the menu?
3 ☐ Haben Sie noch   d We'd like
    einen Tisch frei?   something
                          to drink.
4 ☐ Schmeckt das?   e Have you got a
5 ☐ Ich möchte   table free?
    bestellen.   f Does it taste
6 ☐ Guten Appetit!   good?

☐ /6 POINTS

6 Separate out the following words, then write them out with the correct article and their translation.

fahrplanfahrkartebahnsteighauptbahnhofank
unftabfahrt

☐ /7 POINTS

7 Put the following sentences in the right order.

1 umsteigen ich wo muss?
2 fährt Zug der wann ab nächste?
3 helfen Ihnen ich kann?
4 an Bus wann der kommt?
5 aus in steigen Sie Bremen.

☐ /5 POINTS

8 Put the following verbs in the imperfect form into the gaps.

> hatte waren warst war hatte

1 Ich .... letzte Woche in Amsterdam.
2 Da .... ich viel zu erledigen.
3 Sie (they) .... böse.
4 Frau Weiß .... einen Termin mit Herrn Koch.
5 Wo .... du um 7 Uhr?

/5 POINTS

9 Match the questions with the answers.

1 ☐ Wie gefällt dir dieses Hemd?
2 ☐ Mögen Sie klassische Musik?
3 ☐ Fahren Sie lieber mit dem Zug oder mit dem Bus?
4 ☐ Möchten Sie etwas trinken?

a Lieber mit dem EuroCity.
b Oh ja, gerne!
c Es gefällt mir gut.
d Nein, die mag ich nicht.

/4 POINTS

10 Here are some words which a) you might use when talking about your family, and b) which you would find useful in a department store. Separate them out into two lists.

Rolltreppe Sonderangebot Geschwister Vater Kasse Sohn Parfümerie Größe Eltern Etage Schwester Herrenbekleidung Kinder Tochter Erdgeschoss Bruder

/8 POINTS (1/2 each)

11 How would you say the following numbers in German?

563 928 102 497

/4 POINTS

12 In which of the sentences a–j can you find the German for the words or expressions 1–10?

1 ☐ exchange rate
2 ☐ still there
3 ☐ collect money
4 ☐ I'm sorry
5 ☐ exchange desk
6 ☐ pay by cheque
7 ☐ a favour
8 ☐ cash
9 ☐ to put through
10 ☐ speaking

a Wer ist am Apparat?
b Es tut mir Leid.
c Ich möchte Geld abholen.
d Wo ist der Auslandsschalter?
e Wie ist der Kurs heute?
f Könnten Sie mich mit Nico verbinden?
g Sind Sie noch da?
h Tun Sie mir einen Gefallen?
i Kann ich mit Scheck bezahlen?
j Ich habe 100 Pfund Bargeld und 100 Pfund in Travellerschecks.

/10 POINTS

13 Answer the following questions in the perfect tense, using the prompts given in brackets.

1 Was hat Erika im Herbst gespielt? (Handball)
2 Wo hast du Deutsch gelernt? (in London)
3 Was haben die Kinder gekauft? (Schokolade)
4 Wann haben Sie Köln besucht? (im Sommer)
5 Was hat Nico gesagt? (Hallo!)
6 Wer hat telefoniert? (Ulli)
7 Was hast du gekauft? (Geschenke)
8 Was hast du gestern gemacht? (Tennis gespielt)

/8 POINTS

TOTAL /80 POINTS

Zimmer zu vermieten

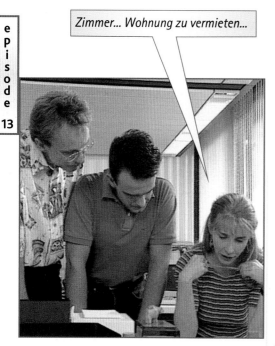

e p i s o d e 13

Zimmer... Wohnung zu vermieten...

Lernpunkte

- Understanding small ads for accommodation
- Enquiring about a bedsit
- Talking about family relationships
- Understanding and saying dates

Nico, Anna and Ulli are looking through *Der Kölner Stadt-Anzeiger* for some inexpensive accommodation.

Möblierte Vermietungen

Möbliertes Zimmer

Separates möbliertes Zimmer in Pößneck, gute Wohnlage (5 min. Fußweg zum Stadtzentrum) zu vermieten, Zentralheizung, Kühlschrank, Fernseher, fließend warmes u. kaltes Wasser. Anfragen bitte an Baumbach oder Landgraf ab 17.00 Uhr

Von privat
Vermiete in Eisenach möbl. 1-R.-Whg. m. TV/SAT, ab €400 incl. aller NK.

ZIMMER, 30 m², Köln Zentrum - €600 kalt, Tel. 31 77 44 (abends). ZIMMER, 22 m², zu vermieten, €250 Tel. (0221) 46 39 41. 2-ZIMMER-WOHNUNG, 63 m², €790 - warm, Tel. (0221) 92 34 78.

Möblierte Mietgesuche

1-2 Zi. App./-Whg. teilmöbl./möbl. mit integrierter Kü. bzw.

Günstige Neubau-Eigentumswohnungen in Schleiz zu erwerben, 60-80 m², €180.000 - 240.000. Erstbezug Herbst '04. Zuschr. u. T21-Z-22137, an die Gesch.-st. d. Zeitung

Erfurt, Wohnungen für Anspruchs- volle, Erstbezug, Schweriner Str. 23, 2-Zi.-Whg., 63 m², €950 + NK, 2-Zi.-Whg., 66,5 m², €1000 + NK, von priv. Erfurt, 2-Zi.-Whg., 50 m², €165 000, u. 2-Zi.-Whg., 71 m², €180 000, in ruhiger Stadtlage, sehr schön re- nov., v. priv.

Ländliche Anwesen

KL Bauernhaus, Nähe Probstzella zu verk. o. zu vermieten. Zuschr. unt. T20-A-69792 an die Gesch.- stelle dieser Zeitung.

Verkaufe 4-Selten-Hof mit 1400 m² Grundstück im Kr. Schmölln. Zuschr. u. 84-A-62101 a.d. GST d. Ztg.

---

1 Read the ads for accommodation that Nico has found. Then look at the words below. Can you match the German with the English equivalent?

1 das Zimmer   a ☐ warm (heating costs included)
2 kalt   b ☐ flat
3 zu vermieten   c ☐ room
4 die Wohnung   d ☐ cold (heating costs not included)
5 warm   e ☐ to let

Enquiring about a bedsit:

Having found some interesting ads, as Nico did, you need to follow these up with a phone call. Here are some useful phrases when enquiring about a bedsit:

Ich suche ein Zimmer.	I'm looking for a room.
Ist das Zimmer noch frei?	Is the room still available?
Was kostet das Zimmer?	How much is the room?
Wie groß ist das Zimmer?	How big is the room?
Wann könnte ich das Zimmer sehen?	When could I see the room?
Wie ist Ihre Adresse?	What is your address?

2 ▶2 37 **Listen to Anna's telephone enquiry for Nico about the second advertisement. Then answer the questions below.**

Ich rufe wegen des Zimmers an.	I'm calling about the room.

1 What sort of accommodation is she inquiring about?
2 Is it still available?
3 What is she arranging and for when?
4 What is the address?

3 ▶2 38 **Now listen to Uwe Bayer making a telephone enquiry about accommodation. Then tick the right statements below.**

1 Uwe sucht...
  a ☐ ein Zimmer.
  b ☐ eine Wohnung.
2 Das Zimmer ist...
  a ☐ 36 qm groß.
  b ☐ 63 qm groß.
3 Es kostet 395 Euro im Monat...
  a ☐ kalt.
  b ☐ warm.
4 Er kann das Zimmer...
  a ☐ heute Abend um 20 Uhr sehen.
  b ☐ morgen Abend um 22 Uhr sehen.
5 Die Adresse ist...
  a ☐ Maystraße 2.
  b ☐ Goldstraße 3.
6 Das Zimmer ist im...
  a ☐ zweiten Stock.
  b ☐ ersten Stock.

4 ▶2 39 **Now turn on the tape/CD and practise asking these and similar questions.**

Unit 9

5 ▶2 *40* Over dinner, Nico and Anna talk about themselves and their families. Before you listen, read the phrases and the activity below. Try to work out if each of the statements is *richtig* (R) or *falsch* (F). Listen as many times as you like to identify and check the right answers.

das muss ich mir merken	I must make a mental note of that
ich bin geboren	I was born (lit. 'I am born')
aufwachsen	to grow up
auf dem Land	in the country
das Dorf(-̈er)	village
die Mitte(-n)	middle
zur Schule gehen	to go to school
in die Stadt fahren	to go into town

"Zum Wohl!"

	R	F
1 Nico hat zwei Brüder - sie sind 24 und 17 Jahre alt.	☐	☐
2 Er ist 23 Jahre alt.	☐	☐
3 Nico hat am 12. Juli Geburtstag.	☐	☐
4 Nico und Anna sind in der Stadt groß geworden.	☐	☐
5 Die Stadt gefällt Anna besser.	☐	☐
6 Nico ist mit dem Bus zur Schule gefahren.	☐	☐
7 Anna ist mit dem Zug zur Schule gefahren.	☐	☐

Sprachtipp

Some verbs use *sein* in the past tense and not *haben*, often those verbs expressing exchange of place or state: 'to go', 'to come', 'to travel' etc.

part of *sein*   +   ge.........*en* (past participle)

ich bin	*geboren*
du bist	*gefahren*
wir sind	*gegangen*

Note also:

haben   +   ge.........*en*

ich habe	*gesprochen*

Watch out for similar verbs in the past tense. (See page 172 for more information.)

Different ways of expressing birthdays:

Wann ist Ihr/ dein Geburtstag?	When is your birthday?
Wann bist du geboren?	When were you born?
Mein Geburtstag ist am zwölften Juli.	My birthday is on the twelfth of July.
Ich bin am zwölften Juli geboren.	I was born on the twelfth of July.

6 Complete Anna's mini-biography with the words below.

gefahren Geburtstag mein geboren
habe geworden Schwester bin

Ich bin im Winter _____ . Mein
_____ ist am 4. Dezember. Ich _____
24 Jahre alt. Ich _____ einen Bruder und
eine Schwester. _____ kleiner Bruder ist
14 Jahre alt, und meine _____ ist 29
Jahre alt. Ich bin auf dem Land groß
_____ . Ich bin jeden Tag mit dem Bus
zur Schule _____ .

7 ►2 *41* Turn on the tape/CD and practise these and similar phrases.

8 ►2 *42* Now it's your turn. Here is an outline script for the interview you're about to take part in. On this occasion prepare what to say, then play the part written for you. Afterwards, you might like to work out what you would really say in the same situation to describe yourself.

wann geboren?	*am 10. Februar*
wie alt?	*32*
Geschwister?	*1 Bruder, 1 Schwester*
wie alt?	*mein Bruder 29, meine Schwester 34*
groß geworden?	*in der Stadt*

Quiz

1 You read in an advertisement:
   Zimmer zu vermieten, 340 Euro warm.
   What does *warm* refer to?
2 You want to enquire whether the room is still available. What do you say?
3 Which is the odd one out?
   gemacht   gelacht   gesehen   gesagt   gefragt
4 How would you say
   'I was born on 15th November'?
5 Tell your friend that you have two brothers and one sister.

Unit 10

Ich zeige Ihnen mal das Haus

e
p
i
s
o
d
e
14

> Hallo Georg. Das ist mein Kollege Nicolai Antonescu.

> Freut mich! Kommt rein!

Ulli introduces Nico to his friend, Georg, who has offered Nico accommodation in his family home.

Lernpunkte

- Finding somewhere to live
- Describing your house or flat...
- ...and asking others about their accommodation

> Also, dies ist unser Wohnzimmer... Hier ist die Küche.

Nico is impressed with the spacious house and the friendly atmosphere.

1 Study the plan of Georg's house below and opposite. Then fill in the missing rooms on the plan in the list opposite.
Write your answer.

Das Erdgeschoss

ⓐ   ⓑ DAS BADEZIMMER   ©

ⓓ ANETTES ZIMMER   ⓔ BENS ZIMMER   ⓕ   ⓖ

zeigen	to show
tagsüber	during the day
das Frühstück(-e)	breakfast
losgehen (sep.)	to start
schlafen	to sleep

GEORG *Ich zeige Ihnen mal das Haus. Also, dies hier ist unser Wohnzimmer. Hier spielen die Kinder tagsüber und abends sitzen wir hier und lesen und hören Musik. Hier ist die Küche.*

NICO *Schön!*

GEORG *Hier essen wir auch. Schon um sieben Uhr geht es mit Frühstück los!*

NICO *Sehr früh!*

GEORG *Richtig! So, hier sind unsere Schlafzimmer - Marlene und ich schlafen da. Hier ist die Toilette, das Badezimmer, hier schläft Annette. Das ist Bens Zimmer.*

das Erdgeschoss: **the ground floor:**

a	....	bedroom
b	das Badezimmer	bathroom
c	....	living room
d	Annettes Zimmer	daughter's room
e	das Zimmer von Ben	son's room
f	....	kitchen
g	das Esszimmer	dining room

das Obergeschoss: **the first floor:**

Laurenz' Zimmer	2nd son's room
das Gästezimmer	guest bedroom
das Arbeitszimmer	study
WC und Dusche	toilet/shower room

2 Now revise all the names for the different rooms in Georg's house by completing the word list.

1	das Arbeitszimmer	study
2	....	dining room
3	das Gästezimmer	....
4	die Küche	kitchen
5	das Bad(ezimmer)	
6	....	bedroom
7	....	WC and shower
8	das Wohnzimmer	....

3 ▶2 *43* Listen to Georg showing his guests round the ground floor of his house. Tick all the rooms which Georg shows them on the plan. There is one room which he doesn't show them. Write it down.

4 Match each room with its correct description.

1 das Schlafzimmer   a ☐ Abends sitzen wir hier und lesen.

2 das Wohnzimmer   b ☐ Hier essen wir. Um sieben Uhr geht es mit Frühstück los.

3 die Küche   c ☐ Da schlafen wir.

5 ▶2 *43* Now listen again to Georg showing Nico the first-floor rooms. Then read the statements below. Are they *richtig* (R) or *falsch* (F)?

höher	higher
ein schönes Zimmer	nice room
die Miete(-n)	rent

	R	F
1 Nicos Zimmer ist eine Etage höher.	☐	☐
2 Nicos Zimmer ist das Arbeitszimmer.	☐	☐
3 Das Zimmer gefällt Nico nicht.	☐	☐
4 Das Zimmer ist ab sofort frei.	☐	☐

Unit 10

Here are some useful phrases to describe your house or flat:

Ich habe	ein	Haus.	I have a	house.
		Einfamilienhaus.		detached house.
		Doppelhaus.		semi-detached.
		Apartment.		studio flat.
	eine	(Miet)Wohnung.		(rented) flat.

Ich wohne	in einem	Haus.	I live in a...
		Einfamilienhaus.	
		Apartment.	
	in einer	(Miet)Wohnung.	
		Doppelhaushälfte.	

Mein Haus/Meine Wohnung	hat	vier Zimmer.
		40 qm.
	ist	40 qm groß.
		(nicht) sehr groß.

| Ich habe | einen (keinen) | Garten. | I (don't) have | a garden. |
| | | Balkon. | | a balcony. |

And how to ask about someone else's house or flat:

| Haben Sie | ein | Haus oder eine Wohnung? |
| Wohnen Sie | in einem | Haus oder in einer Wohnung? |

Wie viele Zimmer hat Ihr Haus/Ihre Wohnung?	How many rooms does your house/flat have?
Wie groß ist Ihr Haus/Ihre Wohnung?	How big is your house/flat?
Haben Sie die Wohnung gemietet oder gekauft?	Have you rented or bought the flat?

6 ▶2 44 Now turn on the tape/CD and practise these and similar phrases.

7 ▶2 45 Practise listening for gist. Whilst in Lübeck, Andrea has interviewed three people about their homes. First read the three statements below, then listen to the three interviews and decide which statement 1–3 belongs to whom.

1 Mein Apartment ist sehr klein. Ich habe einen Balkon.
2 Ich habe keinen Garten. Meine Wohnung hat zweieinhalb Zimmer.
3 Mein Haus ist sehr groß – ich habe viele Zimmer.

a ☐ Interview 1
b ☐ Interview 2
c ☐ Interview 3

Sprachtipp

Do you remember verbs such as *ankommen* and *umsteigen* which separate their prefix in some forms (Unit 4)?
Der Zug kommt um 10.20 Uhr an.
The train arrives at 10.20.
Steigen Sie am Neumarkt um.
Change at Neumarkt.
Here are some more separable verbs which you have met in this or in previous units:
anrufen, aufschreiben (write down), *herkommen, losgehen, mitkommen.*

Wissenswert!

In Germany, you don't refer to the number of bedrooms in flats and houses, but to square meters of floor space or to the total number of rooms (excluding kitchen and bathroom). The majority of people live in rented accommodation. Only 40.5% live in their own house or flat, compared to countries like France (56%), Great Britain (69%) and the United States (68%). While people may be keen to own their own home, renting is cheaper and more flexible. Obtaining a mortgage in Germany is still complicated and house prices are high.

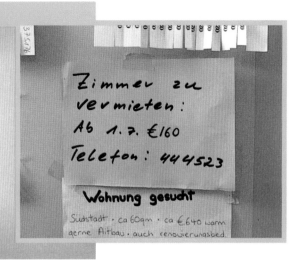

8 ▶2 45 This time, try to listen out for more detailed information in each of the interviews. Look at the grid below to help you and make brief notes as you listen. Listen again to confirm that you have understood all the details.

	Haus	Wohnung (Apartment)	Wie groß?	Wie viele Zimmer?	gekauft	gemietet	Garten	Balkon
1								
2								
3								

9 ▶2 46 Using your notes from activity 8, try to play the part of each of the people interviewed. The questions are on tape/CD, and the first one is written out below.

1 Wohnen Sie in einem Haus oder in einer Wohnung?
   (Ich wohne) in einer Wohnung.
   Wie viele Zimmer hat Ihre Wohnung?
   (Meine Wohnung hat) zweieinhalb Zimmer.
   Haben Sie auch Bad und Küche?
   (Ja, ich habe auch Bad und Küche.)
   Haben Sie einen Garten?
   (Nein, ich habe) keinen Garten.

2 ....

3 ....

Quiz

1 *Meine Wohnung hat vier Zimmer.* That means:
   a four bedrooms.
   b four rooms altogether.
   c four rooms (excluding bath and kitchen).
2 How do you say, 'I have bought my flat'?
3 *Dort spielen die Kinder und wir hören abends Musik.* Which room is being described?
4 In Germany, the majority of people own their house or flat. True or false?

Unit 11

Waren Sie schon mal in Amsterdam?

episode 15

Das ist nicht meine Tasche.

Pech! Wir haben alles auf Video.

As Nico hands over the parcel to Mr X, two detectives arrest them and Frau Weiß records it all on film.

Lernpunkte

- Talking about where you've been and what you have done
- Describing things
- Asking questions
- Practising more telephone language

Und dann?

Dann hat mir eine junge Frau das Paket gegeben. Und dann bin ich zurückgekommen.

At the police station, Nico has to recount what happened when he went to Amsterdam.

Ich möchte ein Taxi bestellen.

Back at work, Nico has to carry on with his usual routine as a *Volontär*. He orders a taxi for Frau Weiß, then sends a fax for Ulli.

---

1 ▶2 47 Listen to Nico being interviewed at the police station. Then answer the questions below.

genau	exactly
geben (gegeben)	to give (given)
zurückkommen (sep.)	to come back

1 When did he go to Amsterdam?
2 Who gave him the parcel?
3 How many times has he been there?

2 ▶2 47 Now listen again and then read the statements below. Are they *richtig* (R) or *falsch* (F)?

	R	F
1 Nico ist mit dem Bus gefahren.	☐	☐
2 Er war in der Kneipe.	☐	☐
3 Ein junger Mann hat ihm das Paket gegeben.	☐	☐
4 Dann ist er zurückgekommen.	☐	☐
5 Er war schon dreimal in Amsterdam.	☐	☐

3 ▶2 *48* Listen to Andrea's interview with Frau Witt in Lübeck about how she spent her last free weekend. Then look at the pictures and tick those which apply to Frau Witt.

ein schönes Wochenende   a nice weekend
die Landschaft(-en)   countryside

1 ☐

2 ☐

3 ☐

4 ☐

5 ☐

6 ☐

Sprachtipp

Words like *schön (ein schönes Wochenende)* are called adjectives; they describe a noun. Compare the following endings:

die junge Frau   *der große Mann*   *das schöne Wochenende*
eine junge Frau   *ein großer Mann** *ein schönes* Wochenende*
But:
Die Frau war jung. Der Mann ist groß.   *Das Wochenende war schön.*

When the adjective is separated form the noun, there is no ending. But when it sits between *ein/eine/ein* or *die/der/das* and the noun, it usually adds an -e. (*Other changes can be made to the spelling, too. See pages 166/167 in the grammar section.)

4 Fill in the gaps, adding the correct adjective endings where appropriate.

MODELL   Die _____ Frau heißt Frau Kos. (alt)
Die alte Frau heißt Frau Kos.

1 Anna ist _____. (nett)
2 Das _____ Café "Die Schwarze Tulpe" ist in Amsterdam. (billig)
3 Amsterdam war _____. (schön)
4 Der _____ Film gefällt mir. (neu)

5 Das Programm von Deutsch Plus ist _____. (aktuell)
6 Der _____ Zug nach Amsterdam fährt von Gleis 11. (schnell)
7 Mir gefällt _____ Musik. (klassisch)

Unit 11

5 Choose the correct words to complete each phrase from the interview with Frau Witt. (You could listen to the interview again.)

1 Was haben Sie	a ☐	umhergefahren.
2 Wir waren	b ☐	ein schönes Wochenende.
3 Dort haben wir ein schönes Wochenende	c ☐	gewandert.
	d ☐	am Wochenende gemacht?
4 Wir sind auf Rügen		
5 Wir haben auch	e ☐	auf Rügen.
6 Wir sind	f ☐	verbracht.
7 Es war	g ☐	die Landschaft angeschaut.

6 Anna's postcard to Nico has got smudged in the rain. Copy it out using the correct forms of these verbs:

lesen   verbringen   umherfahren
wandern   setzen   anschauen

Liebster Nico,
ich habe ein schönes Wochenende
auf Rügen ⸻⸻⸻. Wenn das
Wetter schön war, bin ich viel
⸻⸻⸻. Bei schlechtem Wetter
bin ich mit dem Auto auf Rügen
⸻⸻⸻⸻⸻ und habe mir die
Landschaft ⸻⸻⸻. Abends
habe ich mich ins Café ⸻⸻
und die Zeitung ⸻⸻.
        Bis bald, herzliche Grüße,
                Anna

7 ▶2 49 Now it's your turn to talk about where you've been and what you've done. You are being interviewed for local TV about what you've been doing as a tourist in Lübeck. Prepare your answers using the information below.

1 You've already been here three times.
2 You have spent a week in Lübeck.
3 You have been camping.
4 You have been hiking.
5 You have had a lot of fun.

Sprachtipp

Asking questions: a summary

1 A sentence or a statement can be turned into a question using the appropriate intonation:

Sie kommen morgen?
Sie kommen morgen, nicht wahr?

2 If there is no question word such as *wo?* or *wann?*, the verb goes at the beginning of the sentence:

Waren Sie schon mal in Amsterdam?
Kannst du zum Fax gehen?
Bist du krank?

3 If there is a question word, it goes before the verb:

Wann waren Sie in Amsterdam?

8 Here are some useful question words. Can you match the German with the English equivalent?

1 ☐ Wann sind   a Where...
   Sie geboren?   from?
2 ☐ Warum lernen   b Where?
   Sie Deutsch?   c How much?
3 ☐ Wer ist das?   d When?
4 ☐ Was haben Sie   e Why?
   gemacht?   f Who?
5 ☐ Wie geht es dir?   g Where (to)?
6 ☐ Wie ist die Nummer? h What?
7 ☐ Wie viel kostet das? i How?
8 ☐ Wo waren Sie   j What?
   in Amsterdam?
9 ☐ Woher kommen Sie?
10 ☐ Wohin fahren Sie?

Lerntipp

To try to learn new words and expressions, cover up the German or the English and see what you can remember.

9 Choose the right question word to complete the questions.

1 .... ist Feierabend?
  Feierabend ist um 4 Uhr.
2 .... alt bist du?
  Ich bin 10 Jahre alt.
3 .... fahren Sie am
  Wochenende?
  Wir fahren nach München.
4 .... sind Sie?
  Ich bin Frau Schneider.

10 Here are the answers. What were the questions?

1 Ich komme aus der Schweiz.
2 Wir trinken Tee.
3 Es ist acht Uhr.
4 Das ist meine Schwester.
5 Mir geht es gut.

11 ▶2 50 Listen as Frau Weiß asks Nico to make a phone call for her. Can you follow their conversation and Nico's phone call? Test your listening skills. Note how many times you need to listen to the conversation before you can complete the exercise below. Then go back over the tapescript and check you understand it all.

FRAU WEISS So. Herr Antonescu, bestellen
            Sie mir bitte ein Taxi für ein
            Uhr.
NICO   Ein Taxi. Wie .... ich ein
            Taxi?
ANNA   Ruf die Taxizentrale ....
NICO   Wie ist die .... ?
FRAU WEISS Schauen Sie doch ins .... ,
            Herr Antonescu!
NICO   Hallo? Ich .... ein Taxi
            bestellen. ... Deutschland Plus.
            Um .... Uhr. .... Frau
            Weiß. Danke.

12 ▶2 51 Now it's your turn to order a taxi. Study the prompts below before you turn on the tape/CD.

1 Ask her for the telephone number.
2 Say you'd like to order a taxi.
3 In front of the station.
4 At 7 o'clock.
5 To the theatre.
6 Thank you and goodbye.

Quiz

1 Unjumble the following questions:
  a Fußball/wahr/Sie/gespielt/haben/nicht?
  b Sie/Taxi/haben/wann/das/möchten?
  c September/gefahren/wohin/Sie/sind/im?
2 *Richtig oder falsch?*
  a *Rügen ist eine Nordseeinsel.*
  b *Sie ist die größte deutsche Insel.*
  c *Man kann Rügen von Hamburg in vier*
    Stunden erreichen.

Ich muss zum Zahnarzt gehen

> Dann musst du zum Zahnarzt.

> Ich habe furchtbare Zahnschmerzen.

episode 16

Lernpunkte

- Talking about what you must do, can do and want to do
- Making an appointment at the dentist's
- Saying what's wrong with you...
- ...and asking the same of others

Anna has terrible toothache and Ulli insists that she make an appointment to go to the dentist's.

> Wir müssen siebzigtausend Euro einsparen. Notieren Sie das bitte, Herr Antonescu.

Nico has to take notes during a meeting because Anna is at the dentist's.

> Was ist denn los, Nico?

> Komm rein - schnell!

On his way home with Anna, Nico is horrified to see the man from the Rheinpark...

---

1 ▶2 52 Anna has terrible toothache. Ulli asks her 'What's the matter?' (*Was ist los?*) and wonders if she is ill (*Bist du krank?*). Before you listen to her conversations with Ulli and then the dentist, read the sentences a–f. As you listen, number them in the order you hear them. The first one is done for you. Then listen again to check.

a ☐ Aber ich will nicht zum Zahnarzt.
b ☐ Haben Sie einen Termin frei?
c ☐ Um zwölf Uhr?
d ☐ Ich habe Angst vor dem Zahnarzt.
e ☐1☐ Aber ich habe Zahnschmerzen - furchtbare Zahnschmerzen.
f ☐ Ja, guten Morgen, Daniels am Apparat.

2 ▶2 *52* Now match each of the German sentences a–f with its English equivalent below. The first one is done for you. After that, listen again to check your answers.

☒ But I've got toothache, terrible toothache.

☐ Yes, good morning, this is Frau Daniels speaking.

☐ But I don't want to go to the dentist's.

☐ Have you got an appointment free?

☐ At 12 o'clock?

☐ I'm scared of going to the dentist's.

3 Complete the gaps with either *muss* (must) or *will* (wants to).

1 Anna .... zum Zahnarzt - sie hat Zahnschmerzen.

2 Aber sie hat Angst - sie .... nicht zum Zahnarzt gehen.

3 Ulli sagt, sie .... sofort einen Termin vereinbaren.

4 Sie .... Herrn Steffens sehen.

5 Anna .... um 12 Uhr beim Zahnarzt sein.

4 ▶2 *53* Now it's your turn to make an appointment at the dentist's. In our story, Nico practises modal verbs. First, look at Nico's computer graphics, which show how to use them. Can you complete the sentence? Then try the exercise on the audio.

Sprachtipp

Modal verbs: a summary

ich muss	I must	müssen	to have to
ich kann	I can	können	to be able to
ich mag	I like	mögen	to like
ich darf	I may	dürfen	to be allowed to
ich soll	I should	sollen	to be supposed to
ich will	I want	wollen	to want to

Remember that when modal verbs are used together with another verb, they push the second verb to the end of the sentence.

5 *Und jetzt Sie!* Now you try. Put these sentences in the right order. They will tell us quite a lot about Nico's day!

MODELL Hause will gehen er nach.
Er will nach Hause gehen.

1 Taxi er bestellen ein soll.

2 Notizen muss machen er.

3 Anna Waffeln will mit essen er.

4 Kaffee soll holen er.

5 zur gehen er Bank muss.

6 arbeiten er Computer kann am.

7 will nach gehen er Hause früh.

8 Akten Frau bringen er muss zu Weiß.

6 Nico has made a note of some of the things that he expects to do during the day. He wants to or can do some things, but some things he will have to do. Rewrite his notes with the appropriate modal verb from the list below. Watch out! One of the verbs used is irregular, and two are separable verbs.

müssen   wollen   können

MODELL Ich mache einen Termin.
Ich muss einen Termin machen.

1 Ich trinke eine Tasse Kaffee.

2 Ich esse in der Kantine zu Mittag.

3 Ich stehe um 7 Uhr auf.

4 Ich gehe mit Anna in die Kneipe.

5 Ich helfe Elke im Videoraum.

6 Ich bin um 8 Uhr im Büro.

Unit 12

7 If you are feeling ill, you need to describe your symptoms to the doctor. Look at the illustration below and fill in the labels.

1 *der Kopf(¨e)*   head
2 *der Zahn(¨e)*   tooth
3 *der Hals(¨e)*   throat, neck
4 *der Arm(-e)*
5 *der Rücken(-)*   back
6 *der Bauch(¨e)*   stomach
7 *der Finger(-)*
8 *das Bein(-e)*   leg
9 *der Fuß(¨e)*

Saying what's wrong with you:

Ich habe (einen) Schnupfen.	I've got a cold (headcold).
Ich bin erkältet.	I've got a cold/chill.
Ich habe eine Erkältung.	
Ich habe (die) Grippe.	I've got flu.
Ich habe Fieber.	I've got a temperature.

● *Schmerzen* (plural) and *weh* (singular) both indicate pain:

Es tut weh.	It hurts.
Mein Finger tut weh.	My finger hurts.
Meine Ohren tun weh.	My ears hurt.
Ich habe Halsschmerzen.	I've got a sore throat.

Asking someone what's wrong with them:

Was ist los?	What's the matter?
Was fehlt Ihnen?	What's wrong?
Wo tut es weh?	Where does it hurt?
Haben Sie Fieber?	Have you got a temperature?

1 ☐ Ich habe Grippe.
2 ☐ Mein Fuß tut weh.
3 ☐ Mein Kopf tut weh.
4 ☐ Mein Bein tut weh.
5 ☐ Ich habe Rückenschmerzen.
6 ☐ Mein Finger tut weh.
7 ☐ Ich habe Halsschmerzen.
8 ☐ Ich habe Ohrenschmerzen.

8 ▶2 54 *Wo tut es weh?* Now listen to some patients describing their symptoms. Look at the illustrations above. Which picture goes with which phrase? Join them up as you hear them. Then listen again and check your answers.

Wissenswert!

Medical treatment is not free any more at doctors' surgeries and hospitals, even in cases of acute illness or emergencies. Take your E111 form to the nearest health insurance office at the AOK *(Allgemeine Ortskrankenkasse)* and obtain a *Krankenschein*, a health insurance certificate, which you take to the surgery. From 1 January 2004 all patients have to make a small contribution of € 10 per quarter for medical treatment.

9 ▶2 55 Now turn on the tape/CD and practise saying some of these expressions.

10 ▶2 56 Andrea is making an appointment at the doctor's. Listen to the conversation and decide if the sentences below are *richtig* (R) or *falsch* (F).

der Arzt(⁻e), der Doktor	doctor
die Arzthelferin(-nen)	doctor's assistant (f.)
einen Termin	to make
vereinbaren	an appointment
die Untersuchung(-en)	examination, check-up
die Behandlung(-en)	treatment
die Versicherung(-en)	insurance
privat versichert	insured privately
behandeln	to treat

	R	F
1 Andrea will einen Termin beim Arzt vereinbaren.	☐	☐
2 Sie hat Schmerzen.	☐	☐
3 Es ist eine Kontrolluntersuchung.	☐	☐
4 Der Termin ist am Montag, den 14. Dezember.	☐	☐
5 Sie muss um 16.30 Uhr beim Arzt sein.	☐	☐

11 ▶2 56 Fill in the card *die Arzthelferin* completes as she talks to Andrea.

Herr Doktor Rudolf Henkel	☐
Herr Doktor Hans König	☐
Herr Doktor Anton Berger	☐
Kontrolluntersuchung? (ja)	☐
(nein)	☐
privat versichert? (ja)	☐
(nein)	☐
Name:	
Termin:	

12 ▶2 57 You've been taken ill whilst in Germany and decide to phone the doctor for an appointment. Prepare what you are going to say using the phrases below, then turn on the tape/CD and have a go.

1 Have you got an appointment free?
2 I have flu.
3 My head aches.
4 And I have a terrible sore throat.
5 With Dr. Schumann.
6 This afternoon at a quarter to five? Good.

Quiz

1 Unravel the scarf to sort out different questions.

Was fehlt Ihnen was ist los? bist du krankhaben sie fieber wo tut es weh

2 Find the odd one out.
a *Ich habe Kopfschmerzen.*
b *Ich habe keine Versicherung.*
c *Mein Hals tut weh.*
d *Ich habe Grippe.*

Wir finden Sport sehr wichtig

Nico moves into his new digs. But the man in the BMW is following him...

Wir finden Sport sehr wichtig.

Pah! Joggen ist so langweilig!

Later, Nico and the others talk about the sports they like.

Ich liebe dich.

The next day, Nico meets Anna outside the tennis club and they go swimming. Afterwards, Nico tells Anna he loves her.

Lernpunkte

- Talking about the sports you play and watch
- Asking what sports others play and watch
- Saying how often you do something
- Making comparisons

1 Nico and Anna like swimming. Here are some of Germany's most popular sports. Which do you think are the most popular? And are they the ones you would expect?

Sportarten

Fußball		Skisport	
Turnen		Schwimmen	
Tennis		Reiten	
Leichtathletik		Jogging/Joggen	
Tischtennis		Rad fahren	

Talking about the sports you play:

Ich	spiele	Fußball.	I play	football.
		Tennis.		tennis.
Ich	mache	Leichtathletik.	I do	athletics.
Ich	fahre	Ski.	I ski.	
Ich	fahre	Rad.	I cycle.	
Ich	schwimme.		I swim.	
Ich	reite.		I ride.	

Ich mache / treibe		Sport.	I do sport.
Ich mache	viel	Sport.	I do a lot of sport.
Ich treibe	keinen	Sport.	I don't do any sport.

And how to ask others which sports they play:

Machst	du		
Machen	Sie	Sport?	Do you do any sport?
Treibst	du		
Treiben	Sie		

		machst du?	Which sport
Welchen	Sport	machen Sie?	do you do?
Was für	Sport	treibst du?	What kind of
		treiben Sie?	sport do you do?

2 ▶3 1 Listen to two people from Mainz talking about the sports they play. How many sports does Ralf mention? And which sport does Herr Schulz do?

3 ▶3 2 Nico and his friends are talking about sports. First, read the sentences below. Then listen and decide if the sentences are *richtig* (R) or *falsch* (F). Correct the ones that are false, then listen again to check your answers.

	R	F
1 Marlene will nie Sport machen.	☐	☐
2 Sie findet nie genug Zeit.	☐	☐
3 Georg geht jeden Morgen joggen.	☐	☐
4 Die Kinder fahren Rad, sie schwimmen und spielen Fußball.	☐	☐
5 Nico mag Fußball nicht.	☐	☐

How to say how often you do something:

dreimal die Woche	three times a week
jeden Morgen/Tag/	every morning/day/
jede Woche/jedes Jahr	week/year
zwei Stunden am Tag	two hours a day

4 Here are some more phrases indicating how often you do things. Can you match up the German with the English translation?

1 einmal am Tag   a ☐ only at the weekend
2 nur am Wochenende   b ☐ once a month
     c ☐ three times a year
3 zweimal in der/ zweimal die Woche   d ☐ one and a half hours
4 einmal im Monat   e ☐ once a day
5 dreimal im Jahr   f ☐ twice a week
6 eineinhalb Stunden

5 ▶3 3 Now listen to three students at Mainz University. How often do they play sport? Complete the sentences.

der Verein/ der Verband/der Klub	club
die Mannschaft	team
das Mitglied	member
trainieren	to train

1 Katrin macht _____ die Woche Sport.
2 Katja macht _____ die Woche Sport.
3 Ralf macht _____ die Woche Sport.

6 ▶3 3 Now listen again for more details and complete the sentences below.
1 Katrin ist Mitglied in einem _____ klub und in einem Tennis _____ .
2 Katja macht dienstags, _____ , donnerstags und freitags Sport.
3 Sie macht eineinhalb _____ Sport.
4 Ralf ist in einem _____ .
5 Er spielt _____ .

Unit 13

7 *Wie oft in der Woche treibst du Sport?*
Work out how you would say the following.

1 Every day.   4 Five hours a day.
2 Once a week.   5 Four times a year.
3 Every two days. 6 Only twice a month.

8 ▶3 4 Now listen to Andrea's friends, Ina
and Susanna, talking about which sports
they prefer. Then read the questions below.
Are they *richtig* (R) or *falsch* (F)?

lieber	rather
mehr	more
besser	better

	R	F
1 Susanna spielt gern Tennis.	☐	☐
2 Ina spielt lieber Fußball - Tennis ist langweiliger.	☐	☐
3 Ina macht zweimal die Woche Sport.	☐	☐
4 Sie ist Mitglied in einem Verein.	☐	☐
5 Susanna ist auch in einem Verein.	☐	☐
6 Sie spielt jeden Abend um acht Uhr Tennis.	☐	☐
7 Sie spielt mit ihrer Kollegin Sandra.	☐	☐
8 Sandra spielt besser Tennis.	☐	☐

9 Look at the *Sprachtipp* to work out the
correct comparatives. Then fill in the gaps.

MODELL   Du wanderst? Jogging ist ....
(gesund)!
Du wanderst? Jogging ist gesünder!

1 Ich fahre dieses Jahr .... (gut) Ski - ich
habe viel trainiert.
2 Mein Fußball war .... (billig), aber
dein Fußball ist .... (schön).
3 Anna und Elke spielen .... (gern)
Tennis, aber Elke spielt .... (gut).
4 Ich trainiere im Verein - das ist ....
(lustig). Ich trainiere dreimal die Woche.
5 Unsere Kinder machen .... (viel) Sport
- sie sind .... (jung).
6 Die Leute in diesem Verein sind ....
(nett) - ich bin hier .... (gern).

Sprachtipp

When you want to make comparisons in
German, you can say the following:

gut → *besser*:
Ich fahre gut Ski.   *Ich fahre besser Rad.*
gern → *lieber*:
Ich reite gern.   *Ich schwimme lieber.*
viel → *mehr*:
Ich spiele viel Tennis. Ich spiele mehr Fußball.

Otherwise, you usually just add *-er* to the end
of the adjective (the word describing the
nouns):

Tennis ist anstrengend.
Tennis is exhausting.
Fußball ist anstrengender.
Football is more exhausting.

Some adjectives add an *Umlaut* in their
comparative form:

alt	→	älter	old	→	older
stark	→	stärker	strong	→	stronger
oft	→	öfter	often	→	more often

10 Now you can translate the sentences from
activity 9 into English.

11 ▶3 5 Turn on the tape/CD and practise
these and similar phrases.

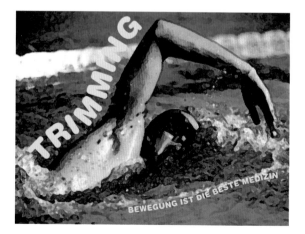

12 ►3 6 Listen to Katja and Katrin talking about the sports they like to watch on TV, and Germans' favourite sports. Then fill in the gaps with the words below.

> schaut Fußball Sportarten Tennis
> Leichtathletik Volleyball Frauen gern

angucken (sep.)	to watch
am liebsten	most
fernsehen (sep.)	to watch TV
beliebteste	favourite
anschauen (sep.)	to watch

Katja guckt sich _____ Sport im Fernsehen an. Am liebsten guckt sie _____ und manchmal Handball. Sie sagt: "Die beliebtesten _____ der Deutschen sind Fußball und _____ ." Katrin _____ auch gerne Sportsendungen im Fernsehen an - am liebsten sieht sie _____ , Tennis und Fußball. "Die beliebteste Sportart der deutschen Männer ist _____ - und die beliebteste Sportart der _____ ist Tennis", sagt sie.

13 ►3 7 Now Andrea's friend, Thomas, talks about sport. First, read the questions below. Then listen and answer them in German.

am meisten	the most
die Möglichkeit(-en)	opportunity
das Motorradrennen(-)	motorcycle race
denken	to think

1 Was für Sport treibt Thomas?
2 Wie oft macht er Sport?
3 Wo ist er Mitglied?
4 Was macht er dort?
5 Welche Sportübertragungen interessieren ihn am meisten?
6 Zu welchen Sportveranstaltungen geht er gern?
7 Was ist die beliebteste Sportart der Deutschen - was denkt er?

14 ►3 8 Now it's your turn. Imagine you're being interviewed about sports you do or don't do. Prepare your answers using the prompts in A and B below. Then turn on the tape/CD to hear what you could have said.

A
1 Yes, you do a lot of sports.
2 You are a member of a sports club.
3 You play football twice a month.
4 You go skiing three times a year.
5 You don't like playing tennis.

B
1 No, you don't do any sports.
2 It's too exhausting.
3 You watch football on TV.
4 You watch football every weekend.
5 You also like watching athletics on TV.

Quiz

1 Make a question with the words below.
  für/du/was/treibst/Sport?
2 *Ich bin Mitglied in einem*
  a ☐ *Sport.*   b ☐ *Verein.*   c ☐ *Tennis.*
3 How do you say 'I play tennis every day'?

Ich werde mich bewerben

e
p
i
s
o
d
e

18

Willst du immer Volontär bleiben?

Nein, nein! Ich habe nur Angst.

Elke urges Nico to fill in the application form
for a job as a graphic designer at D Plus.

Lernpunkte

- Talking about your education and work experience
- Preparing for a job interview
- Making plans for the future

Du musst zum Friseur!

Anna tells Nico that he'll have to wear a suit
and get his hair cut for his job interview.

Es ist schon viertel vor neun.

Ich werde die Polizei anrufen.

The Pütz family is worried about Nico, who
promised to be back for supper and hasn't
returned yet. Georg wants to call the police...

1 Read the advertisement for the graphic
designer job that Nico is applying for, then
read the words and phrases below.
Can you match the German with the
English equivalent?

1 Assistent gesucht   a ☐ applications
2 Erfahrung   b ☐ graphic design
   wünschenswert   department
3 freie Stellen   c ☐ experience
                    desirable
4 Grafikabteilung   d ☐ vacancies
5 Bewerbungen   e ☐ assistant wanted

Firmengründung USA!

Fax (040) 32 59 36–36

DEUTSCHLAND PLUS
MAGAZIN
STELLEN FREI
Grafikabteilung
Assistent/Assistentin gesucht.
Erfahrung in Grafik und Video
wünschenswert.
Bewerbungen bis 1. Juli an
Herrn Schmidt
(Personalabteilung)

Wir sichern Ihre Zukunft
Kreditkarte oder Bankkonto auch
bei EV- Vermittler angenehm.
Tel./Fax – auch Sa./So. – von
17–20 Uhr: 0203/71 90 62
Erika Alt. Allensteiner Ring 41.

„MAC
werden gesucht f
konkurrenzloser T
Deutschlandsta

Top-Struktu
ges. Bestandswoh
vollfinanziert, Top-
sage 24 Std.,

Abgehörte Telef
Leitungsprüfungen, S
D.G., Postfach 3429, [

BAUFI
übernimmt A
Trockenbau, RI
+ Fenstermontage
rung. Auch als Su
Tel. 020 65

2 Elke has helped Nico fill in his application form. Nico now needs to prepare for his interview and practise talking about himself, his education and work experience. Look at some of his details below and complete the sentences for him.

das Geburtsdatum(-daten)	date of birth
die Aus- und Fortbildung (sing.)	further education
die Kunstakademie(-n)	art college
die Berufserfahrung (sing.)	work experience

BEWERBUNG

Name	Antonescu
Vorname	Nicolai
Geburtsdatum	12. Juli 1981
Geburtsort	Bukarest
Adresse	Siebengebirgsallee 19
	50937 Köln

Aus- und Fortbildung

Schule:	1987-1999 in Bukarest
Studium:	1999-2001 Kunstakademie, Bukarest
Berufserfahrung:	2002-2004 Grafikabteilung, Fernsehen (Rumänien)

1 Mein _____ ist Nicolai Antonescu.
2 Ich bin am 12. Juli 1981 ge_____ .
3 Ich k_____ aus Bukarest, aber ich w_____ jetzt in Köln.
4 Ich bin von 1987 bis 1999 in Bukarest zur _____ gegangen.
5 Ich habe von 1999 bis 2001 an der _____ studiert.
6 Dann habe ich zwei Jahre beim Fernsehen in der Grafikabteilung ge_____ .

Wissenswert!

TIPPS FÜR DAS VORSTELLUNGSGESPRÄCH

Kommen Sie pünktlich und gut gekleidet (well dressed). Bereiten Sie sich auf Fragen zum Lebenslauf (CV) vor. Informieren Sie sich vor dem Vorstellungsgespräch über die neue Stelle und die Firma. Sprechen Sie nicht negativ über Ihre jetzige Stelle oder Kollegen. Stellen Sie Fragen über die neue Stelle und die Firma. Niemals den Mut verlieren! Never lose courage!

3 ▶3 9 Now listen to our presenters taking the part of Nico in an interview situation. Can you put the questions below in the right sequence?

1 ☐ Woher kommen Sie?
2 ☐ Erzählen Sie uns etwas über Ihre Ausbildung und Berufserfahrung.
3 ☐ Wie ist Ihr Name?
4 ☐ Wie lange und wo sind Sie zur Schule gegangen?
5 ☐ Wann sind Sie geboren?

4 ▶3 10 Listen to the reasons why Nico was hesitant about applying for the new job. Then read the statements below. Are they *richtig* (R) or *falsch* (F)?

wovor	what... of
das Vorstellungsgespräch(-e)	job interview
werden (du wirst...)	will (you will...)
verstehen von	to know about

	R	F
1 Nico is frightened because Frau Weiß may not approve.	☐	☐
2 He thinks his German is still not good enough.	☐	☐
3 Elke doesn't think he will get the job.	☐	☐
4 She thinks his German is very good now.	☐	☐

Sprachtipp

Compare the word order of English and German:
Nico hat Angst.
→ *Elke weiß, dass Nico Angst hat.*
Nico is afraid.
→ Elke knows that Nico is afraid.

The effect of *dass* (that) is to send the verb to the end of that part of the sentence. (See page 176 of the grammar section.)

Unit 14

5 Elke is preparing Nico for some potential interview questions. Read the dialogue and write down Nico's answers. The first one is already done for you.

ELKE Also, Nico, ich bin Herr Schmidt. Meine erste Frage ist: Wie lange sind Sie schon bei Deutschland Plus?

NICO Ich sage, dass ich seit sechs Monaten bei Deutschland Plus bin.

ELKE Gut! Zweite Frage: Was machen Sie bei Deutschland Plus?

NICO Ich sage, dass .... (ich bin Volontär bei D Plus)

ELKE Und gefällt Ihnen die Arbeit?

NICO Ich sage, dass .... (mir gefällt die Arbeit sehr gut)

ELKE Arbeiten Sie dort auch mit Videografiken?

NICO Ich sage, dass .... (ich arbeite ein bisschen mit Frau Schneider)

ELKE Gefällt es Ihnen in Köln?

NICO Ich sage, dass .... (ich wohne gern in Köln)

ELKE Und machen Sie gern Sport?

NICO Ich sage, dass .... (ich spiele gern Tennis)

ELKE Und haben Sie noch andere Hobbys?

NICO Ich sage, dass .... (ich höre gern klassische Musik.)

6 ▶3 11 Now you can answer some questions using *dass*. You are a tourist being interviewed by a local radio station. Before you start, go through your answers with the interviewer. (You may want to prepare them before you turn on the tape/CD.)

1 Wie finden Sie Köln?
2 Was gefällt Ihnen besonders?
3 Woher kommen Sie?
4 Was machen Sie in Ihrer Freizeit?
5 Wann fahren Sie wieder nach Hause?

Ich sage, dass...
1 (Köln ist sehr interessant)
2 (der Dom ist sehr schön)
3 (ich wohne in Birmingham)
4 (ich höre gern Musik)
5 (ich fahre morgen nach Hause)

7 ▶3 12 Anna tells Nico *du musst einen guten Eindruck machen* (you have to make a good impression) in the interview. Listen to the conversation. First, match up the German 1–3 with the English a–c. Then reorder the words in the phrases 1–4 below.

1 dir die Haare schneiden lassen
2 dir einen Anzug borgen
3 einen Schlips brauchen

a ☐ lend you a suit
b ☐ need a tie
c ☐ get your hair cut

1 Haare/lassen/du/die/schneiden/musst/dir.
2 du/haben/einen/Anzug/musst.
3 dir/Ulli/kann/Anzug/borgen/einen.
4 einen/brauchen/du/wirst/Schlips.

8 ▶3 13 Anna is inviting Nico to visit her parents on Sunday. First, listen to the dialogue. Then read the statements below. Are they *richtig* (R) or *falsch* (F)?

Hast du Lust...?   Do you feel like...?
zum Mittagessen
  einladen (sep.)   to invite for lunch
hinkommen (sep.)   to get there
das Auto(-s)   car
die Werkstatt(-̈en)   garage
wiederhaben (sep.)   to have back

	R	F
1 Annas Freunde dürfen immer mitkommen.	☐	☐
2 Sie sagt: "Meine Eltern werden dir nicht gefallen!"	☐	☐
3 Nico fragt: "Werde ich deinen Eltern gefallen?"	☐	☐
4 Sie werden mit dem Zug hinfahren.	☐	☐
5 Bis Sonntag wird Anna das Auto wiederhaben.	☐	☐
6 Sie wird Nico um acht Uhr abholen.	☐	☐

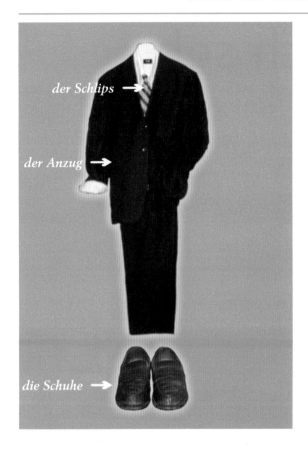

der Schlips →

der Anzug →

die Schuhe →

9 Read Nico's account of what he'll be doing tomorrow. Then complete the sentences below, using *werden* where appropriate.

1 Morgen früh _____ . (Ich schlafe länger.)
2 Um acht Uhr _____ . (Ich gehe zur Arbeit.)
3 Dann _____ . (Ich trinke Kaffee.)
4 Um elf Uhr _____ . (Ich helfe Elke im Videoraum.)
5 Danach _____ . (Ich gehe mit Anna in die Kantine.)
6 Am Nachmittag _____ . (Ich arbeite am Computer.)
7 Dann _____ . (Ich gehe nach Hause.)
8 Abends um acht _____ . (Ich treffe mich mit Ulli in der Kneipe.)

10 ▶3 14 As your New Year's resolution, you have decided to change your lifestyle! Here is what you've decided to do. (You may want to prepare your answers before you turn on the tape/CD and say them.)

1 You will play tennis every weekend.
2 You will not work so much.
3 You will not drink so much beer.
4 You will not eat so much.
5 You will play more football.
6 You will read more.
7 You will listen to more classical music.
8 You will go to the dentist's more often.

Sprachtipp

Compare the following sentences:

Ich muss zu meinen Eltern fahren.	I have to go to my parents'.
Ich werde zu meinen Eltern fahren.	I will go to my parents'.

The verb *werden* (will) indicates a future action or event. It is used in exactly the same way as a modal verb. The second verb always moves to the end of the sentence.

If there is a specific indication of time *(am Sonntag, morgen)* you can simply use the present tense instead of *werden* plus the second verb:

Am Sonntag fahre ich zu meinen Eltern.

Note that when a sentence begins with an expression of time, the verb and the subject change place.

(See page 176 of the grammar section.)

Quiz

1 Match the right pairs of words:
   die Haare - borgen; einen Schlips - schneiden; einen Anzug - brauchen.

2 What is similar about the following phrases?
   Ich muss nach Hause gehen.
   Ich werde nach Hause gehen.

3 What is different about the phrases in 2?

4 You are looking for a job. What section in the newspaper do you have to read?
   a *Bewerbungen*
   b *freie Stellen*   c *Wohnungen*

Unit 15

Es freut mich sehr

Lernpunkte

- Buying petrol
- Meeting new people
- Making social conversation

Na, Herr Antonescu, finden Sie den Mann nicht? Oder wollen Sie ihn nicht finden?

Nico is summoned to the police station to identify the man who has beaten him up. The police superintendent is suspicious of Nico.

Ich muss tanken.

Bleifrei oder Super Bleifrei?

Nico and Anna drive out in Anna's car to meet her parents. On the way they buy some petrol, but not too much because Anna is *pleite*, broke!

Und jetzt einen schönen Kaffee?

Sehr gerne. Ich liebe deutschen Kaffee.

Nico impresses Anna and her parents with the level of his German, and they all get on very well together.

Going to the petrol station:

die Tankstelle(-n)	the petrol station	Geben Sie mir bitte Benzin für 30 Euro.	Please give me 30 euros' worth of petrol.
tanken	to get petrol	Prüfen Sie bitte...	Please check...
selbst tanken	self-service petrol	das Öl.	the oil.
bitte voll tanken	fill it up	das Wasser.	the water.
das Benzin (sing.)	petrol	die Batterie.	the battery.
Bleifrei	unleaded	die Reifen.	the tyres.
Super Bleifrei	super unleaded		

And how to pay for your petrol:

Wie zahlen Sie?		How would you like to pay?	
Ich zahle	*mit Kreditkarte.*	I'll pay	by credit card.
	bar.		cash.
Hier ist meine Kreditkarte.		Here's my credit card.	
Wollen Sie hier bitte unterschreiben?		Can you sign here please?	
Unterschreiben Sie hier bitte.		Sign here, please.	

1 ▶3 15 **Anna and Nico stop for petrol. Before you turn on the tape/CD, read the questions below. Then listen and answer them in German.**

1 Was muss Anna tun?
2 Wo tankt man?
3 Nimmt sie Bleifrei oder Super Bleifrei?

2 ▶3 16 **You will hear another conversation where an attendant is serving petrol. First, try to put the dialogue into the right sequence, then listen and check your answers.**

1 Und können Sie auch das Öl und das Wasser prüfen?
2 Hier ist meine Kreditkarte.
3 Voll tanken bitte.
4 Das macht 60 Euro alles zusammen.
5 Was darf es denn sein?
6 Wollen Sie bitte hier unterschreiben?

3 ▶3 17 **Birgit Thorsten has taken her car to a garage to check what needs to be done to get it through the MOT *(der TÜV)*. Listen and tick those items on the maintenance list *(die Mängelliste)* which must be repaired or exchanged.**

die Bremse(-n)	break
das Profil(-e)	tread
austauschen	exchange
die Spur	track
der Scheinwerfer(-)	head light
der Scheibenwischer(-)	windscreen wiper

1 ☐ Bremsflüssigkeit
2 ☐ Öl
3 ☐ Reifen vorne
4 ☐ Reifen hinten
5 ☐ Scheibenwischer
6 ☐ Bremsen vorne
7 ☐ Scheinwerfer vorne rechts
8 ☐ Rücklicht

Wissenswert!

When driving a car in Germany make sure you have your driving licence with you at all times. If driving a hired car, you also need to have the vehicle registration document (der Kraftfahrzeugschein) with you.

4 Match the labels to the signs.

1 ☐ One-way street
2 ☐ Monday-Saturday 7am-7pm
3 ☐ Lorry parking
4 ☐ Exit
5 ☐ Road blocked
6 ☐ Garage - car repairs
7 ☐ Service area
8 ☐ Motoring organisation
9 ☐ Diversion
10 ☐ Car parking

Meeting new people:

Nico meets Anna's parents and has to make conversation with them for the first time. There are a number of expressions which are very useful in this sort of situation, whether in a social or a business context. Some of the basics you have met before.

Freut mich.	
Es freut mich,	
Sie kennen zu lernen.	Pleased to meet you.
(Sehr) angenehm.	
Darf ich vorstellen: ...	May I introduce...?

How to pay compliments / exchange courtesies:

Es ist sehr gemütlich hier/bei Ihnen.	It's very cosy here/at your home.
Das Essen war lecker.	The meal was delicious.
...hat mir viel von Ihnen erzählt.	... has told me a lot about you.
...nur eine Kleinigkeit.	... it's nothing.
Darf ich Ihnen (et)was anbieten?	May I offer you something?
(Sehr) gern(e).	Yes, please.

5 ▶3 18 Turn on the tape/CD and practise these expressions.

6 ▶3 19 Now listen to the next two extracts of people being introduced and work out which is the more formal.

7 ▶3 19 Listen again to the first extract and work out how you would say the following in German. (The English is not in the same order as you will hear it!)

1 Can I offer you something?
2 Not bad.
3 How are you?
4 Sit yourselves down.
5 Hello.

8 ▶3 20 **Before you listen to the extract, try to match up the German and English phrases.**

1 Ich freue mich, dass Sie den Weg hierher gefunden haben.
2 Darf ich Ihnen etwas anbieten?
3 Ich hätte gern ein Glas Bier.
4 Wie wär's mit einem Glas Wein?
5 Das wäre gut.
6 Ich bin sofort wieder da.

a ☐ I'd like a glass of beer.
b ☐ I'll be right back.
c ☐ That would be nice.
d ☐ Can I offer you something?
e ☐ I'm glad you found the way all right.
f ☐ How about a glass of wine?

9 ▶3 21 **Now it's your turn. Here are two situations for you to take part in. You might like to prepare what you have to say before you listen. When you've been through it once, try it again without your notes.**

A Your name is Helen Marsh. You and your friend Rachel Johnson, who doesn't speak any German, are on a trip to Germany as part of your local twin-town scheme. Arrangements have been made for you to stay with a German couple, Franz and Ingrid Bachmann. You arrive at their house and Ingrid opens the door.

1 Say 'good evening' and what your name is.
2 Say you're pleased to meet her, then introduce your friend, Rachel Johnson.
3 Say it's very cosy at her house.
4 Say yes, please, you'd like a cup of tea.

B You are at the trade fair in Frankfurt with your colleague, Michael Brown. You meet a German acquaintance, Hans Fischer.

1 Say 'hello' and ask him how he is.
2 Say 'not bad'. Then introduce Michael Brown.
3 Ask him if you can offer him something, a glass of wine or a beer.
4 Say 'cheers'.

Quiz

1 Here are four expressions to do with meeting people. They are written as one long word. Separate them out and write them down.
esfreutmichsehrangenehmdarfichvorstellenesis tsehrgemütlichbeiihnen

2 Join up the beginnings and endings of the following:

Aus	terie
Umle	nstraße
Super Blei	fahrt
selbst	telle
Tanks	tanken
Autow	frei
Bat	itung
Einbah	erkstatt

Das müssen wir aber feiern!

Nico is being interviewed for the job as graphics designer at D Plus.

Viel Glück!

Meanwhile, the office has ground to a halt because of Susanne Weiß' farewell do. Frau Maier is proposing a toast.

Das müssen wir aber feiern!

Nico has been offered the job as graphics designer!

Lernpunkte

- Greetings and good-luck wishes
- Going to a job interview
- Congratulations and celebrations

1 Look at the pictures below and read what people say to wish each other luck or congratulate each other on different occasions. Then match each picture with its corresponding expression in English.

a

Frohe Weihnachten und ein gutes neues Jahr!

c

Herzlichen Glückwunsch zum Geburtstag!

b

Viel Glück und alles Gute in der neuen Wohnung!

d

Wir gratulieren!

1 ☐ Congratulations!
2 ☐ Happy Birthday!
3 ☐ Merry Christmas and a Happy New Year!
4 ☐ Good luck and all the best in your new home.

Wissenswert!

WEIHNACHTEN IN DEUTSCHLAND

The countdown towards Weihnachten starts on 1 December with the Adventskalender or the Päckchenkette: 24 lovingly-wrapped little parcels containing little knick-knacks and sweets to while away the time for those impatient children. The most important day for Germans is Heiligabend (Christmas eve). This is a time for Christmas carols, presents and, for some, a visit to the Mitternachtsgottesdienst (midnight mass). Christmas is traditionally spent with the family and the most common dish on Christmas Day is goose. Some people, however, feel they'd like to leave all the consumerism behind – they don't celebrate Christmas at all, or they fly off to warmer climates instead.

2 ▶3 22 Now turn on the tape/CD and practise these and other greetings and good luck phrases.

3 ▶3 23 Today is the day Nico is to have his interview for the job as graphics designer. As he arrives, Herr Schiller greets him. Read the statements below before you listen to their conversation. You need to decide if they are *richtig* (R) or *falsch* (F).

schick	smart
alles Gute	all the best
ich drücke	I'll keep my fingers
Ihnen die Daumen	crossed
toi, toi, toi!	good luck!

HERR S.   *Nanu, Herr Antonescu? Sie kommen aber heute spät zur Arbeit.*

NICO   *Ja, um zehn Uhr habe ich ein Vorstellungsgespräch.*

HERR S.   *Ach so! Deshalb auch so schick! Wo bewerben Sie sich?*

NICO   *In der Grafikabteilung. In Rumänien war ich ja Grafiker.*

HERR S.   *Dann wünsch ich Ihnen alles, alles Gute! Und ich drücke Ihnen die Daumen. Das heißt so was wie "toi, toi, toi"!*

NICO   *Verstehe. Vielen Dank, Herr Schiller. Bis später.*

	R	F
1 Nico kommt zu spät zum Vorstellungsgespräch.	☐	☐
2 Er sieht nicht schick aus.	☐	☐
3 Er arbeitet jetzt in der Grafikabteilung.	☐	☐
4 In Rumänien war er Grafiker.	☐	☐
5 Die Daumen drücken heißt "toi, toi, toi".	☐	☐

Sprachtipp

Q Do you remember when to use *zur* and *zum*?

A *Nico kommt heute spät zur Arbeit. (die Arbeit)*
Anna kommt pünktlich zum Zahnarzt.
(der Zahnarzt)
Er kommt pünktlich zum Vorstellungsgespräch.
(das Vorstellungsgespräch)

Unit 16

4 You have a busy schedule today. Tell a friend about the things you are going to do. Insert *zum* or *zur* where appropriate.

1 Ich muss um acht Uhr _____ Arbeit.
2 Um 9.30 Uhr muss ich _____ Zahnarzt.
3 Wir können uns um eins _____ Essen treffen.
4 Um zwei muss ich zurück _____ Büro.
5 Auf dem Weg ins Büro muss ich noch schnell _____ Bank.
6 Am Nachmittag muss ich _____ Vorstellungsgespräch bei D Plus.

5 ▶3 24 Nico is well prepared for his interview and has anticipated most of the questions. Listen to the interview, then renumber notes a–f below in the order in which you hear them on tape/CD. The first one is correct.

nehmen Sie bitte Platz	please take a seat
der Chef(-s),	boss (m/f.)
die Chefin(-nen)	
Wie kommen	How are you
Sie zurecht?	getting on?
die Leute (pl.)	people
gratulieren (zu)	to congratulate
ich gratuliere	congratulations
Ihnen/dir zu	on your German!
Ihrem/deinem Deutsch!	(polite form/
	du form)
die Sache(-n)	thing

a ☐1 Nehmen Sie bitte Platz.
b ☐ Berufserfahrung als Grafiker?
c ☐ nach Deutschland – wann?
d ☐ Studium an der Kunstakademie: was?
e ☐ Erfahrung mit Videografik?
f ☐ Wir rufen Sie gleich wieder.
g ☐ Kompliment zu Ihrem Deutsch.
h ☐ Köln – kommen Sie zurecht?

6 Nico was indeed well prepared for the interview: He got the job! Here are some useful wishes and congratulations. But which is the odd one out?

1 Herzlichen Glückwunsch!
2 Gratuliere!
3 Wir trinken auf Herrn Antonescu!
4 Frohes neues Jahr!
5 Alles Gute!

7 ▶3 25 Now listen to Nico and his colleagues. Which of the phrases from activity 6 can you actually hear?

trinken auf	to toast
die Karriere(-n)	career
geholfen (helfen)	to help

8 ▶3 25 Now listen again, then sort out Nico's short speech. The words in the brackets have got muddled up.

1 (ich sagen nur danke schön wollte).
2 Ich danke euch allen, (so dass mir geholfen gut ihr habt).
3 (Geburtstag Sonntag habe am und ich).
4 Ich möchte, (alle Uhr um Bootsparty einer wir zu treffen dass zwölf uns).

9 ▶3 26 Here is a list of things one might take to a dinner or birthday party. Listen to what kind of presents people take with them and practise saying what you would take: *Was nehmen Sie mit, wenn Sie eingeladen sind?* (What do you take when you're invited somewhere?)

1 eine Flasche Wein

2 eine Schachtel Pralinen

3 einen Blumenstrauß

4 Süßigkeiten

5 ein persönliches Geschenk

10 Read the birthday card at the top of the page and highlight the parts that Anna probably wouldn't want you to read!

liebster	dearest
leider	I'm afraid
weil	because
bald	soon
ich werde an dich denken	I'll be thinking of you

Liebster Nico,

zu deinem Geburtstag wünsche ich dir alles Gute, und natürlich gratuliere ich dir auch noch mal zu deinem neuen Job. Hast du wirklich gut gemacht! Leider werden wir uns bald nicht mehr so oft sehen, weil du dann in der Grafikabteilung arbeitest. Aber ich werde oft an dich denken! Und an unser Wochenende in der Eifel!! Bis später, ich hol dich ab. Einen dicken Geburtstagskuss!

deine Anna X

Sprachtipp

When writing a letter, the word *du* and all its related forms, *dich, dir* and *dein*, are no longer written with an initial capital letter within a sentence, as used to be the case under the old spelling rules.

Quiz

1 You are sending a Christmas card to your German friends. Write 'Merry Christmas and a Happy New Year!' on it in German.
2 What is the German equivalent for 'I'll keep my fingers crossed for you'?
3 You've just heard that a friend of yours has found a new job. Tell him/her that you really have to celebrate.
4 You are invited to a dinner party. A friend asks you what to bring. Say you are taking a bottle of wine and a bunch of flowers.

Kein Problem! 3

1 Which are the odd words out?

1 Zahnschmerzen Grippe
   Bauch Schnupfen
2 Hals Kopf Bein Termin
3 Reiten Ohren Rad fahren Turnen
4 wieder wo wann wer
5 Verein Klub Mitglied Verband
6 Kunstakademie Anschrift
   Schule Fortbildung
7 Rücken Rasthof
   Einbahnstraße Ausfahrt
8 Darf ich vorstellen ... Freut mich.
   Sehr angenehm. Ich werde mich
   bewerben.
9 Blumenstrauß Wein
   Süßigkeiten Freizeit
10 jeden Morgen einmal die Woche
   an der Ampel eineinhalb Stunden

☐ /10 POINTS

2 Read about Ulli, then answer the questions below in German.

Mein Name ist Ulli Michel. Ich arbeite bei
Deutschland Plus. Ich bin am 25. März 1977
geboren. Ich bin in Koblenz groß geworden,
aber jetzt wohne ich in Köln. Ich habe zwei
Schwestern, aber keine Brüder. Meine
Schwestern heißen Claudia und Sabine
und sie sind älter als ich. Claudia ist 30 Jahre
alt und Sabine ist 32 Jahre alt. Sie wohnen
in Koblenz.

1 Wann ist Ulli geboren?
2 Wo ist er groß geworden?
3 Hat er Geschwister?
4 Wie alt sind Claudia und Sabine?
5 Sind sie jünger als Ulli?
6 Wo wohnen sie?

☐ /6 POINTS

3 Fill in the gaps in the word list below.

	DEUTSCH	ENGLISCH
1	....	room
2	zu vermieten	....
3	warm	....
4	....	the address
5	die Wohnung	....

☐ /5 POINTS

4 The sentences below describe activities which take place in certain types of room within a house. Write down the German for each room.

1 Hier waschen wir uns.
2 Gäste schlafen hier.
3 Ich arbeite in diesem Zimmer.
4 Wir essen hier, wenn Gäste kommen.

☐ /4 POINTS

5 What is the German for the following words?

1 detached house
2 semi-detached house
3 balcony

☐ /3 POINTS

6 When preparing for a job interview, which of the following activities are not likely to help?

1 einen Anzug borgen
2 Akten zu Herrn Koch bringen
3 einen Schlips kaufen
4 im Verein trainieren
5 sich die Haare schneiden lassen

☐ /2 POINTS

7 You are a doctor. Your German patient tells you what's wrong with him. Which of the ailments in English has he not got?

1 Ich habe einen Schnupfen.
2 Ich habe Grippe und Fieber.
3 Ich habe Bauchweh.

a a cold
b a sore throat
c stomachache
d flu
e backache
f a temperature

/2 POINTS

8 Your friend has given you a list of expressions you might find useful at the petrol station but has got the meanings mixed up. Correct the English translation for each German phrase.

1 *Unterschreiben Sie hier, bitte.*
Please pay at the cash desk.
2 *Bitte voll tanken.*
Please serve yourself.
3 *Ich brauche Benzin.*
I need unleaded.
4 *Prüfen Sie bitte die Reifen.*
Please check the battery.

/4 POINTS

9 Match up the beginnings and endings of these sentences.

1 ☐ Ich habe eine neue Zahnbürste
2 ☐ Wir sind nach Amerika
3 ☐ Mein Mann hat mir
4 ☐ Sie ist am Freitag
5 ☐ Dieter und Annette haben

a angekommen.
b das Wochenende auf Rügen verbracht
c gefahren.
d gekauft.
e ein Geschenk gegeben.

/5 POINTS

10 How would you say the following phrases in German?

1 40 euros' worth of unleaded, please.
2 Check the oil, please.
3 Where do I have to pay?
4 Where can I check the water?

/4 POINTS

11 Imagine this is what you did yesterday. How would you say these phrases in German?

1 I went to the market.
2 I bought bread.
3 I went for a walk.
4 I studied some German.
5 I spoke German.

/5 POINTS

12 Your friend is filling you in on what's happening in the *Deutsch Plus* TV series. But you watch every episode and you already know! Write each sentence out again, starting with *Ich weiß, dass...*

1 Nico fährt nach Amsterdam.
2 Eine junge Dame gibt ihm ein Paket.
3 Er bestellt ein Taxi für Frau Maier.
4 Er liebt Anna.

/4 POINTS

13 You are full of good intentions. Write these sentences out again, starting with the German for the words in brackets.

1 Ich studiere mehr. (I will - future tense)
2 Ich lerne Deutsch. (I must)
3 Ich treibe mehr Sport. (I would like to)
4 Ich schlafe bis zehn Uhr. (I want to)
5 Ich spiele Badminton. (I can)
6 Ich rufe Onkel Peter an. (I will - future tense)

/6 POINTS

TOTAL /60 POINTS

Kaffee und Kuchen

a ☐

b ☐

Lernpunkte

- **Understanding menus**
- **Discussing eating and drinking habits**
- **Getting to know something about German wine**

c ☐

d ☐

e ☐

f ☐

g ☐

h ☐

1 ▶3 27 *Was essen Sie zum Frühstück?*
What do you have for breakfast? You have already learned some key vocabulary for breakfast foods and drinks. See how much you can remember. Listen to the different items of food and drink. Then match up the German words 1–11 with the illustrations. (Try to guess the meaning of the unfamiliar words by comparing them to English!)

1 Brot   7 Marmelade
2 Brötchen   8 Müsli
3 ein Ei   9 Schinken
4 Jogurt   10 Tee
5 Kaffee   11 Toast
6 Käse

i ☐

j ☐

2 ▶3 28 Listen to two people describing what they have for breakfast and identify what items the various people eat from the list 1–11. Be careful, they don't have them all!

k ☐

3 ▶3 29 Now it's your turn. You are staying in a German hotel and you want to order breakfast in your room. Look at the notes below before you listen.

1 You'd like to order breakfast.
2 You'd like two rolls.
3 No, you'd like two rolls with jam.
4 Yes, an egg with bacon.
5 And muesli with yoghurt.
6 You'd like coffee.

4 *Möchten Sie ein Stück Kuchen oder Torte?* Read the menu.
Then match up the German with its English equivalent.

Café Meyer

Gerhard-Rohlfs-Straße 43

Öffnungszeiten:
montags bis freitags 10 Uhr bis
13 Uhr und 15 Uhr bis 18 Uhr;
samstags 10 Uhr bis 13 Uhr.

Alle Torten und Kuchen sind aus
unserer Bäckerei!
(Konditormeister: Konrad Meyer)

Unsere Spezialität:
Sachertorte
Stück	€ 2,60
mit Sahne	€ 3,00

Käsekuchen
Stück	€ 2,30
mit Sahne	€ 2,55

Zitronensahnetorte
Stück	€ 2,15
mit Sahne	€ 2,55

Mohnkuchen
Stück	€ 1,95
mit Sahne	€ 2,35

Apfelstreuseltorte
Stück	€ 2,10
mit Sahne	€ 2,55

Neu im Angebot!
Himbeertörtchen
Stück	€ 1,15
mit Sahne	€ 1,55

Kaffee
Kännchen	€ 3,50
Tasse	€ 2,10

Tee
Kännchen	€ 3,20
Tasse	€ 1,95

(Tee gibt es auch mit Zitrone)

1	Käsekuchen	a	5 raspberry tart
2	Mohnkuchen	b	6 tea with lemon
3	Apfelstreuseltorte	c	2 poppy-seed cake
4	Zitronensahnetorte	d	7 chocolate cake
5	Himbeertörtchen	e	8 with cream
6	Tee mit Zitrone	f	3 apple crumble flan
7	Sachertorte	g	4 lemon cream cake
8	mit Sahne	h	1 cheese cake

Sprachtipp

Compare the following:

der Käse   der Kuchen → der Käsekuchen
der Apfel   der Streusel → die Torte
                → die Apfelstreuseltorte

Some German words consist of two or more nouns which are joined together. They are called compound nouns and always take the article *der/die/das* of the last element they consist of.

5 ▶3 30 Listen to and practise these words.

6 ▶3 31 Now listen to Frau Kos, who has invited Katja and Anja for coffee and cakes. Which types of cakes do they mention?

mein Lieblingskuchen   my favourite cake
der Mohnkuchen   poppy-seed cake

7 ▶3 32 André is ordering food and drinks. Listen and answer the questions below.

1 Was bestellt André zu trinken?
2 Was bestellt er zu essen?
3 Wie viel muss er bezahlen?
4 Wie viel Geld bekommt er zurück?
How much money does he get back

8 ▶3 33 Now it's your turn to order food and drinks in a café. Look at the prompts below before you listen.

1 You'd like two teas, please.
2 With lemon.
3 You'd like a piece of poppy-seed cake and a piece of chocolate cake, please.
4 Yes, you would like cream with it.
5 With the poppy-seed cake too.
6 How much is that?

9 You have made contact through the Internet with someone who is learning English in Germany. He writes to you in English. Here is the message that you have received. Write the replies you are going to send him in German using the information in brackets.

1 What do you eat for breakfast? (rolls with butter and marmalade, tea with milk)
2 What is your favourite cake? (poppy-seed cake with cream)
3 Now ask him the same questions in German.

10 *Deutsche Weine.* How much do you know about German wines? Look at the map opposite and read the information that goes with it. Then answer the questions below.

größte   largest
das Weinanbaugebiet(-e)   wine-growing area
der Fluss (ˉsse)   river
der Sekt(-e)   sparkling wine
der Pro-Kopf-Verbrauch   consumption per head

1 How many wine-growing areas are there in Germany?
2 Which one is the largest?
3 Which ones are the newest and where are they?
4 Where are the wine-growing areas located?
5 What is the ratio between German white wine and red wine?
6 How much wine and sparkling wine do Germans consume each year?

11 ▶3 34 Listen to Herr Kern from the Rheinhessen marketing board in Mainz talking to Andrea about the different wine-growing areas in Germany and about German drinking habits. Then read the sentences opposite. Are they *richtig (R) oder falsch (F)*?

wird angebaut   is cultivated, grown

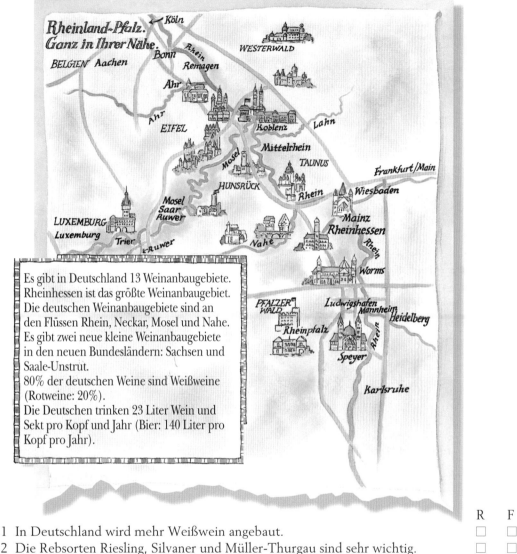

Es gibt in Deutschland 13 Weinanbaugebiete.
Rheinhessen ist das größte Weinanbaugebiet.
Die deutschen Weinanbaugebiete sind an
den Flüssen Rhein, Neckar, Mosel und Nahe.
Es gibt zwei neue kleine Weinanbaugebiete
in den neuen Bundesländern: Sachsen und
Saale-Unstrut.
80% der deutschen Weine sind Weißweine
(Rotweine: 20%).
Die Deutschen trinken 23 Liter Wein und
Sekt pro Kopf und Jahr (Bier: 140 Liter pro
Kopf pro Jahr).

		R	F
1	In Deutschland wird mehr Weißwein angebaut.	☐	☐
2	Die Rebsorten Riesling, Silvaner und Müller-Thurgau sind sehr wichtig.	☐	☐
3	In Deutschland werden 80 Prozent Rotwein und 20 Prozent Weißwein angebaut.	☐	☐
4	Die Deutschen trinken mehr Wein als Bier.	☐	☐

Wissenswert!

Labels

Jahrgang	vintage
Weinort und Lage	vineyard
Qualitätswein b.A.	quality wine of a designated region
A.P. Nr.	certification of quality
Alkoholgehalt	alcohol content
Erzeugerabfüllung	own bottling

Checkliste

Can you do the following?

a say what you eat for breakfast

b talk about your eating habits

c order cakes and drinks

d read and understand information about German wines

e understand German drinking habits

Bitte sprechen Sie nach dem Signalton

Er spricht gerade auf der anderen Leitung.

Sie ist in einer Besprechung.

Sie ist nicht an ihrem Arbeitsplatz.

Er ist zurzeit nicht im Hause.

Lernpunkte

- Receiving and making phone calls
- Checking messages on the answerphone
- Making enquiries at the tourist office

1 ▶3 35 *Was ist das Problem?* Listen to four callers trying to get through to the right person. Match up each dialogue with the right picture.

Dialogue	1	2	3	4
Picture	b	c	d	a

da meldet sich niemand	there is no answer
auf der anderen Leitung	on the other line
ich hätte gern	I'd like to speak to
Frau/Herrn... gesprochen	Mrs/Mr...
etwas ausrichten (sep.)	to pass on a message
erreichen	to reach

2 Put the following telephone conversation a–h in the right order. The first one has been done for you.

es geht um   it concerns

a ☐1 Bauer und Co., guten Morgen.

3 b ☐ Herr Klar ist zurzeit nicht im Hause. Möchten Sie später noch einmal anrufen?

8 c ☐ Vielen Dank. Auf Wiederhören.

4 d ☐ Nein, ich habe später eine Besprechung. Könnte ich eine Nachricht hinterlassen?

7 e ☐ Das geht in Ordnung, Herr Sauer.

6 f ☐ Es geht um den Termin am Montag. Könnte er mich zurückrufen?

2 g ☐ Guten Morgen, mein Name ist Sauer. Könnte ich bitte Herrn Klar sprechen?

5 h ☐ Ja, gern.

3 ▶3 36 Now explain on the telephone why your friend or colleague is unavailable.

4 ▶3 37 If you can't get through to the right person, you often leave a message on *der Anrufbeantworter*, the answerphone. Listen to an example of what you may hear. Fill in the gaps below with these words.

> rufen   schicken   hinterlassen
> Faxnummer   Anrufbeantworter
> Nachricht

Guten Tag. Hier ist der _Anruf_ von D Plus, Telefon- und _fax N°_ 0221 133939. Bitte _hinterlassen_ Sie eine _Nach_ oder _Sch_ Sie ein Fax. Wir _rufen_ Sie so bald wie möglich zurück.

5 Now match the German phrases with their English equivalent.

1 Im Moment ist niemand erreichbar.
2 Falls Sie eine Nachricht hinterlassen wollen...
3 Sprechen Sie nach dem Signalton.
4 so bald wie möglich
5 Bitte hinterlassen Sie eine Nachricht.

a _1_ There's nobody to take your call at the moment.
b _3_ Speak after the tone.
c _2_ If you'd like to leave a message...
d _5_ Please leave a message.
e _4_ as soon as possible

☏ T·elekom

1 **Bundesbürger sagen Ja zum Münzfernsprecher**

2 **Telefonkarten - die perfekte Lösung für unterwegs** _or tligo_

3 **Telefonieren immer billiger!**

Telefonkarten existieren in Deutschland nun schon seit über 20 Jahren. Für Leute, die kein Handy besitzen, ist die Telefonkarte immer noch die beste Art, unterwegs schnell und unkompliziert zu telefonieren. Denn, selbst wenn man das richtige Kleingeld bei sich hat, sind Münzfernsprecher heute nur noch selten zu finden. Bargeldlos telefonieren könnte nicht einfacher sein. Lassen Sie sich überzeugen:
• die perfekte Lösung für unterwegs: clever und centgenau
• echt günstig - im Vergleich zum Handy
• eine tolle Geschenkidee

☏ T·elekom

6 Read the extract from the German Telekom brochure. First, decide which of the three headlines best fits the article. Then read the sentences 1–4. Are they *richtig oder falsch*?

das Handy(-s)	mobile phone
das Kleingeld (sing.)	(small) change
die Münze(-n)	coin
der Fernsprecher(-)	telephone
bargeldlos	without cash
überzeugen	to convince

	R	F
1 Coin-operated public telephones are still popular in Germany.	☐	☑
2 Phonecards have been around for over twenty years.	☑	☐
3 Phonecards always round up to the nearest euro.	☐	☑
4 Using a mobile is still cheaper than using a phonecard.	☐	☐

7 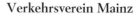 Now practise understanding answerphone messages. You phoned *der Verkehrsverein* (the tourist information office) in Mainz to get them to send you information on the city. Listen to the answerphone message and fill in the grid.

Verkehrsverein Mainz

Telefonnummer:	
Öffnungszeiten: montags bis freitags:	
samstags:	
sonntags:	

8 The information you requested has arrived. However, the descriptions underneath the pictures do not seem to match. Can you correct them? The first one is correct.

die Altstadt(⁻e)	old part of the city
das Fachwerkhaus(⁻er)	timber-framed house
das Glasfenster(-)	stained-glass window
festhalten	to capture
das Rheinufer(-)	Rhine embankment
das Schiff(-e)	boat, ship
das erste gedruckte Buch auf der Welt	the first printed book in the world
eine 1000-jährige Geschichte	a thousand-year history
das Wahrzeichen(-)	famous landmark
einen Besuch wert	worth a visit

C Der Sankt-Martins-Dom mit seiner 1000-jährigen Geschichte ist das Wahrzeichen der Stadt Mainz und sicher einen Besuch wert.

D Wollen Sie das erste gedruckte Buch auf der Welt sehen? Dann kommen Sie ins Gutenberg-Museum, gleich neben dem Marktplatz am Sankt-Martins-Dom.

A Nehmen Sie sich Zeit für einen Kaffee oder ein Glas Wein in der Altstadt mit ihren faszinierenden Fachwerkhäusern.

B Die Attraktion auf dem Stephansberg: in der gotischen Sankt-Stephans-Kirche hat Marc Chagall auf neun Glasfenstern Szenen des alten Testaments festgehalten.

E Panoramablick vom Rheinufer mit Sankt-Martins-Dom. Am Adenauer-Ufer starten die Schiffe von Mainz nach Koblenz.

9 Now answer the questions below.

1 What is the architectural attraction of the old town? *Fachwerkhaus*
2 Where would you go to see the first printed book? *Stephansberg Gutenberg Museum*
3 What can you see in St. Stephan's Church? *Glasfenster*
4 Where do the ships to Koblenz set off from? *Adenauer-Ufer*
5 Why is St. Martin's Cathedral worth a visit? *eine 1000 jährige Geschichte*

10 ▶3 39 Listen to Andrea asking the tourist office what is worth seeing in Mainz. Tick the sights from activity 8 which Herr Frings mentions.

einen Rat geben	to give some advice
sich ansehen (sep.)	to go and see
...befindet sich	you'll find/there is
die Sehenswürdigkeit(-en)	sights

11 ▶3 39 Are these statements *richtig oder falsch*?

	R	F
1 Vor dem Sankt-Martins-Dom ist der historische Marktplatz.	☐	☐
2 Das Gutenberg-Museum ist von 10 bis 8 Uhr geöffnet.	☐	☐
3 Es ist zu Fuß drei Minuten vom Dom zum Gutenberg-Museum.	☐	☐
4 Die historische Altstadt ist nicht weit vom Dom.	☐	☐

12 ▶3 39 Listen again. Which of the following questions does Andrea ask?

1 Könnten Sie mir einen Rat geben, was ich mir in einem Tag alles so in Mainz ansehen sollte?
2 Könnte ich bitte einen Stadtplan haben?
3 Wo ist der Sankt-Martins-Dom?
4 Wo finde ich die Touristeninformation?
5 Wann ist das Gutenberg-Museum geöffnet?
6 Wie weit ist es vom Dom zum Gutenberg-Museum?

7 Gibt es denn noch andere Sehenswürdigkeiten?
8 Was gibt es in der Altstadt zu sehen?

Wissenswert!

STÄDTEPORTRÄT: MAINZ

Mainz is the capital of Rheinland-Pfalz in south-west Germany. With its roots in Roman times and medieval history, Mainz is a city full of contrasts. Its reputation as the 'media Mecca' is based on the country's most extensive TV and radio network; major TV and radio stations are located here. Mainz's most famous son is Johannes Gutenberg, inventor of the hot metal printing press. Mainz is also at the centre of one of Germany's most famous wine-producing areas.

---

13 ▶3 40 Now it's your turn to ask questions. You're a tourist and you want to see the sights of Mainz. Before you turn on the tape/CD, read the prompts below.

1 Where can I find the tourist office?
2 Could you tell me what I should go and see in a day?
3 How far is it to St. Martin's Cathedral?
4 Where is the museum?
5 When is the museum open?
6 Are there any other sights?
7 What is there to see in the old quarter?
8 Could I have a city map please?

Checkliste ✔

Can you do the following?
a get through to the right person on the phone
b understand messages on the answerphone
c read and understand tourist office information
d enquire about tourist sights

Wie sieht Ihr Arbeitstag aus?

Lernpunkte

- Talking about your routine at work
- Describing past events
- Discussing the position of women
- Talking about daily chores

1 Ich arbeite in einem Hotel. Mein Arbeitstag beginnt heute um achtzehn Uhr und ist um sechs Uhr morgens zu Ende.

3 Ich bin Architekt. Ich arbeite heute von neun Uhr bis siebzehn Uhr.

2 Ich bin Hausfrau und ich habe zwei kleine Kinder. Ich arbeite 24 Stunden am Tag!

4 Ich bin Rentnerin - ich muss nicht mehr arbeiten! Früher war ich Verkäuferin - ich arbeitete von 10 bis 14 Uhr.

1 *Wie lange arbeiten Sie jeden Tag?* What do these people do and how long is their working day? Read what they've said. Then read the English statements a–d and match them with their German equivalent 1–4.

a ☐ I'm an architect. I work from nine till five.

b ☐ I am a housewife and mother. I work all day.

c ☐ I'm a pensioner. I used to work from ten till two.

d ☐ I work in a hotel from six in the evening until six in the morning.

2 ▶3 *41* Listen to the account of employees' working conditions at the Niederegger marzipan factory in Lübeck. Then fill in the gaps opposite.

die Ferien(-)	holiday
der Mitarbeiter(-)	employee
Ostern	Easter
einschließen (sep.)	to include
die Fabrik(-en)	factory
niemand	no one

1 Die Mitarbeiter arbeiten 38 _____ in der _____ .
2 Sie haben 30 _____ Urlaub, plus

_____ .
3 _____ ist auch noch frei.
4 Die Mitarbeiter arbeiten von _____
bis _____ .
5 Weihnachten und Ostern müssen sie auch manchmal _____ arbeiten.
6 Am _____ ist die Fabrik geschlossen.

NIEDEREGGER LÜBECK

3 Now it's your turn. How would you say:

1 My working day begins at 8.00 and ends at 4.00.
2 I work eight hours a day, from 9.30 till 5.30.
3 I work 40 hours per week, Mondays to Fridays.
4 Christmas and Easter are free.

4 ▶3 42 Listen to Frau Fese from Mainz, who is a secretary, talking about her working day. Then answer these questions.

die Gleitzeit(-en)	flexitime
Feierabend machen	to finish work
38 Komma 5	38.5
berufstätig	working
die Möglichkeit(-en)	possibility
Zeit zum Einkaufen	time for food shopping
genießen	to enjoy
das ist unterschiedlich	it varies

1 Wann beginnt Frau Feses Arbeitstag?
2 Wann kann sie beginnen?
3 Wie lange muss sie jeden Tag arbeiten?
4 Wann ist Feierabend?
5 Wann kann sie freitags Feierabend machen?
6 Was kann sie dann am Wochenende machen?
7 Wann kann sie Mittagspause machen?
8 Wann macht sie meistens ihre Mittagspause?

Sprachtipp

Frau Fese was talking about when she has to do (müssen) and when she can do (können) things. Remember that the word order is different with modal verbs like müssen und können; the second (main) verb moves to the end of that sentence:

Ich muss um acht Uhr im Büro sein.
Ich kann um zwölf Uhr Feierabend machen.

(See page 173 for further information.)

5 Here's a summary of how to specify the times you do things. Fill in the grid below.

etwa um halb acht	at 8 o'clock
_____	from 7 o'clock
_____	from 3 o'clock till 4 o'clock
zwischen 6 Uhr und 9 Uhr	_____
_____	at a quarter to one
_____	at the weekend

6 ▶3 43 Now talk about *your* working day. Here is what you will have to say:

1 your working day begins between 7.00 and 8.30 (flexitime)
2 eight hours a day
3 a half hour lunch break
4 it varies – from 12 to 2
5 30 hours a week
6 25 days holiday a year

7 Earlier, Frau Fese talked about her work conditions. She is a *berufstätige Hausfrau* (working housewife) in East Germany. Other East German women - especially *allein erziehende Mütter* (single working mothers) - are not so lucky. Read the article opposite about Doreen Gaßmann, a single mother from Chemnitz. Then look at the list of key words below. See if you can work out the meanings by matching 1–6 with a–f.

1 ☐ *die frühere DDR*   a to look after
2 ☐ *die Kinderkrippe*   b while
3 ☐ *das Gehalt*   c the former GDR
4 ☐ *während*   d a great problem
5 ☐ *sich kümmern um*   e day-care centre
6 ☐ *ein großes Problem*   f salary

8 Read the statements below. Are they *richtig oder falsch*?

	R	F
1 Doreen Gaßmann ist eine berufstätige Mutter.	☐	☐
2 Ihre Kinder sind zehn und acht Jahre alt.	☐	☐
3 In der früheren DDR arbeitete sie - sie war Sekretärin.	☐	☐
4 Der Staat kümmerte sich um die Kinder.	☐	☐
5 Arbeitende Mütter bekamen weniger Gehalt.	☐	☐
6 Frau Gaßmann suchte einen Platz im Kindergarten für Julia.	☐	☐
7 Sie fand einen Kindergartenplatz für sie.	☐	☐
8 Doreen Gaßmann kann jetzt nicht mehr arbeiten.	☐	☐

Doreen Gaßmann (34) wohnt in Chemnitz in Ostdeutschland. Sie ist allein erziehende Mutter - ihr Sohn Silvio ist zehn Jahre alt und ihre Tochter Julia ist acht. "In der früheren DDR war ich Verkäuferin. Der Staat kümmerte sich um die Kinder, während die Mütter arbeiteten. Silvio und Julia kamen mit vier Wochen in die Kinderkrippe - und man brauchte dafür nichts zu bezahlen. Das fand ich sehr gut." Arbeitende Mütter mit zwei oder mehr Kindern arbeiteten weniger, aber bekamen genauso viel Gehalt wie ihre anderen Kollegen. Heute ist das anders: "Der Staat kümmert sich jetzt nicht mehr um meine Kinder", sagt Doreen Gaßmann. "Ich suchte ein Jahr lang einen Platz im Kindergarten für Julia - aber ich fand einfach nichts. Es gibt jetzt einfach zu wenig Kindergärten und Kinderkrippen - und sie sind viel zu teuer!" Frau Gaßmann kann nun nicht mehr arbeiten: "Kinder und Arbeit - das ist für eine allein erziehende Mutter in Ostdeutschland ein großes Problem!"

Sprachtipp

Doreen Gaßmann says *ich suchte einen Platz im Kindergarten. Suchte*, like *war* and *hatte*, is a past tense, called the simple past or imperfect. You've met verbs in this tense before (EK5, EK11, EK15). There are two ways of forming the simple past:

1 Weak verbs:
Add the following endings to the verb stem: *such(en)*

ich	suchte	wir	suchten
du	suchtest	ihr	suchtet
er/sie/es	suchte	sie/Sie	suchten

If a verb stem ends in *d* or *t*, add an extra *e* before the regular endings *(ich arbeitete)*.

2 Strong verbs:
The stem (the main part of the verb) changes and the following endings are added:

ich	trank
du	trankst
er/sie/es	trank
wir	tranken
ihr	trankt
sie/Sie	tranken

9 Fill in the correct simple past forms in the gaps below.

1 Doreen Gaßmann .... früher in Jena. (wohnen)
2 Sie .... dort als Verkäuferin. (arbeiten)
3 Die Kinder .... bis 16 Uhr im Kindergarten. (sein)
4 Der Kindergarten .... nichts. (kosten)
5 Um 16 Uhr .... sie Feierabend. (machen)
6 Sie .... letztes Jahr vier Wochen Urlaub. (haben)

10 ▶3 44 More and more women work these days, so who does most of the chores at home? Before you listen to this interview with Thomas Braun, read the list of chores below. Can you guess who does what? Then listen to see if you were right.

der Haushalt(-e)	house work
wir teilen uns die Arbeit	we share the work
staubsaugen	to vacuum clean
abwaschen (sep.)	to do the washing up
sauber machen	to clean
kochen	to cook
die Wäsche (sing.)	laundry
bügeln	to do the ironing

	HERR BRAUN	FRAU BRAUN
1 Ich staubsauge.	☐	☐
2 Ich mache die anderen Zimmer sauber.	☐	☐
3 Ich wasche ab.	☐	☐
4 Ich mache die Betten.	☐	☐
5 Ich bügle.	☐	☐
6 Ich mache die Wäsche.	☐	☐
7 Ich mache das Badezimmer sauber.	☐	☐
8 Ich koche.	☐	☐
9 Ich gehe einkaufen.	☐	☐

11 ▶3 45 Chores are not equally divided in all relationships! Listen to the interview with Frau Klein. Then fill in the gaps below.

ANDREA   *Wer macht mehr im Haushalt - Sie oder Ihr Mann?*
FRAU KLEIN *Wir sind beide berufstätig - aber ich mache .... im Haushalt!*
ANDREA   *Was machen Sie denn?*
FRAU KLEIN *Ich arbeite von .... bis .... Vor der Arbeit mache ich die Betten, und ich mache das Badezimmer .... Ich bringe dann die .... in den Kindergarten. In der Mittagspause gehe ich .... - und ich .... die Kinder ....*
ANDREA   *Und was machen Sie, wenn Sie .... haben?*
FRAU KLEIN *Also, ich .... dann für die Familie. Ich mache auch die ...., und ich .... die Kinder ins ....*
ANDREA   *Und Ihr Mann - was macht er im .... ?*
FRAU KLEIN *Mein Mann kauft am Wochenende ein, und er .... die Wäsche.*

12 ▶3 46 Now it's your turn to talk about daily chores. This is what you'll say:

1 You cook every day for your family.
2 You do the washing up, and you make the beds.
3 You clean the bathroom.
4 You put the children to bed in the evenings.
5 You do the laundry at the weekend.

Checkliste ✔

Can you do the following?

a talk about your work routine
b describe your daily routine
c say who does which household chores

Verreisen Sie gerne?

Lernpunkte

- Finding out about train times
- ...and making enquiries
- Discovering where Germans spend their holidays
- ...and saying where and when you last went on holiday

1 *Wie verreisen Sie?* How do you get to your holiday destination? Look at the photos and read the statements. Can you match them up correctly?

a ☐ Noch eine halbe Stunde etwa, dann sind wir da! Das war eine lange Fahrt, nicht wahr?

b ☐ Wo ist das Reisezentrum? Ich brauche eine Fahrkarte nach München - und wo ist Bahnsteig 13?

c ☐ Entschuldigen Sie, ich will nach Sydney - bin ich hier richtig? Hier ist mein Ticket - und mein Ausweis.

2 ▶3 *47* Listen to the announcement at Lübeck *Hauptbahnhof.* Then fill in the grid below.

	Zug	von	nach	Ankunft in Lübeck	Ankunft in ...
Gleis...					
Gleis...					
Gleis...					

3 ▶3 *48* Andrea lives in Lübeck and wants to visit a friend in Berlin at the weekend. She is not sure about the train connection. Listen to her enquiry and find out the following.

1 Wo muss sie umsteigen?
2 Wann fährt sie weiter?
3 Wann kommt sie in Berlin an?

Sprachtipp

If you want to make a question more polite, instead of saying *Wann fährt der nächste Zug nach Berlin?* you could say:

Können/ Könnten Sie mir sagen, wann der nächste Zug nach Berlin fährt? (Can/Could you tell me when the next train to Berlin leaves?)

Ich hätte gern gewusst, wann der nächste Zug nach Berlin fährt. (I'd like to know when the next train to Berlin leaves.)

But note that *wann*, like *dass* and *weil*, has the effect of sending the verb to the end of that part of the sentence.

4 ▶3 49 Prepare (polite) enquiries using either of the phrases in the *Sprachtipp* box. Then turn on the tape/CD and practise these and similar questions. Ask about:

1 the next train to Lübeck
2 the next bus to Rheinfeld
3 the InterCity to Hamburg
4 the train to Amsterdam

5 Read this article on Germans' favourite holiday destinations. Underline the words and phrases that you know or that are similar to English. By making the most of such vocabulary, you can make sense of a written article without having to look up every word. When you feel you understand it all, answer the questions below.

die Hälfte	half
ins Ausland	abroad
das Reiseland(¨-er)	holiday destination
(am) beliebtesten	the most popular
eigen	own
das Feriengebiet(-e)	holiday resort
im Süden/Norden	in the south/north
das Reiseziel(-e)	holiday destination
folgen	to follow

Deutschland als Reiseland am beliebtesten

Die Deutschen verreisen gerne – doch wohin fahren sie am liebsten? Die Antwort ist Deutschland. 22% aller Bundesbürger machen auch dieses Jahr Urlaub im eigenen Land. Die beliebtesten Feriengebiete sind die Bundesländer Bayern und Rheinland-Pfalz im Süden und Schleswig-Holstein und Mecklenburg-Vorpommern im Norden bzw. Nordosten Deutschlands. Doch nicht nur Deutschland ist als Reiseland beliebt – über die Hälfte aller Bundesbürger fahren ins Ausland. Die Nummer eins der ausländischen Reiseziele ist im Süden Europas: 13% der deutschen Urlauber fahren ins sonnige Spanien und auf die spanischen Inseln. Die Nummer zwei ist Italien mit 10%. Den dritten Platz teilen sich die Türkei und Österreich mit jeweils 6%. Dann folgen Griechenland und Kroatien mit jeweils 4% und Skandinavien und Frankreich mit jeweils 3%. Und wie steht es mit Großbritannien? Nur 2,2% aller Bundesbürger machen dieses Jahr dort Urlaub ...

1 Welches Reiseziel ist bei den Deutschen am beliebtesten?
2 Welches sind die beliebtesten Feriengebiete im Norden Deutschlands?
3 Wohin fahren mehr als die Hälfte aller Deutschen?

4 Welches ausländische Reiseziel ist am beliebtesten?
5 Welches Urlaubsland ist beliebter - Italien oder Österreich?
6 Welches Urlaubsland ist bei den Deutschen am wenigsten beliebt?

6 Read the article below. Can you work out the correct superlatives? Look at the *Sprachtipp* and fill in the gaps.

"Wo machen Sie dieses Jahr Urlaub?"

1 Ich fahre im Sommer nach Griechenland – dort ist es .... (schön).

2 Urlaub? Ich bleibe zu Hause – das ist .... (billig) und .... (bequem)!

3 Wir verreisen dieses Jahr im Juli – im Juli ist es .... (warm).

4 Meine Frau und ich – wir machen .... (gern) in Bayern Urlaub.

5 Ich fahre im Herbst nach Ibiza – dann ist es dort .... (ruhig).

6 Wir machen eine Studienreise nach Florenz – das ist .... (interessant.)

7 Ich war schon dreimal in den USA – Florida gefällt mir .... (gut).

Sprachtipp

Do you remember how to form comparatives ('nice - nicer') in German? (See unit EK13.)

schön	→	*schöner*
beliebt	→	*beliebter*

But how do you form the superlative ('the nicest') in German?

You simply add *am -sten* to the adjective:

schön → *schöner* → **am** *schönsten*
Österreich ist als Reiseland schön.
Italien ist schöner.
Deutschland ist am schönsten.

Note these exceptions:

beliebt	→	*beliebter*	→	*am beliebtesten*
teuer	→	*teurer*	→	*am teuersten*
gut	→	*besser*	→	*am besten*
gern	→	*lieber*	→	*am liebsten*
viel	→	*mehr*	→	*am meisten*

Wissenswert!

The 'Federal Republic of Germany' consists of 16 states or *Bundesländer*. Preserving a cultural identity and the country's regional diversity is an important function of the federal system. Many decisions and laws cannot be made without the consent of the *Länder*. In the areas of education, police, health and broadcasting, individual *Länder* take their own decisions, almost entirely independent of central government.

7 ►3 50 Listen to Frau Lüdemann from a travel agency in Lübeck talking about travel tastes in Germany. Are the sentences below *richtig oder falsch*?

bevorzugt	preferred
die Insel(-n)	island
Ferienhausvermietung(-en)	holiday homes (self-catering)
die Küste(-n)	coast
die Studienreise(-n)	study trip
das günstige Angebot(-e)	bargain

                                        R   F

1 Die bevorzugten Urlaubsländer sind Griechenland und die Schweiz. ☐ ☐
2 Städtereisen nach Italien sind sehr beliebt. ☐ ☐
3 Viele Touristen mieten Ferienhäuser in Frankreich. ☐ ☐
4 Es gibt keine günstigen Angebote für die Karibik. ☐ ☐

Sprachtipp

How to say when, how long and where you went on holiday:

wann?	im Sommer/Winter, in den Sommerferien/Herbstferien, über Ostern/Weihnachten (over Easter/Christmas)
wie lange?	eine Woche, zwei Wochen, 14 Tage, einen Monat
wo?	in Österreich, in Deutschland etc. (exceptions: in der Schweiz, in den USA, in der Türkei), auf Rügen/Mallorca, in einem Hotel, in einer Pension/in einem Gasthof, in einem Ferienapartment, auf einem Campingplatz

8 ►3 51 Listen to two people talking about where they went on holiday. Then fill in the gaps. Listen again to correct your answers.

1 Ich war in den Sommerferien zwei Wochen auf _____ . Das Wetter _____ toll - ich habe den ganzen Tag am Swimmingpool gelegen. Ich habe im Hotel _____ - ich hatte ein schönes _____ . Das Hotel war in Palma de Mallorca.
2 Ich war über Weihnachten _____ im Winterurlaub in _____ in den Alpen. Das Wetter war super. Wir _____ viel Schnee, und ich bin jeden Tag Ski _____ . Ich habe in einem Ferienapartment gewohnt.

9 ►3 52 Now you can tell a friend where you went on holiday following the example below. Check your answers and practise them on tape/CD when you're ready.

MODELL   Sommerferien/zwei Wochen/ Österreich - Hotel
Ich war in den Sommerferien zwei Wochen in Österreich. Ich habe in einem Hotel gewohnt.

1 Herbstferien/eine Woche/Frankreich - Pension
2 Weihnachten/14 Tage/USA - Ferienapartment
3 Sommer/einen Monat/Australien - Hotel
4 Ostern/zwei Wochen/Deutschland - Campingplatz

Checkliste ✔

Can you do the following?

a make enquiries about departure and arrival times
b talk about where you've been on holiday
c talk about your preferred holiday destination

Es war sehr hektisch!

NIEDEREGGER
LÜBECK

J. G. NIEDEREGGER GmbH & Co. · Postfach 2117 · D-23509 Lübeck   Zeißtraße 3–5 · D-23560 Lübeck

Anno 1806

Das Haus J.G. Niederegger existiert in Lübeck seit 1806. Aus der kleinen Niederegger-Backstube von einst ist im Laufe der Zeit eine moderne Marzipanfabrik geworden. Heute arbeiten hier 500 Mitarbeiter, die jeden Tag bis zu 35 Tonnen Marzipan herstellen. In der Hochsaison, zu Weihnachten und Ostern, kommen noch einmal 200 Mitarbeiter dazu. Niederegger liefert seine Produkte in alle fünf Kontinente, aber der wichtigste Markt ist Europa.

J. G. NIEDEREGGER GmbH & Co.   Handelsregister Lübeck HRA 55   Deutsche Bank Lübeck AG:
Briefe: Postfach 2117 · D-23509 Lübeck   Ph-Ges.: J. G. Niederegger Verwaltungsges. mbH, Lübeck, HRB 659   Kto.-Nr. 0402 214, BLZ 230 707 00
Pakete: Zeißtraße 3–5 · D-23560 Lübeck   Geschäftsführer: Holger Strait, Angelika Strait-Binder   Postbank Hamburg:
Telefon 0451/53 01-0 · Telefax 0451/ 5301-111   Konditorei Café Niederegger · Breite Str. 89   Kto.-Nr. 208 60-209, BLZ 200 100 20

1 On the left is some background information about the famous marzipan manufacturer, Niederegger in Lübeck. Read the extract, then correct the statements in English below where necessary.

existieren	to exist
seit	since
aus der Backstube	what was once a bakery
von einst ist ... geworden	has now become ...
im Laufe der Zeit	in the course of time
jeden Tag	every day/per day
die Tonne(-n)	tonne
herstellen (sep.)	to produce
die Hochsaison(-s)	peak season
liefern	to deliver
der Kontinent(-e)	continent
der Markt(-̈e)	market

1 The company dates back to 1806.
2 At the height of the season, Niederegger employs 500 people.
3 Christmas and New Year are the busiest periods.
4 The factory produces up to 35 tonnes of marzipan per day.
5 Niederegger's main export market is Europe.

2 ►3 53 Now listen to two interviews, one with Herr Altjohann, Niederegger's production manager and one with the export manager, Herr Mayer. Then answer the questions below.

Woraus besteht Marzipan?	What is marzipan made of?
ausschließlich	entirely
die Mandel(-n)	almond
süß	sweet
das Geheimnis(-se)	secret
verbreiten	to give away (lit. 'to spread')
Tschechien, die Tschechische Republik	Czech Republic
Russland	Russia
die Verbindung(-en)	connection
im Großraum London	in the Greater London area

1 Wie viel Marzipan stellt Niederegger am Tag her?
2 Wie viele Mitarbeiter arbeiten in der Fabrik?
3 Seit wann existiert die Fabrik?
4 In welche Länder exportiert Niederegger die Produkte?

Na, wie war die Geschäftsreise?

Es war sehr hektisch!

3 ►3 54 Now listen to Herr Wollmann's report and find out the German for the phrases below.

die Begrüßung(-en)	welcome (lit. 'greeting')
die Einführung(-en)	introduction
der/die Produktionsleiter/in	production manager
der/die Exportleiter/in	export manager
der Geschäftsführer/in	managing director
die Besichtigung(-en)	visit
etwas probieren	to try/taste something
weitergehen (sep.)	to continue, to go on
es ging weiter	we continued

1 It was very hectic.
2 At 8 o'clock, I had an appointment with the managing director.
3 At 8.15, there was an introduction to the company.
4 Then came the visit to the marzipan factory.
5 The meetings continued until half past five.
6 At seven o'clock, I was back in Hamburg.

4 ►3 54 Compare Herr Wollmann's story with the official programme for his visit below. Tick three items he didn't mention in his report.

die Konditorei(-en)	cake shop/café
die Abreise (sing.)	departure

```
Besuch von Herrn Wollmann, Firma
Stollwerck, am 22.4.2005 im Hause
8.00 Uhr    Begrüßung durch den
            Geschäftsführer
8.15 Uhr    Einführung: Marzipan von
            Niederegger in Lübeck (Frau
            Seitz)
9.15 Uhr    Besichtigung der Marzipanfabrik
            (Herr Stolte)
10.00 Uhr   Besprechung mit dem
            Produktionsleiter (Herr Stolte)
12.00 Uhr   Mittagessen im Müggenbusch
            Waldhotel
13.30 Uhr   Besprechung mit der
            Exportleiterin (Frau Brahms)
15.30 Uhr   Besuch des Konditorei-Cafés
            Niederegger, Breite-Straße
17.30 Uhr   Abreise
```

Sprachtipp

Compare the following:

Ich habe um 16 Uhr Kaffee getrunken.
Um 16 Uhr habe ich Kaffee getrunken.

The subject of a sentence (the person or thing that performs the action) is normally first and the verb is second. However, you can begin the sentence with, for example, the day, date or time if you want to emphasize it. If you do this, the verb then comes before the subject:

Herr Wollmann hat um 8 Uhr eine Besprechung.
Um 8 Uhr hat Herr Wollmann eine Besprechung.

5 How would you say the following in German? Start with the date or time.

MODELL I was at Niederegger's on Monday.
    Am Montag war ich bei Niederegger.

1 On Tuesday I was in Lübeck.
2 I had a meeting at nine o'clock.
3 I was back home at seven o'clock.
4 I'm going to Amsterdam at the weekend.

6 ▶3 55 Imagine you went on a business trip and have to prepare a report for your boss. Look at the items on the programme. Then listen and answer the questions.

MODELL Um 8.00 Uhr   Begrüßung durch
            den Geschäftsführer
            (sein)
        Um 8.00 Uhr war die Begrüßung durch
        den Geschäftsführer.

1 Um 9.00 Uhr   einen Termin mit dem
            Geschäftsführer (haben)
2 Um 9.30 Uhr   eine Einführung in die
            Firma (es + geben)
3 Um 10.15 Uhr   der Fabrikbesuch
            (kommen)
4 Um 11.00 Uhr   (ein) Termin mit dem
            Produktionsleiter
            (es + geben)
5 Um 12.00 Uhr   Mittagessen
            (es + geben)

6 Um 13.30 Uhr   mit einem Termin mit
            dem Exportleiter
            (es + weitergehen - *sep.*)
7 Um 15.30 Uhr   Kaffeepause in der
            Kantine (es + geben)

How to ask people how long they've been working or living in a place...

Arbeiten Sie/Wohnen Sie schon lange hier?
Wie lange arbeiten Sie/wohnen Sie schon hier?

● **...and whether they like it there:**

Gefällt es Ihnen hier?

---

7 ▶3 56 You are about to interview one of Niederegger's employees. Work out what questions you would ask to find out the following information.

1 name of the person
2 where she comes from
3 whether she has been working there for a long time
4 whether she likes working there

Now listen and when you're ready, practise these questions.

Sprachtipp

When expressing a period of time using the word *seit* (since) in German, you need to take into account the gender of the noun that follows. These are the rules:

seit dem ersten Januar (der Januar)
    seit einem Monat (der Monat)
seit dem Mittagessen (das Mittagessen)
    seit einem Jahr (das Jahr)
seit der letzten Woche (die Woche)
    seit einer Woche (die Woche)

8 Read the profile of Frau Geberlein, a Niederegger employee, which appeared in the company's in-house magazine. Then read the information about two other employees. Can you write two more short profiles, using Frau Geberlein's profile as a model?

Louise Geberlein ist 51 Jahre alt. Sie ist verheiratet und hat eine Tochter. Frau Geberlein kommt aus Flensburg und wohnt seit 16 Jahren in Lübeck. Seit 14 Jahren arbeitet sie bei Niederegger in der Exportabteilung.

1
Name:	Sabine Dörl
Alter:	34
Familie:	verheiratet, 1 Sohn
seit wann in Lübeck:	6 Jahre
seit wann bei Niederegger:	2003 (1 Jahr)

2
Name:	Ali Kalmak
Alter:	19
kommt aus:	der Türkei
seit wann in Lübeck:	1 Monat
seit wann bei Niederegger:	1 Woche (Produktionsabteilung)

9 ▶3 *57* Now it's your turn to talk about where you work and live and whether you enjoy being there. You will take the role of a businessman/woman from Birmingham. Before you listen, prepare your answers by looking at this information.

1 Your name is... (give your real name).
2 You come from...
3 You've lived in Birmingham for three years.
4 You like it there.
5 You've worked in Birmingham for one year.
6 Yes, you like your work, too.

Checkliste

Can you do the following?

a ask people how long they have been in their current job
b tell others how long you have been working in your current job
c report on a company visit

Zeit zum Einkaufen

Lernpunkte

- Buying clothes
- Finding out more about colours...
- ...and choosing a size and colour
- Shopping for a present
- Comparing prices

1 Match the sentences with the pictures.

☐ a die schwarze Strumpfhose.
☐ b die rote Jacke.
☐ c die grüne Krawatte/
    der grüne Schlips.
☐ d die jeansblaue Hose.
☐ e der hellblaue Rock.
☐ f das gelbe Kleid.
☐ g die weiße Bluse.
☐ h die beigen Socken.
☐ i die braunen Schuhe.
☐ j der graue Mantel.

2 ▶3 58 *Welche Farben haben Sie?* Which colours do you have? Listen to Andrea at Karstadt, buying a T-shirt and trying to choose a colour. Which colours could she have and which one does she decide on?

Ausschnitt - rund

Ärmel - halb

3 ▶3 59 Now listen to more of the interview. Then fill in the gaps below.

verschenken	to give as a present
reichen	to be enough
einlaufen (sep.)	to shrink

1 Andrea kauft ein T-Shirt für ihre ....
2 Ihre Schwester ist etwas .... als sie.
3 Das T-Shirt in Größe M ist etwas ....
   als das T-Shirt in Größe S.
4 Sie kauft Größe ....

4 Do you remember how to make comparisons and superlatives? (See EK13 and TP4.) Complete the sentences below.

Modell Das gelbe T-Shirt ist .... als das
       rote T-Shirt, aber das blaue ist ....
       (klein)
       Das gelbe T-Shirt ist kleiner als das
       rote T-Shirt, aber das blaue ist am
       kleinsten.

1 Das blaue Kleid ist .... als das grüne
   Kleid. Das rote ist .... (schön)
2 Meine Schwester ist .... als ich. Aber
   mein Bruder ist .... (groß)
3 Briefmarken sind in England ....
   als in Deutschland. In Spanien sind sie
   .... (billig)

Wissenswert!

SHOP SIGNS

der Herrenausstatter	gentlemen's outfitters
die Damenmoden	ladies' fashion
das Schuhgeschäft	shoe shop
die Geschenkboutique,	
der Geschenkeladen	gift shop

---

5 ▶3 60 Christine is shopping for a present for her mother. Before you listen to her in the gift shop, match questions 1–8 to the answers a–h. Then listen to see if you got them all right. If not, listen again to work out where you went wrong.

die Vase(-n)   *die Schale(-n)*

der Kerzenständer(-)   *die Kuh(-̈e)*

                     das Huhn(-̈er)

der Teller(-)   *das Schaf(-e)*

1 Was möchte Christine kaufen?
2 Was gefällt ihr sehr gut?
3 Wie teuer ist der Teller?
4 Wie viel kostet die Schale mit dem Huhn?
5 Warum kauft sie die Schale nicht?
6 Was kauft sie?
7 Was soll die Verkäuferin machen?
8 Wo muss Christine bezahlen?

a ☐ Sie kostet 45 Euro.
b ☐ Sie kauft den Teller mit der Kuh.
c ☐ Sie soll den Teller als Geschenk
     verpacken.
d ☐ Sie möchte ein Geschenk kaufen.
e ☐ Der Teller mit der Kuh gefällt ihr
     sehr gut.
f ☐ Sie muss an der Kasse bezahlen.
g ☐ Sie ist zu teuer.
h ☐ Er kostet 18 Euro.

6 ▶3 *61* Now you can join in a conversation at the department store yourself. Here's what you should say.

1 Excuse me, I'd like to buy a jacket.
2 I'm size 38.
3 What colours have you got?
4 Could you show me a blue jacket?
5 I like it very much, but it's a bit too small.
6 This jacket's a bit bigger. I'll take it.

Sprachtipp

Watch out for the plural forms (*die Vase - die Vasen*) in spoken or written German. Some words are the same in the singular and in the plural (*der/die Teller*); others have different endings or a vowel change (*die Kuh/die Kühe*). Learn these plurals as you go along.

7 When shopping, you might want to look out for sales and special offers. Read the three ads from a department store brochure. Then find the German equivalent for these words:

1 Now reduced!
2 On offer today!
3 Sale!
4 Special offer: CDs!

8 Fill in the missing words in the grid.

DEUTSCH	ENGLISCH
die Haushaltswarenabteilung	
	sports department
	sports equipment
	tennis rackets
die Multimedia-Abteilung	
	computer with keyboard and mouse
	cameras

Alles für den Haushalt!

Besuchen Sie unsere neue Haushaltswarenabteilung im 4. Stock!
Heute im Angebot:
Kaffeetassen mit Teller aus englischem Porzellan (Farben: weiß, blau, gelb, rot, grün)
Nur € 5,00!

Sportartikel für Groß und Klein!

Jetzt reduziert - alles für den weißen Sport:
Tenniskleidung (Hemden, T-Shirts, Shorts und Röcke)
Tennisschuhe (Größe 4 - 48)
Tennisschläger (Adidas- und Puma-Modelle)
Sie finden unsere Sportabteilung im 2. Stock

Ausverkauf! Ausverkauf! Ausverkauf!

Nur heute in der Elektroabteilung!
Sonderangebot: CDs ab € 3,00
Besuchen Sie auch unsere Multimedia-Abteilung -
Computer (IBM) mit Tastatur und Maus ab € 999,00!

Neu im Foto-Shop:
Digitalkamera ab € 96,00!
Canon Powershot ab € 179,00!
Digicam ab € 239,00!

9 Special offers are often advertised in local papers such as *Der Kölner Stadt-Anzeiger*. Here's an article about a summer sale. First, read the statements opposite. Can you guess whether they are *richtig oder falsch*? Then read the article to see if you were right.

der Sommerschlussverkauf(-̈e)	summer sale
der Käufer(-)	shopper
die Qualität(-en)	quality
zum Einkaufen	for shopping
enttäuscht	disappointed
der Schmuck (sing.)	jewellery

		R	F
1	Schuhe sind in Deutschland billiger als in England.	☐	☐
2	Aber die Qualität ist in England am besten.	☐	☐
3	In Deutschland ist alles billiger als in den USA.	☐	☐
4	Computer und Fotoapparate sind in Deutschland nicht teurer.	☐	☐
5	In der Schweiz ist vieles billiger als in Deutschland.	☐	☐
6	Schmuck ist in Deutschland am billigsten.	☐	☐

10 000 kamen zum Sommerschluss-verkauf nach Köln!

S eit zwei Tagen ist in Deutschland SSV (Sommerschlussverkauf). Am ersten Tag kamen über 10 000 Käufer in die Kölner Innenstadt - viele von ihnen Touristen aus dem Ausland. Unser Reporter Harald May wollte wissen: "Was ist hier billiger – und was ist teurer als in Ihrem Land?"

L orraine Mortimer (43) kommt aus Peterborough in Großbritannien. "Ich bin seit einer Woche in Köln – ich mache hier mit meiner Familie Urlaub. Ich habe im Ausverkauf Schuhe für meine Kinder und für meinen Mann gekauft. Schuhe sind in Deutschland billiger als in England – und die Qualität ist viel besser!"

C huck Newlander (39) besucht mit seiner Frau Köln. Er kommt aus New Jersey (USA): "Wir sind heute Morgen angekommen und wir sind gleich in die Stadt gefahren – zum Einkaufen. Aber wir waren enttäuscht: hier ist alles teurer als in den USA! Elektroartikel sind am teuersten – vor allem Computer und Fotoapparate."

V reni Stutz (51) aus Zürich in der Schweiz macht seit zehn Jahren in Köln Urlaub: "Meine Schwester wohnt in Köln. Ich komme jedes Jahr zum Sommerschlussverkauf – vieles ist hier billiger als in der Schweiz. Ich war schon in vielen Ländern Europas – aber die Schweiz ist am teuersten! Am billigsten ist in Deutschland Schmuck – dieses Jahr habe ich zum Beispiel diese Brosche aus Gold gekauft. Sie war im Angebot – ich habe nur 180 Euro bezahlt!"

10 ▶3 62 Now it's your turn to compare prices. Here are your prompts.

1 Your name is Malcolm and you come from Edinburgh in Scotland.
2 You've been in Cologne for a week.
3 You've bought a tennis racket.
4 Yes, sports goods are cheaper in Germany than in Scotland.
5 Electrical goods are more expensive here than in Scotland.
6 Cameras are the most expensive.

Checkliste ✔

Can you do the following?

a ask for and talk about colours
b ask for and state your size
c say what you're looking for in a shop
d compare prices

Ich bezahle das mit Scheck

- **Paying in cash, by cheque and by credit card**
- **Booking a last-minute flight**
- **Revising numbers from 0–999**

RATIO WARENHAUS JENA

Tomaten 1kg	2.31	1
Zwiebeln 500g	0.33	1
Öl 1 Liter	2.92	1
Tee 100g	1.80	2
Parmesankäse 500g	8.85	1
Salami 200g	1.98	1
Bananen 1kg	1.17	1
Hackfleisch 500g	2.25	1
Wein 6 Flaschen	30.00	6
Zeitschriften (Hörzu)	1.40	1
Gewürze 100g	1.33	1
6 Eier (Freiland)	1.49	1
Gurken (Glas)	0.89	1
MwSt. 7%	3.96	
MwSt. 16%	0.00	
ENDBETRAG	60.68	
Bar	100.00	
Zurück	39.32	

08.10.2004 14.21
Danke für Ihren Einkauf
Auf Wiedersehen

1 Andrea's neighbour, Frau Ebert, has been shopping at the supermarket. Look at her shopping receipt and find out her answers to the following questions.

1 Sie wollen Lasagne machen. Was haben Sie dafür eingekauft?
2 Was kostet eine Flasche Wein?
3 Wie haben Sie bezahlt?

das Hackfleisch (sing.)	minced meat
die Zeitschrift(-en)	magazine
das Gewürz(-e)	spices
ausgeben (sep.)	to spend
MWST = Mehrwertsteuer	value-added tax (VAT)
das Prozent(-e)	percent

Lerntipp

There are several ways of learning new words.

1 You can note down words according to a theme. For example, collect lists of words useful for shopping, such as words for vegetables, meats etc.

2 When you read a text, list all verbs (*schreiben, lernen, kaufen*), nouns (*Fleisch, Wein, Haus, Auto*) or adjectives (*groß, klein, alt, neu*) that you come across.

3 Look at the infinitive of a verb, *kaufen* for example. Then write down all related words such as *einkaufen* (to shop) or *verkaufen* (to sell), *Kaufhaus* (department store) etc. It is best to work out your own system and then stick to it (you can see an example of this in the **Word groups** section on page 187-192).
Learning new words all the time is really important if you want to improve your German!

2 Look up the prices for the items below on Frau Ebert's receipt opposite and write them out in words. The first one is done for you.

500 g Parmesankäse	acht Euro fünfundachtzig
ein Kilo Bananen	....
ein Glas Gurken	....
500 g Hackfleisch	....
ein Kilo Tomaten	....

3 ▶4 _1_ Listen to the interview with Frau Ebert. Compare her list of items with her shopping receipt opposite. Tick the items Frau Ebert thinks she has bought. Then write down the answers to these questions.

der Fleischstand(-̈e)	meat counter
das Hundefutter (sing.)	dog food
das Mundwasser(-)	mouthwash

1 Was hat sie nicht gekauft?
2 Was hat sie gekauft und nicht gesagt?
3 Wie viel hat sie ausgegeben?

4 ▶4 _2_ Turn on the tape/CD and practise prices and asking how much things cost.

Wissenswert!

PLASTIKGELD WIRD IMMER BELIEBTER

Although many Germans still prefer to pay cash for their purchases, paying by credit card is becoming more acceptable. However, in some restaurants, your credit card will not be accepted. The most widely used credit cards are Visa and Eurocard. You might want to use a cash dispenser to withdraw euros. Look for your card symbol on the machine.

5 *Wie funktioniert das?* These instructions for the cash dispenser are in the right order. Match up the English translations.

1 Karte einführen
2 Geheimzahl eingeben
3 Betrag eingeben
4 Betrag bestätigen
5 Karte entnehmen
6 Geldbetrag entnehmen

a ☐ type in your personal number
b ☐ insert card
c ☐ take out card
d ☐ take your money
e ☐ confirm amount
f ☐ type in amount

There are two things which might go wrong when you use a cash dispenser: the machine does not like your card - *die Karte ist ungültig/nicht zugelassen* - or it may swallow your card altogether and ask you to go to the counter: *Die Karte wurde einbehalten. Bitte besuchen Sie uns am Schalter.*

This is what you can say to the bank clerk:

Können Sie mir helfen, bitte?	Could you help me, please?
Was soll ich machen/tun?	What shall I do?
Was kann ich tun?	What can I do?
Der Automat hat meine Karte geschluckt.	The machine has swallowed my card.

● **And the clerk might say:**

So ein Pech!	What bad luck!
Füllen Sie bitte dieses Formular aus.	Please fill in this form.
Sie können/müssen Ihre Bank anrufen.	You can/must call your bank.

6 ►4 3 Now practise these phrases on tape/CD.

Bensberger Bank eG   51429 Bensberg

Zahlen Sie gegen diesen Scheck   D E

ein hundert neun und vierzig
Betrag in Buchstaben
Nur zur Verrechnung

noch Betrag in Buchstaben

EUR   149,—

Betrag: Euro, Cent

an

oder Überbringer

Radio Brinkmann

SPECIMEN MUSTER

Bensberg
Ausstellungsort

15. 9. 04
Datum

Markus Lambert
Unterschrift des Ausstellers

| Scheck-Nr. | x | Konto-Nr. | x | Betrag | x | Bankleitzahl | x | Text |

0000005474625⫽   37062124⫽ 01H

Bitte dieses Feld nicht beschriften und nicht bestempeln

7 Herr Lambert has bought a car radio by cheque. Study the document above and then complete the word list.

account number	*die*
sort code	*BLZ (die Bankleitzahl)*
date	*das*
amount in words	*der*
place	*der*
amount	*der*
signature	*die*

8 ►4 4 Listen to Christine Baumeister booking a flight from Hamburg to Zurich in a Hamburg travel agency. Fill in the missing phrases below.

einen Flug buchen	to book a flight
der Sondertarif(-e)	special fare
im Voraus	in advance
recht günstig	very reasonable
ausdrucken (sep.)	to print out

1 I'd like to book a flight.

2 ....

   Wann wollen Sie denn fliegen?
3 If you book seven days in advance...

4 ....

   Bleiben Sie über ein Wochenende weg?
5 ....

   Das ist recht günstig.
6 I'll pay that by cheque.

   ....

9 ►4 4 Listen again. Imagine you're Andrea and have just booked a flight to Zurich for yourself and your partner. Complete the note with details of the flight.

Liebste(r)	sweetheart (f./m.)
kennen lernen	to get to know
statt	instead of

Liebster - habe gerade einen Flug nach Zürich gebucht. Wir fliegen am .... !! Habe einen .... bekommen, weil wir übers .... bleiben. Statt .... Euro habe ich nur .... Euro bezahlt. Wir können bei meinen Eltern wohnen. Meine Mutter freut sich darauf, dich kennen zu lernen.

10 ▶4 5 Now it's your turn. Ring up the ITS travel agency and book a last-minute flight by credit card. Prepare your call with these details before you turn on the tape/CD.

REISEHITS IN LETZTER MINUTE!
Reisehits mit Abflug ab Düsseldorf

29.12. Tunesien,	***Hotel Lilas	
	2 Wo./HP € 604,-	
30.12. Fuerteventura,	***Apartments	
	2 Wo./HP € 702,-	
31.12. Fuerteventura,	**Ap./Bungalow	
	2 Wo./HP € 646,-	
31.12. Gran Canaria,	***Bungalow	
	2 Wo./HP € 749,-	

1 You want to book a flight to Fuerteventura…
2 …fly on 31 December…
3 …and stay for two weeks (*2 Wo.*) with half board (*HP = Halbpension*).
4 Book for two people (*zwei Personen*).
5 Accept the offer (say 'That's OK').
6 Say you'll pay by credit card (Visa).
7 Give your name, card number and expiry date (you'll hear the details on tape/CD).
8 Say thank you and goodbye.

You could have paid for the flight with three of these notes:

11 Read the travel advice and complete the notes for your next holiday abroad.

Bargeld oder Plastikgeld?

Ein paar Tipps für den Urlaub:
1. Nehmen Sie eine kleine Summe Bargeld in der Währung des Urlaubslandes mit und eine Kreditkarte! Wenn Sie auf Nummer Sicher gehen wollen, nehmen Sie auch Reiseschecks mit.
2. Bewahren Sie Geld, Schecks und Scheckkarten immer getrennt auf, also nie Bargeld, Reiseschecks, Kreditkarte zusammen in der Geldbörse, Tasche, oder im Koffer aufbewahren! Benutzen Sie am besten den Hotelsafe!
3. Bei Verlust des Plastikgeldes sollten Sie die Karte sofort telefonisch sperren lassen. Schreiben Sie sich die dafür notwendige Telefonnummer auf.
4. Sie können mit Ihrer Kreditkarte Bargeld aus dem Geldautomaten holen. Heben Sie möglichst größere Geldbeträge ab, um Gebühren zu sparen.

auf Nummer Sicher gehen	to be on the safe side
getrennt aufbewahren	to keep separate
die Geldbörse	purse
der Verlust	loss
sperren	cancel, stop
Gebühren sparen	save on fees

Nicht vergessen!
a. etwas Bargeld, Kreditkarte, Reiseschecks mit_nehmen_
b. Geld, Schecks und Scheckkarten getrennt auf_____
c. bei Verlust Karte sofort sperren lassen. Telefonnummer auf_____!
d. möglichst größere Geldbeträge ab_____

Checkliste ✔

Can you do the following?

a state prices and quantities
b book a flight by credit card

Haben Sie Familie?

Lernpunkte

- Talking about yourself and your family
- Asking someone about himself/herself
- Describing people

1 ▶4 6 Listen to Frau Fritz from Lübeck talking about her family. Then read statements 1–6. Are they *richtig oder falsch?*

Zwillinge (pl.)	twins
das Mädchen(-)	girl
der Junge(-n)	boy
das Enkelkind(-er)	grandchild
verheiratet	married
die älteste	the oldest

		R	F
1	Frau Fritz hat Zwillinge – zwei Mädchen.	☐	☐
2	Ihre Töchter sind 33 Jahre alt.	☐	☐
3	Ihre Töchter sind nicht verheiratet.	☐	☐
4	Frau Fritz hat vier Enkelkinder.	☐	☐
5	Die Mädchen sind elf und vier Jahre alt.	☐	☐
6	Das große Mädchen heißt Sophia.	☐	☐

2 ▶4 7 Listen to the conversation between Joan, Andrea's penfriend from Ireland, and Andrea's Austrian friend Katharina. Try to figure out the meaning of the words below.

1	....	married
2	*heiraten*	to ....
3	*geschieden*	divorced
4	....	widowed
5	*der Halbbruder/die Halbschwester*	....
6	*der Stiefbruder/die Stiefschwester*	....
7	*die Tante*	....
8	*der Onkel*	....
9	*der zweite Mann/die zweite Frau*	....
10	*die Ehe*	marriage

3 ▶4 8 **Listen to Frau Bellstedt talking about her family. Choose the right answers.**

1 Wie lange wohnt sie schon in Jena?
   a ☐ 50 Jahre
   b ☐ 15 Jahre
   c ☐ 5 Jahre
2 Wie alt ist sie?
   a ☐ Sie ist 66 Jahre alt.
   b ☐ Sie ist 88 Jahre alt.
   c ☐ Sie ist 61 Jahre alt.
3 Arbeitet sie?
   a ☐ Ja, sie ist Rentnerin.
   b ☐ Nein, sie ist Rentnerin.
   c ☐ Ja, sie ist Lehrerin.
4 Wie viele Kinder hat sie?
   a ☐ Sie hat drei Kinder.
   b ☐ Sie hat Zwillinge.
   c ☐ Sie hat zwei Kinder.
5 Hat sie Enkelkinder?
   a ☐ Nein, noch nicht.
   b ☐ Ja, sie hat ein Enkelkind.
   c ☐ Ja, sie hat eine Enkeltochter.

4 **Read the mini biography. Then write two similar ones using the notes below.**

Annette Claußen ist 42 Jahre alt. Sie wohnt in Mainz. Sie ist nicht verheiratet. Sie hat zwei Kinder. Ihr Sohn ist dreizehn Jahre alt und ihre Tochter ist fünfzehn.
Ihre Eltern wohnen in Frankfurt. Frau Claußen hat drei Geschwister: zwei Brüder und eine Schwester.

Name:	Ulrich Wiebke
Alter:	67
wohnt in:	Lübeck
	verwitwet
Kinder:	einen Sohn (34)
Enkelkinder:	2

Name:	Miriam Dörl
Alter:	39
wohnt in:	Köln
geschieden – allein erziehende Mutter	
Kinder:	zwei Töchter (12, 14)
Geschwister:	keine

5 ▶4 9 **Now join in a conversation on the tape/CD. Here are the prompts.**

1 I've lived in Cardiff since 1979.
2 Yes, I have three children, one boy and two girls.
3 They are 26, 30 and 32 years old.
4 The oldest one, Anna, is married.
5 I have two grandchildren, both granddaughters.
6 The other daughter is a single mother.
7 My son is divorced. He lives in Austria.
8 No, I don't work any more. I'm retired.

6 **Read this poem about love and relationships. Then look at the statements below. Tick the one that best describes it.**

der Traum(⁻e)	dream
der Raum(⁻e)	room
kaum	barely, hardly

1 ☐ It's a poem about marriage.
2 ☐ The poem is about falling in love.
3 ☐ The poem is about the end of a relationship.

es gibt keinen platz für
dich in meinem traum.

es gibt keinen platz für dich
in meinem raum.

es gibt keinen platz für dich.

es gibt kaum platz für dich

es gibt einen platz für dich

es gibt nur platz für dich

es gibt nur dich

es gibt dich

gib dich

7 Andrea and her boyfriend, Olaf, are compiling a collage of family photos as a birthday present for Andrea's grandmother, *die Großmutter*. Read the dialogue and pick the right photo for each person described.

dick	fat
schlank	slim
ziemlich	quite
das Auge(-n)	eye
der Bart/Schnurrbart(-̈e)	beard/moustache
die Glatze(-n)	bald head
eine Brille tragen	to wear glasses
lockige/blonde Haare (pl.)	curly/blond hair
aussehen (sep.)	to look (like)
die Nichte(-n)/der Neffe(-n)	niece/ nephew
der Großvater(-̈er)	grandfather

ANDREA So, wir sind fast fertig. Die Collage sieht wirklich toll aus! Ich brauche aber noch ein Foto von meiner Tante Ingrid.

OLAF Deine Tante Ingrid – wie sieht sie denn aus?

ANDREA Sie ist sehr groß und schlank. Sie hat lange, blonde Haare und blaue Augen. Sie trägt eine Brille.

OLAF Hier – ist das ein Foto von deiner Tante Ingrid?

ANDREA Ja, das ist sie. Danke!

OLAF Und wer sind die Kinder auf dem Foto?

ANDREA Das ist meine Nichte Anja und das ist mein Neffe Fabian.

OLAF Und der Mann mit der Glatze – wer ist das?

ANDREA Das ist mein Onkel Hans. So, jetzt brauchen wir noch ein Foto von meinem Großvater.

OLAF Wie sieht dein Großvater denn aus?

ANDREA Er ist ziemlich klein und dick. Er hat lockige, weiße Haare, braune Augen und einen weißen Schnurrbart.

OLAF Ist das ein Foto von deinem Großvater?

ANDREA Ja, das ist er. So, die Collage ist fertig!

Tante Ingrid:

1 ☐ 2 ☐

der Großvater:

1 ☐ 2 ☐

Onkel Hans:

1 ☐ 2 ☐

8 ▶4 10 Now listen to a conversation at a wedding (*die Hochzeit*). Frau Sauer can't find her husband. Read these statements. Are they *richtig oder falsch*?

die Sektbar(-s)	champagne bar
tanzen	to dance

	R	F
1 Frau Sauer's husband has a beard and he wears glasses.	☐	☐
2 He's very young.	☐	☐
3 He's got blue eyes and he's not very old.	☐	☐
4 He's short and slim.	☐	☐
5 He's dancing in the ballroom.	☐	☐

New Message

To... | Verena Stutz
Cc... |
Subject: |

Junge Schweizerin sucht lustige Leute in Großbritannien! Wer schreibt mir? Ich heiße Verena Stutz. Ich bin 28 Jahre alt und ich wohne in Luzern in der Schweiz. Ich bin geschieden. Ich bin allein erziehende Mutter - meine Tochter ist fünf Jahre alt. Ich bin 173 cm groß und ziemlich schlank. Ich habe lange schwarze Haare. Ich habe braune Augen und ich trage eine Brille. Ich bin Journalistin von Beruf. Meine Hobbys sind Lesen und Sport.

9 You want to meet new people from Germany or Switzerland to improve your German via the Internet and you come across the above message. Now write a reply to Verena using her message as a model and this information.

- Andrew Cox
- Scottish
- you live in Dublin in Ireland
- 36 years old
- divorced; no children
- 185cm tall
- short, curly blond hair
- blue eyes; moustache
- teacher
- hobbies: sports and computer

10 ▶4 _11_ Now it's your turn to describe yourself. This is what you will have to say:

My name is Kim Brown.
I live in Birmingham in England.
I am 45 years old.
I am not married.
I am tall and quite slim.
I have brown eyes and short, curly brown hair.
I'm a doctor.
My hobbies are reading and football.

Sprachtipp

Do you remember the rules for adjectives in front of a noun?

ein Bart (m.)	*Ich habe einen weißen Bart.*
eine Brille (f.)	*Ich trage eine rote Brille.*
das Kind (n.)	*Ich habe ein kleines Kind.*
die Haare (pl.)	*Ich habe schwarze Haare.*

Checkliste ✔

Can you do the following?

a   talk about the members of your family
b   describe yourself and others

Kein Problem! 4

1 Match the German words with the English.

1 ☐	die Sahne	a	cake shop, café
2 ☐	die Himbeertorte	b	flexitime
3 ☐	der Fluss	c	visit
4 ☐	die Münze	d	cream
5 ☐	das Bargeld	e	raspberry gateau
6 ☐	die Fabrik	f	twins
7 ☐	die Gleitzeit	g	coin
8 ☐	die Besichtigung	h	factory
9 ☐	die Konditorei	i	river
10 ☐	die Zwillinge	j	cash

☐ /10 POINTS

2 Put the following telephone conversation in the right order.

1 ☐ Ja, gern.
2 ☐ Herr Müller ist in einer Besprechung.
3 ☐ Das geht in Ordnung, Herr Schmidt.
4 ☐ Niederegger, Guten Tag.
5 ☐ Könnte ich eine Nachricht hinterlassen?
6 ☐ Vielen Dank. Auf Wiederhören.
7 ☐ Es geht um die Dienstreise nächste Woche. Könnte er mich zurückrufen?
8 ☐ Guten Tag. Mein Name ist Schmidt. Könnte ich bitte Herrn Müller sprechen?

☐ /8 POINTS

3 Read the following information from a brochure about boat trips in Lübeck, then answer questions 1–7.

SCHIFFSFAHRTENPROGRAMM
Vom 15. April bis 1. Oktober
Die Fahrten starten im Herzen Lübecks ab der Holstentorstraße
FAHRPLAN FÜR WAKENITZFAHRTEN
Lübeck-Tothenhusen (Ratzeburger See)
Ostern - 30.4.   Dienstag, Donnerstag, Sonntag - 13.30 Uhr
Ab 1.5. - 15.9. TÄGLICH - 09.30 Uhr und 13.30 Uhr
Ab 16.9. - 1.10.Dienstag, Donnerstag, Sonntag - 13.30 Uhr
ROTHENHUSEN (RATZEBURGER SEE) - LÜBECK
Ostern - 30.4.   Dienstag, Donnerstag, Sonntag - 16.45 Uhr
Ab 1.5. - 15.9. TÄGLICH - 11.05 Uhr und 16.45 Uhr
Ab 16.9. - 1.10.Dienstag, Donnerstag, Sonntag - 16.45 Uhr
Ankunft Lübeck um 12.30 Uhr oder 18.15 Uhr
FAHRPREISE:
Einfache Fahrt: Erwachsene 9,-   **Kinder (4-13 J.) 4,50**
Hin- u. Rückfahrt: Erwachsene 14,-   **Kinder (4-13 J.) 7,-**
(große Rundfahrt mit Aufenthalt am Ratzeburger See)
Pkw- und Busparkplätze, 2 Min. zur Bushaltestelle Moltkestraße, Linien 5 und 10
Verbilligte Sonderpreise für Gruppen ab 15 Personen und bei Sonderfahrten

1 Whereabouts in Lübeck do the boats leave from?
2 At what time of year do the boat trips begin and end?

3 From May 1 to September 15, which days of the week do the boats run?
4 On the return journey, what time do the boats arrive in Lübeck?
5 How much would a return journey for two adults and two children cost?
6 How far away is the bus stop?
7 Under what circumstances may the tickets be cheaper?

/7 POINTS

4 You are writing to the tourist office to ask for information. How would you ask the following questions?

1 Where can I find the tourist information office?
2 What is there to see in the town?
3 How far is it from the station to the town centre?
4 Could I have a map, please?
5 Are there good restaurants in the town?
6 When is the museum open?

/6 POINTS

5 Find 10 items of clothing and seven colours in the word search below.

```
S T R U M P F H O S E
C R O T A M P W U O L
H X C B R A U N T C L
U P K L E I D D E K E
H S C H W A R Z E E M
L G E L B D O R I J A
K R A W A T T E I A N
M Ü S C H L I P S C T
A N W E I S S A R K E
G R A U S B L U S E L
```

/17 POINTS

6 Fill the gaps with the most appropriate imperfect verb form. Use each verb once!

machten kaufte kochte wohnte
machte ging sahen kam trank

Frau Wolf _____ mit ihrer Familie in Bremen. Jeden Morgen _____ sie eine Tasse

Kaffee und dann _____ sie um 8 Uhr zur Arbeit. Die Kinder _____ die Betten. Frau Wolf _____ jeden Tag ein - Brot, Gemüse und Obst. Dann _____ sie das Abendessen - sie _____ gern. Ihr Mann _____ um 18 Uhr nach Hause. Ab 21 Uhr _____ sie fern.

/9 POINTS

7 *Wann, wie lange, wo?* Say where you went on holiday, following the example below.

MODELL Sommer/zwei Wochen/Frankreich - Gasthof.

Ich war im Sommer zwei Wochen in Frankreich. Ich habe in einem Gasthof gewohnt.

1 Ostern/eine Woche/Italien - Ferienapartment
2 Winter/einen Monat/USA - Hotel
3 Sommerferien/zwei Wochen/Irland - Campingplatz

/3 POINTS

8 Imagine you are the following person. Write about yourself in German.

- Mary Fröhder
- American, come from New York
- live in Innsbruck in Austria
- have lived in Innsbruck for 5 years
- 27 years old
- married; husband Austrian
- one son, 3 years old
- 1.72m tall; long, blond hair and blue eyes
- wearing a black skirt and a white blouse
- don't work
- hobbies: walking and skiing

/12 POINTS

TOTAL /78 POINTS

Zu Hause in Deutschland?

NAHID, 24 (IRAN)

aufgewachsen in:	Teheran
Nationalität:	Iranerin
in Deutschland seit:	einem Jahr
Deutsch gelernt:	in der Sprachschule

EMMET, 16 (IRLAND)

aufgewachsen in:	Dublin
Nationalität:	Ire
in Deutschland seit:	sechs Jahren
Deutsch gelernt:	erst in Deutschland

MARIT, 27 (NORWEGEN)

aufgewachsen in:	Oslo
Nationalität:	Norwegerin
in Deutschland seit:	acht Jahren
Deutsch gelernt:	in Norwegen

1 There are over seven million *Ausländer* (foreigners) living in Germany. Where do they come from? Here are some nationalities and countries. Can you complete the table?

COUNTRY	NATIONALITY (M. / F.)
1	Engländer/Engländerin
2 Iran	....
3	Amerikaner/ Amerikanerin
4 Japan	....
5	Australier/Australierin
6 Deutschland	....
7	Norweger/Norwegerin
8 Italien	....

2 Look at the mini biographies opposite of three of Andrea's friends who are foreigners living in Cologne. Write about Emmet and Marit using Nahid's description as a model.

aufwachsen (sep.)	to grow up
Iraner/die Iranerin	Iranian
die Sprachschule(-n)	language school
der Ire/die Irin	Irishman/woman

MODELL *Das ist Nahid. Sie ist in Teheran aufgewachsen. Sie ist Iranerin und wohnt seit einem Jahr in Deutschland. Sie hat Deutsch in der Sprachschule gelernt.*

3 ▶4 *12* Now listen to the interviews with Emmet and Marit. Which of the two may want to stay in Germany? Then listen again and read the following statements. Whose experience do they describe?

die Armee(-n)	army
der Irre(-n)	madman
die Schlägerei(-en)	fight, brawl
der Deutschunterricht	German lesson
akzeptieren	to accept
der Studienplatz(-̈e)	place at university
irgendwann	one day, some time
das Zuhause (sing.)	home

	EMMET	MARIT
1 Ich konnte kein Deutsch. Sie nannten mich 'der Irre'.	☐	☐
2 Ich konnte schon Deutsch und die Leute waren freundlich.	☐	☐
3 Nach drei Jahren haben die mich akzeptiert.	☐	☐
4 Ich bin zum Studieren gekommen.	☐	☐
5 Mein Vater arbeitete bei der Armee.	☐	☐
6 Mit dem Zimmer gab's am Anfang Probleme.	☐	☐

4 ▶4 *13* Imagine you are meeting Marit at a friend's house and you want to ask her about her background. Prepare your questions and turn on the tape/CD when you're ready. Listen again to the last dialogue if you need help.

You'd like to know:
1 where she grew up
2 how long she's been living here
3 why she came to Germany
4 whether she'd like to go back to Norway one day

5 Translate the following phrases into German using *seit*. (Be careful to use the correct tense each time!)

1 I have been living in Marburg since 1 January.
2 I have been living in Germany for a month now.
3 I have been living in a new room for one week.
4 I haven't eaten anything since breakfast.
5 I've been learning German for a year.

6 There are a number of phrases you can use if you can't understand something. Store them in your list of essential phrases and find their English equivalents.

1 Wie bitte?
2 Noch einmal, bitte.
3 Nicht so schnell, sonst verstehe ich nichts.
4 Bitte wiederholen Sie das, langsam.

Wissenswert!

AUSLÄNDER IN DEUTSCHLAND

7.3 million foreign workers and their families live in the Federal Republic of Germany. The first wave of *Gastarbeiter* (guest workers) came in the 1960s and 1970s, mainly from Turkey, the former Yugoslavia and Italy. They were welcomed by the West German Government because they provided much-needed labour for the rapidly growing economy. Today nearly 50% of them have lived in Germany for at least 15 years and more than two thirds of their children were born there. In the 1980s a second wave of *Asylbewerber* (asylum seekers) from eastern Europe and developing countries tested Germany's generous asylum laws. In 1992 almost 440,000 asylum seekers, 70% of all refugees asking for asylum in the EU, came to Germany. This gave rise to new legislation in 1993. Its objective was to allow only those refugees who genuinely suffer from political persecution to be considered for asylum.

Since the early 1990s there has been another flow of German migrants. First there was a large-scale immigration of ethnic German resettlers *(Aussiedler)* from Poland, Romania and the former Soviet Union, and secondly emigrants *(Übersiedler)* from the former German Democratic Republic.

It is estimated that up to 4 million people from the five largest EU accession states *(Polen, Rumänien, Slowakei, Tschechien* and *Ungarn)* will be seeking work and residency in Germany over the next 15 years after the EU expansion in 2004.

Wir sind jeden Tag Ausländer.

Lufthansa

7 Read the chart below. Then fill in the missing information.

1 Die .... Ausländer in Deutschland sind Türken.

2 In Deutschland wohnen .... Italiener als Griechen.

3 In Deutschland leben .... Franzosen als Briten.

4 Die meisten Ausländer leben schon .... 20 Jahre in Deutschland.

5 Nur 5% der Ausländer leben erst .... einem Jahr in Deutschland.

8 ▶4 _14_ Listen to the interview with Frau Böhm from the Office for Equal Opportunities. Then read the statements below. Are they _richtig oder falsch_?

ehemalig	former
die Welt(-en)	world
die Anwerbung(-en)	recruitment
die Arbeitskraft(-̈e)	worker
wurden angeworben	were recruited
die Arbeitsmöglichkeit(-en)	employment opportunity

	R	F
1 Es gibt in Deutschland 17 Millionen Ausländer.	☐	☐
2 Sie kommen aus allen Ländern Europas.	☐	☐
3 Die meisten Ausländer kommen aus der Türkei.	☐	☐
4 Viele Ausländer kamen nach Deutschland, weil es hier viel Arbeit gab.	☐	☐
5 In der Türkei gab es auch viele Arbeitsmöglichkeiten.	☐	☐

9 Not all _Ausländer_ come to Germany because of job opportunities. Nina, an 11-year-old girl, recently arrived from Afghanistan. Read her letter and answer the questions 1–6.

der Krieg	war

Ich heiße Nina und komme aus Kabul in Afghanistan. Ich bin 11 Jahre alt. In Afghanistan war bis vor Kurzem Krieg. Ich bin hier mit meiner Mutter. Ich gehe hier in die Schule und lerne Deutsch. Ich lese viele Bücher. Hier ist es gut für mich, aber alle meine Freundinnen sind in Afghanistan. Meine Mutter arbeitet hier. Ihre Arbeit ist sehr schwer. Wir fahren bald nach Afghanistan zurück. Deutschland ist ein schönes Land, aber für mich ist Afghanistan das schönste Land.

Nina, 11 Jahre

1 Woher kommt Nina?
2 Warum ist sie nach Deutschland gekommen?
3 Mit wem wohnt sie hier?
4 Was macht sie hier?
5 Was macht ihre Mutter hier?
6 Welches Land ist das schönste Land, sagt Nina?

10 Here is a mini biography of a famous German who had to emigrate from Germany. _Wer ist das?_

Er lebte von 1879-1955. Er war Physiker von Beruf und Begründer der Relativitätstheorie. 1921 gewann er den Nobelpreis für Physik. 1933 emigrierte er in die Schweiz, dann in die USA, weil er Jude war.

Checkliste ✔

Can you do the following?

a say where you come from and where you grew up

b ask others where they come from and where they grew up

Wir sind schon voll belegt

Lernpunkte

- Booking a hotel room by phone
- Confirming the booking in writing
- Making a complaint
- Describing the problems of finding somewhere to live

1 ▶4 15 Listen to Frau Landwehr, a secretary in Munich, unsuccessfully trying to make a hotel reservation for three managers by phone. Find out why and if these statements are *richtig oder falsch*.

ich hätte gern ein Zimmer reserviert	I'd like to book a room
voll belegt	fully booked
empfehlen	to recommend
versuchen Sie es mal...	you could try...
freundlich	kind, friendly

	R	F
1 Sie möchte drei Einzelzimmer für zwei Nächte reservieren.	☐	☐
2 Im Hotel zur Schweiz ist kein Zimmer mehr frei.	☐	☐
3 Es gibt keine Zimmer mit Dusche.	☐	☐
4 Die Dame kann ein anderes Hotel empfehlen.	☐	☐
5 Sie empfiehlt das Hotel zur Post.	☐	☐

2 ▶4 16 Now listen to her second call and complete the booking details on this form.

das Einzelzimmer(-)	single room
das Doppelzimmer(-)	double room
auf welchen Namen?	in what name?
pro Nacht	per night
schriftlich bestätigen	to confirm in writing

Name: Frau Ungut, Herr Apel, Herr Preuss
Adresse: Firma Bauer & Herzog
Kaiser-Ludwig-Platz ....
.... München.
Tel.: ....

Zimmer	mit Bad	mit Dusche	Nächte	Datum
Einzelzimmer				25.-26.9.
Doppelzimmer				25.-26.9.

3 A hotel will normally ask you to confirm a
telephone booking in writing. Check Frau
Landwehr's letter against your form
opposite and highlight any errors in the
confirmation.

i. A. (im Auftrag)   p.p. (on behalf of)
je   each

> Hotel Schwarzer Bär
> Lutherplatz 2
> 07743 Jena
>
> Zimmerreservierung
> Sehr geehrte Damen und Herren,
> bitte reservieren Sie für Montag und Dienstag,
> den 25. und 26. Oktober 2005 ein
> Einzelzimmer mit Dusche zum Preis von € 90
> pro Nacht und zwei Doppelzimmer mit Bad
> zum Preis von je € 110 für die Firma Bauer &
> Herzog.
>
> Mit freundlichen Grüßen,
> i. A. Karen Landwehr

4 ▶4 17 Now it's your turn to book your
holiday accommodation with Pension
Toman in Austria. Look at the card with
your booking details. Listen and start off
with *Guten Tag, ich hätte gern zwei
Doppelzimmer reserviert* and then answer
the questions on tape/CD.

☑ Reservieren Sie für mich
  vom 10.8. bis 24.8.
  Personen: 4 davon: 2 Kinder im
  Alter von 10 und 13
☐ Einzelzimmer mit Dusche/WC
☑ 1 Doppelzimmer mit Dusche, Bad, WC
☑ 1 Doppelzimmer mit Dusche, Bad, WC
    und Balkon
☐ Ferien-Apartment (2-4 Pers.)

Sprachtipp

1 How to start a formal letter:
  Sehr geehrte   Dear Madam/
    Damen und Herren,   Sir
  Sehr geehrte Frau ...,   Dear Mrs .../
    Sehr geehrter Herr ..., Mr ...

2 Less formal letters start:
  Liebe Frau .../Lieber Herr ...,   Dear...
  Liebe Anna, or *Lieber Nico,*

3 How to end a formal letter:
  Hochachtungsvoll   Yours faithfully
  Mit freundlichen Grüßen   Yours sincerely

4 Less formal letters end:
  Viele Grüße   Regards
  Mit herzlichen Grüßen   With best wishes
  Liebe Grüße, Anna   Love Anna

5 Here are some things you can do on holiday. Match them up to make complete sentences. The first one is done for you.

MODELL *Auf dem Bauernhof kann man sich die Tiere ansehen.*

1 auf dem Bauernhof   a ☐ Fahrräder ausleihen
2 auf der Liegewiese   b ☐ sich die Tiere ansehen
3 vom Fahrradverleih   c ☐ sich sonnen
4 auf dem Spielplatz   d ☐ schwimmen
5 beim Tanzen   e ☐ wandern
6 in den Bergen   f ☐ viel Spaß haben
7 im See   g ☐ mit den Kindern spielen

Sprachtipp

man means 'you, one, I, we, somebody, they, people' and takes the same form as *er, sie, es*. *man* is much less formal than the English 'one'.

Man kann dort gut essen. (You can have a nice meal there.)
Man glaubt's ja nicht! (I don't believe it!)
Man sagt, dass ... (People say that ...)

6 ▶4 *18* You've arrived for a weekend at Hotel Pech and need to ask some questions. The receptionist is very grumpy. Complete the questions. Then play the tape/CD, ask the questions and listen to the answers.

1 When can you have breakfast?
   Wann gibt es ...., *bitte?*
2 Do they have an English paper?
   Haben Sie eine .... *Zeitung?*
3 What is the dialling code for England?
   Wie ist die Vorwahl für ...., *bitte ?*
4 How long is the bar open?
   Wie lange ist die Bar .... ?

7 ▶4 *19* You've checked into your room, but things are not as they should be! Use the words below to complete your complaints. Then listen to check your answers and practise making these and other complaints.

sich beschweren	to make a complaint
schmutzig	dirty
das Handtuch(-tücher)	towel
laut	noisy

schmutzig   Doppelzimmer
beschweren   gemacht   Einzelzimmer
Handtücher

1 Ich möchte mich .... !
2 Sie haben mir ein .... statt ein .... gegeben.
3 Das Zimmer ist .... und das Bett ist nicht ....
4 Es gibt keine .... im Badezimmer.

8 ▶4 *20* In many German cities, people queue for early copies of weekend papers on Friday evening ready to snap up reasonably priced rented accommodation. Listen to a foreign student who had problems finding a room. First, just listen for gist. Put the key phrases below in the order you hear them (listen more than once if necessary). Then check you understand what they all mean.

a ☐ seit fünf Jahren
b ☐ schwierig
c ☐ das Studentenwohnheim
d ☐ auf ein Zimmer warten
e ☐ die Politikwissenschaft
f ☐ Somalia

Hotel Pech

Wir wünschen
Ihnen einen
angenehmen
Aufenthalt

9 ▶4 *20* Now listen again for detail. Fill in the gaps. You may need to stop the tape/CD regularly. (You could also simply listen and work out the answers yourself.) You might want to look at the audio transcript at the back of the book.

1 _____ Somalia.
2 _____ Politikwissenschaften.
3 _____ seit (also) fünf Jahren _____ .
4 _____ Studentenwohnheim.
5 _____ schwierig (also), ein Zimmer _____ .
6 _____ ein Jahr _____ dieses Zimmer warten.

Lerntipp

When you come across words like *verlor* and *verließ*, how do you find out what they mean? If you cannot find them in the dictionary, then look under the list of irregular verbs which you can find in all dictionaries and grammar books. You'll soon realise that *verlor* is the imperfect tense of *verlieren* (to lose) and *verließ* comes from *verlassen* (to leave). It is also a good idea to write down common irregular verbs and study these as often as possible.

10 Read this passage about the fate of René Wittke, a young man living in Magdeburg, East Germany. Then read the key words 1–7. Can you match them up with their English equivalents a–g?

Magdeburg, die Landeshauptstadt von Sachsen-Anhalt im Osten Deutschlands. Viele Magdeburger sind arbeitslos. Immer mehr Menschen können ihre Miete nicht mehr zahlen. Einer von insgesamt 20 000 von ihnen ist René. Er verlor seine Arbeit, dann verließ ihn seine Freundin. Seitdem lässt er sich völlig gehen. Der Gerichtsvollzieher hat bereits die meisten teuren Luxusgüter abgeholt, die er nach der Wende auf Raten kaufte. Er konnte die Raten nicht mehr zahlen. Die Miete kann er schon lange nicht mehr zahlen...

1 arbeitslos   a ☐ bailiff
2 verlieren (verlor) b ☐ luxury goods
3 verlassen (verließ) c ☐ unemployed
4 sich gehen lassen   d ☐ to buy on hire purchase
5 der Gerichtsvollzieher(-) e ☐ to leave (left)
                       f ☐ to let yourself go
6 das Luxusgut(¨er)
7 auf Raten kaufen   g ☐ to lose (lost)

Wissenswert!

Almost 60% of the population in Germany live in rented accommodation. The *Kaltmiete* (rent exclusive of heating) is calculated *per Quadratmeter* (by square meter) and varies greatly across Germany: München has by far the most expensive rents (€10 per m²), followed by Frankfurt (€8 per m²) and Köln (€7,20 per m²). East Germany has the lowest rents, with Cottbus, Berlin/Ost, Magdeburg and Potsdam at well under €4 per square metre.
(Source: Globus 2003)

Checkliste

Can you do the following?

a book a hotel room
b specify the number of people and nights
c say something is wrong with your room

Leben nach der Wende

Lernpunkte

- **Expressing feelings**
- **Asking people for their opinions...**
- **...and giving your own opinion**

1949, nach dem Zweiten Weltkrieg, wurde Deutschland geteilt. Die zwei neuen Staaten hießen DDR (Deutsche Demokratische Republik) und BRD (Bundesrepublik Deutschland). Die alte Hauptstadt Berlin lag mitten in der DDR - auch sie wurde geteilt: Ostberlin wurde von der Sowjetunion verwaltet, und Westberlin wurde von den USA, Großbritannien und Frankreich verwaltet. Am 13. August 1961 baute die DDR die Berliner Mauer - die Ostberliner konnten nun nicht mehr nach Westberlin fahren.

So ist es bis 1989 geblieben, aber dann hat sich sehr schnell viel verändert. Nach politischen Unruhen und vielen Demonstrationen trat die DDR-Regierung am 7. November zurück. Am 9. November 1989 wurde die Mauer geöffnet und die DDR-Bürger konnten zum ersten Mal in den Westen reisen. Der 3. Oktober 1990 wurde zum Tag der Deutschen Einheit: die DDR existierte nicht mehr. Dieser Tag ist auch heute noch ein offizieller Feiertag. Der neue deutsche Staat heißt Bundesrepublik Deutschland.

Deutschland ist nun ein Land, doch nicht alles ist positiv. Die Leute im Osten können jetzt viel mehr kaufen, aber viele Menschen haben keine Arbeit. Man kann in den Westen reisen, aber man muss auch mehr Steuern bezahlen. Im Osten wird viel gebaut, doch viele Ostbürger können die gestiegenen Mieten nicht bezahlen ...

1 In TP10, you read about how *die Wende* (unification) affected living conditions. *Die Wende* has affected many aspects of life, but in a different way for people from either side of the Wall. Carefully read the summary opposite of the key events that led to *die Wende* and its effects on the people. Then match the dates with the events below.

der Zweite Weltkrieg	World War II
teilen	to divide
liegen (lag)	to lie, be situated
mitten in	in the middle of
verwalten	to govern
bauen	to build
bleiben (geblieben)	to stay, remain
verändern	to change
zurücktreten (sep.)	to resign
wurde	was; became
die Sowjetunion	Soviet Union
der Mensch(-en)	person; (people)
die Steuer(-n)	tax
gestiegen	increased

1 1949	a ☐	East German Government resigns
2 1961	b ☐	East Germans were free to travel to the West
3 7 Nov. 1989	c ☐	Berlin Wall built
4 9 Nov. 1989	d ☐	German reunification
5 9 Nov. 1989	e ☐	Germany divided
6 3 Oct. 1990	f ☐	Berlin Wall fell

2 Are these statements *richtig oder falsch*?

		R	F
1	Nach 1949 hießen die zwei neuen Staaten DDR und BRD.	☐	☐
2	Nach dem 13. August 1961 konnten die Ostberliner in den Westen fahren.	☐	☐
3	1989 hat sich vieles verändert - die Mauer wurde geöffnet.	☐	☐
4	Seit dem 3. Oktober 1989 gibt es die BRD nicht mehr.	☐	☐
5	Danach war für die Menschen in Ost und West alles positiv .	☐	☐
6	Im Osten sind die Mieten jetzt sehr teuer.	☐	☐

3 ▶4 21 Herr Ignasiak lives in Jena, formerly the *DDR*. Listen to him talk about *die Wende*. Make notes and compare them with the summary opposite. Which two changes does Herr Ignasiak not mention?

das Leben	life
sich verändern	to change
reich	rich

4 ▶4 22 Frau Mendra works in Jena's tourist industry. Listen to her talk about changes that have taken place since reunification and put these sentences in the order you hear them. The first one is done for you.

schlimm	bad
der Betrieb(-e)	firm, factory, business
wesentlich	fundamentally
fortziehen (-gezogen- sep.)	to move away
der Wissenschaftler(-)	scientist
glauben	to think, believe
unbedingt	definitely
(un)glücklich	(un)happy
die Meinung(-en)	opinion
begrüßen	to welcome

a ☐ In Jena gab es schon immer sehr viele Studenten.
b ☐ Ich kann die Wende nur begrüßen.
c ☐ In Jena hat sich seitdem sehr viel geändert.
d ☑ Wie war Jena vor der Wende?
e ☐ So schlimm war es gar nicht.
f ☐ Was ist Ihre Meinung zu diesem Thema?
g ☐ Vor der Wende haben 8000 Menschen mehr als heute hier gewohnt.

5 Match 1–7 with the above sentences a–g.

1 ☐ What is your opinion on this subject?
2 ☐ In Jena, a lot has changed since then.
3 ☐ Before reunification, 8000 more people lived here.
4 ☐ There were always a lot of students in Jena.
5 ☐ I can only welcome reunification.
6 ☐ It really wasn't all that bad.
7 ☐ What was Jena like before reunification?

6 Herr Ignasiak says *die Leute freuen sich, dass sie verreisen können* (people are pleased that they can travel). Do you remember that in phrases with *dass*, the verb goes to the end of the sentence (see EK14)? Here are some of the things that Herr Ignasiak and Frau Mendra have said. Rewrite them, putting *Die Leute freuen sich (nicht)* at the beginning of each sentence.

MODELL   Das Leben hat sich sehr verändert.
Die Leute freuen sich (nicht), dass sich das Leben sehr verändert hat.

1 Das Leben ist reicher geworden.
2 Es gibt alles zu kaufen.
3 Die Universität hat mehr Studenten bekommen.
4 Neue Manager sind nach Jena gekommen.
5 Die Welt ist ein Stück größer geworden.

7 ►4 23 Herr Ignasiak and Frau Mendra were both fairly positive about the changes since reunification. Now listen to Frau Kos and Frau Rösner, who have rather more mixed views. First of all, work out how many positive and negative aspects they mention.

positiv ☐   negativ ☐

in finanzieller Hinsicht	financially
die Rente(-n)	pension
menschlich	human, humane
zueinander	to one another
ebenso	as well
gering	small, little

8 ►4 23 Listen again and then read the statements below. Who says what? The first one is done for you. (Put a cross in each correct box.)

	HERR KOS	FRAU RÖSNER
1 Ich habe einen neuen Arbeitsplatz bekommen.	☐	☒
2 Negativ ist, dass die Menschen früher menschlicher waren.	☐	☐
3 Mir persönlich tut Leid, dass wenig Zeit für die Familie bleibt.	☐	☐
4 Die Wende hat uns Positives und Negatives gebracht.	☐	☐
5 Die Arbeitszeit ist länger und die Freizeit geringer.	☐	☐
6 Das Leben hat sich finanziell verbessert – ich bekomme mehr Rente.	☐	☐
7 Positiv ist, dass jetzt viel gebaut wird.	☐	☐
8 Unsere Tochter muss vieles alleine machen.	☐	☐

How to express your own opinion:

Ich meine, dass...	I believe that...
Ich denke, dass...	I think that...
Ich freue mich, dass....	I'm glad that....
Ich finde gut, dass...	I think it's good that...
Positiv/negativ ist, dass...	A positive/negative aspect is that...
Ich bin der Meinung, dass...	I think (I am of the opinion) that...
Das glaube ich nicht.	I don't believe that.
Ich bin einverstanden.	I agree.
Was mir persönlich Leid tut...	What I feel sorry about personally...

And how to ask for somebody's opinion:

Was ist Ihre Meinung?/ Was meinen Sie?	What's your opinion?
Was denken Sie?/ Was glauben Sie?	What do you think?

9 Whatever the facts, relationships between East and West Germans have at times been strained, somewhat inevitably after such fundamental changes. Here are some opinions that have been expressed about each side. First, can you guess who might have said what?

4 Wir sind Bürger zweiter Klasse!

1 Viele sind egoistisch und arrogant.

2 Sie sind sehr materialistisch.

3 Sie müssen selbst mehr arbeiten.

5 Sie müssen unbedingt selbstständiger werden!

6 Alles war ein bisschen grau.

10 Now rewrite the sentences from activity 9 using the following expressions:

1 Ich glaube, dass...
2 Ich bin der Meinung, dass...
3 Ich denke, dass...
4 Negativ ist, dass...
5 Ich meine, dass...
6 Ich finde, dass...

11 You have recently re-established contact with a friend called Erika Geißler from Leipzig whom you knew ten years ago. Write a postcard and ask how life has changed since reunification. Don't forget to start and finish the postcard appropriately. Here is what you want to say:

Thank you for your letter.
What was Leipzig like before reunification?
Has life changed since reunification?
Do you see reunification as positive or negative?

12 ▶4 *24* Now you can ask similar questions. Imagine you are interviewing Frau Mendra from Jena. Before you turn on the tape/CD, prepare your questions:

1 What was Jena like before reunification?
2 How has the city changed since?
3 Do you think most people see *die Wende* as positive or negative?
4 And what is your opinion on this subject?

Checkliste ✔

Can you do the following?

a   express your own feelings and opinions
b   ask others about their feelings and opinions

Wo tut es weh?

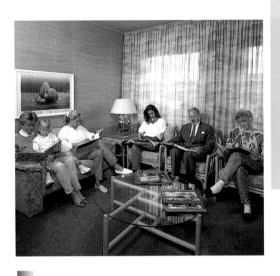

- Getting medicine...
- ...and understanding the instructions
- Describing your symptoms...
- ...and talking about what's happened to you

1 ▶4 25 Listen to what Frau Bellstedt from Jena says about her health and diet. Identify three things she refers to in particular.

bereits	already
erst	only
die Gesundheit	health
bestimmt	certain
das Medikament(-e)	medicine, medication
ich fühle mich (nicht) wohl	I feel (un)well

2 Now read through this summary of what she said and check your answers.

die Lebensmittel (pl.)   food

Frau Bellstedt war schon vor der Wende Rentner*. Sie ist Rentner geblieben, weil sie krank ist. Erst seit der Wende kann sie nun etwas für sich und ihre Gesundheit tun. Es war vor der Wende sehr schwierig, bestimmte Lebensmittel, Vitamine oder bestimmte Medikamente zu bekommen. Das ist für sie besser geworden und sie fühlt sich jetzt wohl.

* Frau Bellstedt uses the masculine form *Rentner* for herself.

Lerntipp

There are several things you can do to help you remember words. You can make a list of them in a notebook according to their linguistic form. For example, you can write down nouns, verbs or adjectives which have the same roots:

fühlen	to feel (verb)
das Gefühl	feeling (noun)
gesund	healthy (adjective)
die Gesundheit	health (noun)
krank	ill (adjective)
die Krankheit	illness (noun)
das Krankenhaus	hospital (noun)
die Krankenschwester	nurse (noun)

Alternatively, you can group expressions and words together according to a specific theme, such as 'health':

eine Erkältung	a cold
ich bin erkältet/	I've got a cold
ich habe einen Schnupfen	
meine Nase läuft	I've got a runny nose
ich habe Kopfschmerzen	I've got a headache
ich huste viel	I cough a lot

(See *Word groups* on pages 187-192)

How to describe your symptoms:

Mir ist schlecht.	I feel sick.
Mir geht es nicht gut.	I don't feel well.
Mir ist heiß/kalt etc.	I feel hot/cold etc.
Mir ist etwas nicht bekommen.	Something (I ate) didn't agree with me.
Ich fühle mich krank.	I feel ill.
Ich habe mich verletzt.	I've hurt myself.

And how to ask for some medicine:

Haben Sie etwas gegen...?	Do you have anything for...?
Wo bekomme ich etwas gegen...?	Where can I get something for...?
Was können Sie empfehlen?	What can you recommend?
Ich suche etwas Starkes/Schwaches.	I need something strong/mild.
Sind die Tabletten rezeptpflichtig?	Are these tablets available only on prescription?

3 ▶4 26 If you're not well, it is very common in Germany to go to the chemist's to ask for advice and to get some medicine. Listen to four people telling the chemist what is wrong with them. Write down as many words and expressions as you can find that relate to health and, if you can, the appropriate part of the body that it relates to.

MODELL   Rücken   Mein Rücken brennt.

brennen	to burn
eine Salbe zum Einreiben	an ointment to rub in
der Insektenstich(-e)	insect bite
zerstechen (zerstochen)	to bite (insects)
Das juckt wie verrückt.	It's itching like crazy.
der Juckreiz (sing.)	itching
das Pflaster(-)	plaster
die Wunde(-n)	wound

4 ▶4 26 The people who went to the chemist's made notes of what was recommended. Match the phrases with the right pictures. Listen again if necessary.

1 ☐ Salbe - gegen Juckreiz und Schmerzen
2 ☐ Tabletten - alle zwei bis drei Stunden
3 ☐ Salbe - viel trinken - Tabletten nehmen
4 ☐ Tabletten - dreimal am Tag - Pflaster für die Wunde

5 ▶4 *27* Listen to Andrea at the chemist's and answer the questions. Are they *richtig oder falsch*?

seit einigen Tagen	for a few days
der Husten	cough
messen (gemessen)	to measure
fiebersenkend	fever-reducing
das Zäpfchen(-)	suppository
am Anfang	initially
wie gesagt	as I said

	R	F
1 Sie hat Kopfschmerzen.	☐	☐
2 Sie hat Fieber.	☐	☐
3 Sie hat Grippe.	☐	☐
4 Sie nimmt Zäpfchen.	☐	☐
5 Sie muss die Tabletten zweimal täglich nehmen.	☐	☐
6 Sie muss die Tabletten mit Milch nehmen.	☐	☐

6 ▶4 *28* Now it's your turn to ask the chemist for advice. You've noted down your symptoms and what you want to say. Prepare your part before you turn on the tape/CD.

1 I feel sick.
2 I'm hot and I've got a cough.
3 Yes, I have a fever. I think I've got flu.
4 Can you recommend anything?
5 How often do I have to take these tablets?

7 If neither your friends nor the chemist can solve your problems, you may need to go to the doctor's. Here are some notices outside some doctors' surgeries. Look at them carefully, then answer the questions.

praktischer Arzt	general practitioner
nach Vereinbarung	by appointment

Dr. med.
Helga Laubach
Kinderärztin
Sprechstunden
Mo- Fr 9.00-12.00
und nach Vereinbarung

Dr. med.
Klaus Schulz
prakt. Arzt
Sprechstunden
Mo-Fr 8.00-11.00
Di und Do 14.00-15.00
und nach Vereinbarung

Dr. med.
Petra Wilfried
Frauenärztin
Sprechzeiten
Mo-Do 8.00-12.00
Fr 14.00-16.00
nachmittags nach Vereinbarung

a Sie müssen zum Arzt. Es ist Dienstagnachmittag. Welcher Arzt hat Sprechstunde?
b Ihre kleine Tochter ist krank. Zu welchem Arzt gehen Sie?
c Sie möchten lieber zu einer Frauenärztin. Wie heißt Ihre Ärztin?

8 The tiger in our story isn't feeling too good either, but his friend the bear says he'll make him better. What's wrong with the tiger? Write down all his ailments.

der Wald(-̈er)	wood, forest
humpeln	to limp
umfallen (fiel um)	to fall over, fall down
die Wiese(-n)	meadow
die Erde	earth
bewegen	move
ungefähr	about
die Pfote(-n)	paw
überall	all over
tragen (trug)	carry

Einmal kam der kleine Tiger aus
dem Wald gehumpelt,
konnte nicht mehr gehen,
nicht mehr stehen und fiel um.
Legt sich unterwegs,
mitten auf die Wiese, einfach auf die Erde.
Sofort kam der kleine Bär gelaufen und rief:
"Was ist Tiger, bist du krank?"
"Oh ja, ich bin so krank",
rief der kleine Tiger, "ich kann
fast nichts mehr bewegen."
"Halb so schlimm", sagte der kleine Bär,
"ich mach dich gesund."

5

Wo tut es dir ungefähr weh?"
fragte der kleine Bär, "zeig mal!"
"Hier", sagte der kleine Tiger
und zeigte zuerst auf die Pfote.
"Und dann hier die andere Pfote.
An den Beinen auch, und vorn und
hinten und rechts und links
und oben und unten."
"Überall?" fragte der kleine Bär,
"dann muss ich dich tragen."
Und er trug ihn nach Haus.

6

Checkliste ✔

Can you do the following?

a speak to a chemist about medical advice
b understand medical advice
c say what is wrong with you

Gesundheit und Fitness: Man ist, was man isst!

Lernpunkte

- Comparing different living styles...
- ...and eating habits
- Talking about what you like doing best

1 ▶4 *29* Everybody knows that it is important to try to keep well and to eat a healthy diet. For a lot of Germans, that means eating - and buying - as many natural products and wholefoods as possible, preferably from the *Reformhaus* or the *Bioladen* (health food store). Listen to Frau Sonneck, who works in a *Reformhaus*. Are the statements below *richtig oder falsch*?

gemischt	mixed
ernähren	to feed
die Allergie(-n)	allergy
allgemein	in general
abnehmen (sep.)	to lose weight
schlank	slim
bearbeitet	treated

	R	F
1 Frau Sonnecks Kunden sind sehr gemischt.	☐	☐
2 Es kommen sehr viele junge Leute in ihr Reformhaus.	☐	☐
3 Viele junge Mütter wollen ihre Kinder gesund ernähren.	☐	☐
4 Sie wollen ihre Kinder möglichst ohne Butter ernähren.	☐	☐
5 Es kommen auch viele Diabetikerinnen.	☐	☐
6 Nur wenige Kunden wollen schlanker werden.	☐	☐
7 Sie bietet vor allem natürliche Lebensmittel an.	☐	☐

2 ▶4 *30* Now listen to Herr Klauke talking about his eating habits. Then answer the questions below.

häufig	often
mit Beilage	with a side dish
entweder... oder	either... or

1 Glaubt Herr Klauke, dass er sich gesund ernährt?
2 Wie oft in der Woche isst er Wurst- und Fleischwaren?
3 Was isst er zum Fleisch?
4 Wann trinkt er Alkohol?
5 Wann isst er mehr Obst?
6 Was sagt er zum Thema Rauchen?

3 ►4 *31* Now listen to an interview with Herr Klauke's wife on the same topic. Then fill in the gaps with the words below.

> Jahren Bier mehr keine
> weniger mehr viel

auf etwas achten	to pay attention to something
ausgewogen	balanced

ANDREA *Glauben Sie, dass Sie sich gesund ernähren?*

FRAU K. *Ja. Ich esse heute _____ Fleisch als früher. Jetzt lege ich _____ Wert auf Milch, Körnersachen zum Frühstück, _____ Obst, auch Gemüse.*

ANDREA *Trinken Sie häufig Alkohol?*

FRAU K. *Nein, Alkohol trinke ich nicht häufig - ich trinke _____ Wasser.*

ANDREA *Und _____ trinken Sie nicht so gerne?*

FRAU K. *Nein, ich bin _____ Biertrinkerin.*

ANDREA *Rauchen Sie?*

FRAU K. *Nein, auch nicht mehr. Das habe ich vor vielen _____ aufgehört.*

4 ►8 *30-31* Now make up your own word list. Listen again to the two interviews with Herr and Frau Klauke and write down all the words and phrases related to food and drink – group them as *gesund* (healthy) or *ungesund* (unhealthy).

5 If you have not been well or are run down, it is common in Germany to go on a *Kur* (a health spa visit). Look at the adverts on the right, and decide which *Kur* would be best for the different people described underneath.

das Klima(-s)	climate
die ambulante Vorsorge(-n)	out-patient provision

1 You've been under a lot of stress recently and have got a three-week break.

2 You've got rheumatism and have heard that peat is very good for it.

3 A few days hiking - but without having to carry your belongings on your back - is what you're looking for.

4 You've got asthma. A *Kur* somewhere unspoilt with a healthy climate would be ideal.

6 On the other hand, not everyone is into health foods. Being really healthy is about more than just what you eat. Here are some *Tipps für die Gesundheit* with one word missed out of each one. Fill in the gaps.

die frische Luft	fresh air
bewusst	carefully, sensibly
die Bewegung(-en)	exercise, movement
die Ausdauer (sing.)	stamina
im Einklang	in harmony

	R	F
1 Die älteste Besucherin ist 73 Jahre alt.	☐	☐
2 Die Menschen kommen, um sich fit zu halten.	☐	☐
3 Die älteren Besucher machen am meisten Gymnastikkurse.	☐	☐
4 Die beliebteste Sportart ist Fußball.	☐	☐
5 Fünf Millionen Deutsche sind im Fitnesscenter organisiert.	☐	☐
6 Mehr Frauen als Männer treiben Sport.	☐	☐

Woche Ruhe trinken Muskeltraining
denken mehr und täglich

1 _____ Sie positiv!
2 _____ frische Luft!
3 Essen und _____ Sie bewusst!
4 _____ Bewegung im Alltag und Beruf!
5 Ausdauer orientierte Aktivitäten an drei Tagen in der _____ !
6 _____ an zwei Tagen in der Woche!
7 Einen Tag in der Woche - _____ !
8 Leben Sie im Einklang mit sich _____ anderen!

7 ▶4 32 Listen to Herr Waldemann, a trainer at a fitness centre. Are the statements 1–6 *richtig oder falsch*?

um sich fit zu halten	to keep themselves fit
aus welchen Gründen	for what reasons
die Wirbelsäule(-n)	spine
die Muskulatur(-en)	muscles
fleißig	hard-working
Körperbewusst	body-focused
der Anteil(-e)	share

8 ▶4 33 Now listen to Herr Schulz, a keen skier, and answer the questions in German.

der Langlauf	cross-country skiing
der Abfahrtslauf	downhill skiing
begeisternd	exhilarating
anregend	exciting
wahrnehmen	to be aware of

1 Was macht er gerne im Winter?
2 Welches Land gefällt ihm am besten?
3 Welche Skisportart gefällt ihm am besten?
4 Was gefällt ihm am Abfahrtslauf?
5 Und am Langlauf?

9 After you've looked at the *Sprachtipp* opposite fill in the gaps below.

1 Die _____ Deutschen essen heute weniger Fleisch. (viel)
2 Die _____ Lebensmittel sind ohne Zucker. (gesund)
3 Junge Männer achten am _____ auf ihre Ernährung. (wenig)
4 Die _____ Besucherin des Fitnesscenters ist 72 Jahre alt. (alt)
5 Das _____ Land zum Skifahren ist die Schweiz. (gut)
6 Dort gibt es die _____ Pisten. (schön)

Sprachtipp

In TP4, you learned one way of forming the superlative by adding *am ... -sten* to the adjective when it is at the end of the sentence:

schön → *schöner* *am schönsten*
beliebt → *beliebter* *am beliebtesten*

The adjective can also sit between the article and the noun. In that case, you don't need *am* and the endings are as follows:

die beliebte Sportart   →   *die beliebteste Sportart*
der beliebte Sport   →   *der beliebteste Sport*
das beliebte Fitnesscenter →   *das beliebteste Fitnesscenter*
die beliebten Vereine   →   *die beliebtesten Vereine*

Wissenswert!

Depending on the severeness of an illness, Germans can apply for rehabilitation in a health spa *(die Kur)*. The National Health *(die Krankenkasse)* will normally pay the full medical costs and 90% of additional spa treatments. However, most of the accommodation and subsistence costs have to be borne by the patient.

10 ▶4 *34* Listen to Christine's conversation with Maria Gerhard, an international rower. Then imagine that you are Christine. You're writing a card home and want to impress your family with the fact that you have met a world champion. Recount everything Maria Gerhard has told you. Begin with ***Ich habe Maria Gerhard kennen gelernt!*** Here are some prompts to help you with the rest.

leistungssportmäßig   competitively
der Wettbewerb(-e)   competition
die Weltmeisterschaft(-en) world championship
die Medaille(-n)   medal
im Endlauf   in the final

1 Wie lange betreibt sie leistungssportmäßig Rudersport?
2 Wann hat sie Rudern gelernt?
3 Wie oft in der Woche trainiert sie? Und wie viele Stunden?
4 Hat sie schon mal an einem internationalen Wettbewerb teilgenommen?
5 Seit wann ist sie in der Nationalmannschaft?
6 Hat sie schon Medaillen gewonnen? Und war sie immer im Endlauf?

11 ▶4 *35* Now it's your turn. You are a sport and fitness fanatic. You are interviewed at your fitness centre by someone from the local newspaper. Here is what to say.

1 I train ten times a week, that's 15 hours.
2 I train to keep myself healthy.
3 I have taken part in five international competitions.
4 My favourite sport is skiing.
5 Downhill is exciting and exhilarating and I like fresh air.

Checkliste ✔

Can you do the following?

a say what you do to look after yourself
b talk about your lifestyle and eating habits

Ich mache mal einen Anfängerkurs

Lernpunkte

- Saying what you're studying and why
- Talking about your future career
- Understanding some aspects of the German educational system

WOCHENENDSEMINAR

1 Experimentelles und freies Arbeiten mit Ölfarben
31. Mai bis 2. Juni
Seminar Nr. 2334

2 Deutsch - Schreiben und Verstehen
31. Mai bis 2. Juni
Seminar Nr. 2037

3 Musik mit dem Computer
MIDI-Recording mit dem PC unter Windows
8. bis 9. Juni
Seminar Nr. 2309

4 Was brauchen wir, um glücklich zu sein?
3. bis 4. Mai
Seminar Nr. 2257

5 Selbstverteidigung für Frauen
8. bis 9. Juni
Seminar Nr. 2477

6 Käse - ganz einfach selbst gemacht
3. bis 4. Mai
Seminar Nr. 2226

1 Taking part in adult education classes or courses is a popular activity in Germany. Look at the choice of weekend seminars offered at the *Volkshochschule* and read what the people say who are going to enrol for a seminar. Who do you think will be enrolling for which course?

das Wochenendseminar(-e)	weekend seminar, course
die Volkshochschule(-n) (VHS)	adult education centre
die Ölfarbe(-n)	oil paint
die Selbstverteidigung	self-defence
selbst gemacht	home-made
kochen	to cook

a *Ich interessiere mich für experimentelle Musik.*
Georg ☐

c *Ich koche gerne und ich backe auch mein eigenes Brot.*
Martin ☐

b *Ich habe Probleme mit der deutschen Sprache.*
Mila ☐

d *Ich habe immer Angst, wenn ich abends spät nach Hause komme.*
Sigrun ☐

Sprachtipp

Remember the word order in sentences such as:
Ich sage, dass ich gern in Köln wohne.
*Ich lerne Deutsch, weil ich Freunde in
Deutschland habe.*
*Ich habe Angst, wenn ich abends spät nach
Hause komme.*

After *dass*, *weil*, and *wenn*, the verb in that part
of the sentence moves to the end. (See page
176 of the grammar section.)

2 Now take the role of each person (Georg,
Mila, Martin, Sigrun). Read what they said
again and say why you have decided to enrol
for this seminar. Start with *Ich mache dieses
Seminar, weil...* and write your answers.

MODELL   Ich interessiere mich für
experimentelle Musik.
*Ich mache dieses Seminar, weil ich mich
für experimentelle Musik interessiere.*

3 ►4 36 Turn on the tape/CD to check
your answers and to practise giving reasons
for what you like doing and expressing
preferences.

4 ►4 37 Listen to the conversation between
three adult language learners who meet
before their *Volkshochschule* class, and fill
in the grid with the correct information.

der Anfängerkurs(-e)	beginners' course
die Mittelstufe(-n)	intermediate level
der Nachbar(-n)	neighbour
der Zufall(-̈e)	coincidence
denken (dachte)	to think
übersetzen	to translate
der Schwiegersohn(-̈e)	son-in-law

	Sprache	Anfänger	Mittelstufe
Thomas			
Sabine			
Herr König			

5 ►4 37 Listen again and find out why
Sabine and Herr König are learning
languages.

Sie/er lernt Italienisch/Englisch,
weil...

	SABINE	HERR KÖNIG
1 sie/er Italienisch im Beruf braucht.	☐	☐
2 sie/er einen englischen Schwiegersohn hat.	☐	☐
3 sie/er eine Tochter in London hat.	☐	☐
4 sie/er im Sommer nach Italien reisen will.	☐	☐
5 sie/er in der Schule nie Englisch gelernt hat.	☐	☐

Wissenswert!

DIE ERWACHSENENBILDUNG (ADULT EDUCATION)

There is a wide range of further education and
training opportunities in Germany. The main
providers are adult education centres, large
companies with their own in-house training
schemes, private further education institutes
and distance-learning organisations. In the
community-based *Volkshochschulen* (adult
education centres) alone, an average of six
million people per year enrol in a wide variety
of courses, the most popular being language
courses, health education and crafts.

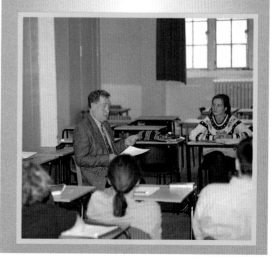

Unit 14+

6 Some adults acquire their *Abitur*, the equivalent to A levels, in adult education colleges (*die Abendschule* or *das Abendgymnasium*) which enables them to enrol for a university course. But what courses are on offer at a German university? Here is a small selection of popular subjects you can study. Complete the list of German and English terms.

Film Studies   American Studies
English   Publishing and Book Production
History   German

Amerikanistik	....
Anglistik	....
Buchwesen	....
Betriebswirtschaft (BWL)	Business Studies
Filmwissenschaften	....
Germanistik	....
Geschichte	....
Jura	Law
Volkswirtschaft (VWL)	Economics

7 ▶4 38 Listen to Andrea interviewing three students at the University of Mainz. Tick the subjects each one of them is studying and write down their career plans. For those students who are undecided yet, write *weiß noch nicht.*

die Magisterarbeit(-en)	MA thesis
wahrscheinlich	probably
die Aussicht(-en)	prospect
das Hauptfach(-̈er)	main subject
das Nebenfach(-̈er)	subsidiary subject
was möchtest du werden?	what job would you like to do?
der Verlag(-e)	publishing house
Französisch	French
ich studiere auf Lehramt	I'm studying to become a teacher

DIALOG	STUDIENFÄCHER	BERUFSWUNSCH
1 a	☐ Betriebswirtschaft	....
b	☐ Anglistik	....
c	☐ Jura	....
2 a	☐ Buchwesen	....
b	☐ Germanistik	....
c	☐ Betriebswirtschaft	....
3 a	☐ Französisch	....
b	☐ Geschichte	....
c	☐ Englisch	....

8 Write complete sentences for 1–5. Use *werde* where necessary. (Read the *Sprachtipp* opposite first.)

1 im Herbst einen Englischkurs machen
2 meine Magisterarbeit machen
3 an der Universität studieren
4 Journalist werden
5 heute Abend zum Englischkurs gehen

9 Now read the *Wissenswert!* section opposite and find out about the German apprenticeship system and about problems facing school-leavers from the German *Hauptschule*. Underline the key words and look up words that you can't work out (try to limit yourself to no more than 10).

eine abgeschlossene Berufsausbildung	vocational qualification
der Arbeitsmarkt(-̈e)	job market
kaum	hardly
die Jugendlichen (pl.)	youth, young people
die Lehre (sing.), *die Lehrstelle(-n)*	apprenticeship
der Lehrling(-e)	apprentice
der Schüler(-)	pupil, student
die Versicherung(-en)	insurance company

Wissenswert!

DAS DUALE SYSTEM

Ohne abgeschlossene Berufsausbildung hat man auf dem deutschen Arbeitsmarkt heute kaum noch eine Chance. Nach der Hauptschule (mit 15 oder 16 Jahren) beginnen deshalb die meisten Jugendlichen eine Lehre. Die Lehre dauert zwei oder drei Jahre. In Deutschland gibt es das duale System – das heißt: Zur Lehre gehört neben der praktischen Ausbildung der Besuch einer Berufsschule – dort lernen die Lehrlinge zwei bis drei Tage in der Woche die Theorie ihres Berufes. Allerdings werden die Aussichten für Hauptschüler, eine Lehrstelle zu finden, immer schlechter: Mehr und mehr Schüler von Realschulen und Gymnasien bewerben sich um Lehrstellen (vor allem in Banken und Versicherungen) – 25% aller Lehrlinge haben heute Abitur.

10 Are these statements *richtig oder falsch?*

	R	F
1 Die meisten Jugendlichen beginnen nach der Hauptschule eine Berufsausbildung.	☐	☐
2 Die meisten Lehrlinge sind 18 Jahre alt.	☐	☐
3 Das duale System heißt: die Lehrlinge lernen Praxis und Theorie.	☐	☐
4 Die Theorie lernen sie zwei oder drei Tage pro Woche in der Berufsschule.	☐	☐
5 Auf dem Arbeitsmarkt gibt es kaum noch Lehrstellen.	☐	☐
6 Die Aussichten für Hauptschüler sind vor allem bei Banken gut.	☐	☐
7 Immer mehr Schüler von Realschulen und Gymnasien nehmen den Hauptschülern die Lehrstellen weg.	☐	☐
8 Man muss eine abgeschlossene Berufsausbildung haben, um einen guten Job zu finden.	☐	☐

11 Which is the odd one out?

1 die Hauptschule   die Realschule
  die Lehre   das Gymnasium
2 die Volkshochschule   die Jugendlichen
  die Schüler   die Studenten
3 Germanistik   Jura   Betriebswirtschaft
  Handwerk   Volkswirtschaft

Sprachtipp

Compare these sentences and their translations:

Ich werde Lehrer(in).   I'm going to be a teacher.

Ich werde in einem Verlag arbeiten.   I'm going to work for a publishing house.

The verb *werden* can be used with or without another verb. If used with an adjective or noun, it can mean 'become', 'get' or 'grow':

Es wird immer später!   It's getting later and later!

Ich werde immer älter.   I'm growing older and older.

However, when used with another verb, it forms the future tense:

Ich werde einen Englischkurs machen.

But remember, the future tense is only used if there is no other indication of time such as *am Sonntag* or *im August* etc; if there is, you use the present tense:

Mein Kurs ist am Montagabend um 20 Uhr.

Checkliste

Can you do the following?

a talk about your studies and career plans
b ask others about their studies and career plans
c say what you're going do in the future

Die Umwelt – was soll man tun?

Lernpunkte

- **Talking about the environment**
- **Saying what should be done**

1 Feeling healthy and well is not only related to food but to *die Umwelt* (the environment) as well. One of the main culprits of *die Umweltverschmutzung* (pollution of the environment) is cars. What can drivers do to cut down on the amount of pollution they create? Here is a leaflet with a list of measures. How environmentally friendly are you? Read it and tick the measures that apply to you. Can you think of anything else to add to the list?

schützen	to protect
tun	to do
im Leerlauf laufen	to idle the engine
der Katalysator(-en)	catalytic converter

2 ▶4 *39* Now listen to Herr Drossel from the *Umweltinformationsbüro* (Environmental Information Office) in Mainz talking to Andrea about the measures drivers can take. First, identify which three measures from activity 1 he talks about. Then look at some of the key expressions he uses and match up the English with the German translations.

1 Die Nachbarn achten darauf.
2 Man soll den Motor abstellen, wenn man wartet.
3 Das ist Gesetz.
4 Wenn man den Motor anmacht, muss man sofort losfahren.
5 Man kann eine Anzeige bekommen, wenn das öfter passiert.
6 Es gibt keine Kontrollen.

Wie können Autofahrer die Umwelt schützen? Was soll man tun?

1 Man soll nur Bleifrei oder Super Bleifrei tanken. ☐
2 Man soll nicht zu schnell fahren. ☐
3 Das Auto soll einen Katalysator haben. ☐
4 Man soll nicht alleine fahren. ☐
5 Man soll in der Stadtmitte zu Fuß gehen. ☐
6 Das Auto soll nicht im Leerlauf laufen. ☐

a ☐ You should drive off immediately after starting the engine.
b ☐ There are no police checks.
c ☐ You should turn off the engine when waiting.
d ☐ It's the law.
e ☐ The neighbours keep an eye out.
f ☐ You can be reported to the police if this happens often.

Sprachtipp

Herr Drossel uses a lot of sentences with *wenn*. Compare the word order in the following sentences:

Man stellt den Motor ab, wenn man wartet.
Wenn man wartet, stellt man den Motor ab.

Man kann den Motor abstellen, wenn man wartet.
Wenn man wartet, kann man den Motor abstellen.

When subordinate clauses with words like *wenn* come before the main sentence, the verb in the main sentence goes to the front. Separable verbs always recombine at the end of the main sentence when they are used with modal verbs.

3 Here are some things motorists can do to protect the environment. Re-write the sentences, starting with *wenn* as indicated.

MODELL Man muss den Motor abstellen.
Wenn man wartet, muss man den Motor abstellen.

1 Man soll Bleifrei tanken.
   Wenn man ein Auto hat, _____
2 Es soll einen Katalysator haben.
   Wenn man ein neues Auto kauft, _____
3 Man muss sofort losfahren.
   Wenn man den Motor anstellt, _____
4 Das Auto darf nicht im Leerlauf laufen.
   Wenn man an einer Ampel wartet, _____
5 Man soll nicht alleine fahren.
   Wenn man zur Arbeit fährt, _____

4 Read the short text and study the survey result on the right.

die Mehrheit(-en)	majority
das Pfand(-̈er)	deposit
die Einwegflasche(-n)	non-returnable bottle
die Umfrage(-n)	survey
das Umweltministerium (-ministerien)	ministry for the environment
erheben(-hoben)	to charge, levy
der Rohstoff(-e)	raw material

Are these statements *richtig oder falsch?*

		R	F
1	Die meisten Deutschen in Ost- und Westdeutschland sind für das Dosenpfand.	☐	☐
2	Von 100 Befragten finden ein Fünftel der Ostdeutschen das Dosenpfand nicht gut.	☐	☐
3	Nur 40% der Befragten sagen, dass das Dosenpfand gut ist.	☐	☐
4	Das wichtigste Argument für das Dosenpfand ist der Umweltschutz.	☐	☐
5	74% der Westdeutschen befürworten das Pfand auf Dosen und Einwegflaschen.	☐	☐
6	Weniger als ein Viertel der Bevölkerung glaubt, dass man Rohstoffe sparen kann.	☐	☐

Dosenpfand - pro und kontra

Von je 100 Befragten in Deutschland...

West   Ost

...befürworten ein Pfand auf Getränkedosen und Einwegflaschen
74   71

...lehnen Pfand ab
17   20
— weiß nicht —
9   9

Die Mehrheit der deutschen Bevölkerung findet ein Pfand auf Getränkedosen und Einwegflaschen gut. Das ergab eine aktuelle Umfrage des Umweltministeriums. Für Dosen und Einwegflaschen mit Bier, Cola, Wasser und Limonade wird ab 2003 ein Pfand von 25 Cent oder (bei mehr als 1,5 Liter Inhalt) von 50 Cent erhoben.

...nennen diese Gründe für die Einführung des Dosenpfandes:

weniger Müll	66
dient der Umwelt	60
hält zum sparsamen Umgang mit Rohstoffen an	44
wirtschaftliche Vorteile	22
keine, die dafür sprechen	17

eine Umfrage zum Thema 'Dosenpfand' in Ihrem Land und notieren Sie die Gründe für und gegen die Einführung eines Dosenpfands.

6 A major environmental problem is what to do with all the rubbish we produce. In almost all German *Bundesländer*, more environmentally-friendly rubbish collection systems have been introduced. Look at the leaflet *Nicht in die Mülltonne*. Then read the English 1–9 and find the German equivalent of what should not go into the normal bin.

1 rubbish bin
2 garden waste
3 used oil
4 used batteries
5 used paper
6 old medicine
7 dangerous waste
8 used glass
9 aluminium and metals

7 Under the new system, the rubbish is separated and put into different containers. Read the leaflet below. What items should go where? Match up the text a–g opposite with the photos.

Wohin mit dem Müll?

1 In den gelben Sack:

2 In die Biotonne:

3 In den Altpapier-Container:

4 In den Gartenabfall-Container:

5 In die graue Restmülltonne:

6 In den Altkleider-Container:

7 In den Altglas-Container:

a ☐ Blumen aus dem Garten, Gras
b ☐ Medikamente
c ☐ Zeitungen, Zeitschriften, Papier
d ☐ Flaschen und Glas
e ☐ Kunststoff und Metall
f ☐ Kleider, Schuhe
g ☐ Küchenabfälle (Gemüse, Salat,
    altes Brot)

8 ▶4 40 **Listen to an interview with Frau König from Köln who recycles her waste. Then read the statements below. Are they *richtig oder falsch*?**

trennen	to separate
recyceln	to recycle
die Schale(-n)	skin, peel, shell
die Verpackung(-en)	packaging
sammeln	to collect

	R	F
1 Frau König trennt ihren Müll.	☐	☐
2 Die Biotonne ist in der Küche.	☐	☐
3 In die Biotonne kommen Verpackungen aus Kunststoff.	☐	☐
4 In die Restmülltonne kommen Medikamente.	☐	☐
5 Sie sammelt ihr Altpapier.	☐	☐
6 Alte Flaschen bringt sie zum Supermarkt.	☐	☐

9 ▶4 41 **Herr Drossel has a number of suggestions about what to do with the rubbish that is produced. Listen and answer the questions below.**

1 What should you take when going shopping?
2 What should you not do when you're in a shop?
3 What sort of products should you not buy?
4 What products are best to buy?
5 Why shouldn't you buy drinks in cans?
6 What should you do with the rest of the rubbish?

10 ▶4 42 **Now you can take part in our *Umwelt*-Quiz! Before you turn on the tape/CD, read the questions and prepare your answers.**

1 Wohin kommt Altpapier?
2 Was kommt in die Restmülltonne?
   a ☐ Medikamente   b ☐ Blumen
3 Wohin kommen Verpackungen aus Kunststoff?
4 Wohin kommen Glas und Flaschen?
5 Was kommt in die Biotonne?
   a ☐ Altpapier b ☐ Küchenabfälle
6 Was soll man nicht kaufen?
   a ☐ Produkte mit überflüssiger Verpackung
   b ☐ Stofftaschen
7 Was soll man am besten kaufen?
   a ☐ Behälter aus Plastik
   b ☐ Mehrwegprodukte
8 Was soll man auf keinen Fall kaufen?

Wissenswert!

Separate collections recycling waste paper, glass and other categories of household refuse have been commonplace in Germany for many years. From the mid-1990s onwards, the emphasis has been much more on the avoidance of creating, rather than the disposal of, refuse. Thanks to the packaging directive of 1993, which makes the manufacturer pay for waste disposal, customers can now leave all unwanted packaging in the shops. For the environmentally-conscious, there are also special collections of old batteries, medicines and even car tyres.

Checkliste ✔

Can you do the following?

a talk about measures to save the environment
b understand the German recycling system

Dann wünsche ich Ihnen ein schönes Fest!

1

2

3

Lernpunkte

- Learning about German festivals and customs
- Describing how Christmas is celebrated in Germany
- Saying how you celebrate various events
- Taking back a present
- Expressing congratulations and good luck wishes

1 Match each of the pictures with its corresponding description a–e opposite.

sich verkleiden	to dress up
singen	to sing
Silvester	New Year's Eve
das Feuerwerk (sing.)	firework display
die Bescherung(-en)	giving Christmas presents
der Heiligabend	Christmas Eve
die Kirche(-n)	church

4

5

a ☐ Der Karneval ist eine verrückte Zeit. Viele Leute verkleiden sich und singen auf der Straße.

b ☐ Seit Oktober 1990 ist der 3. Oktober ein nationaler Feiertag.

c ☐ Am 31. Dezember ist Silvester. In der letzten Nacht des Jahres gibt es um Mitternacht ein großes Feuerwerk.

d ☐ Weihnachten ist das größte Fest in Deutschland. Die Bescherung ist am Heiligabend. Man feiert meist in der Familie, und viele Leute gehen in die Kirche.

e ☐ Das Oktoberfest in München findet im September statt!

2 Which is the odd one out?

1 Karneval   Bescherung   verrückte Zeit   Kostüme

2 September   Mitternacht   Feuerwerk   Silvester

3 Weihnachtslieder   Bescherung   Geschenke   Ostern

4 Kirche   3. Oktober   Wiedervereinigung   nationaler Feiertag

3 ▶4 43 Listen to three people describing how they celebrate Christmas. Who says which of these statements?

die Gans(-ë)	goose
ein traditionelles Gericht	a traditional dish
der Mitternachtsgottesdienst	midnight mass
ich wünsche Ihnen ein schönes Fest	I wish you a merry Christmas
der Konsum (sing.)	consumerism
ablehnen (sep.)	to be against
die Weihnachtskarte (-n)	Christmas card
der Weihnachtsbaum (-ë)	Christmas tree
der Karpfen(-)	carp
das Familienfest (-e)	family get-together
der Truthahn (-ë)	turkey

DIALOGUE   1   2   3

1 Wir verbringen Weihnachten als traditionelles Familienfest.   ☐ ☐ ☐

2 Wir lehnen es ab, Weihnachten zu feiern.   ☐ ☐ ☐

3 Am ersten Weihnachtstag gibt es zu Hause meist Gans.   ☐ ☐ ☐

4 Am ersten Feiertag gehen wir oft aus zum Essen.   ☐ ☐ ☐

5 In diesem Jahr bleiben wir zu Hause.   ☐ ☐ ☐

6 Am Heiligabend gehen wir in die Kirche.   ☐ ☐ ☐

4 ▶4 43 Here is a brief summary of each interview. Correct the words or phrases which are wrong. Listen again to the interviews before you start this activity.

1 Wir sind zu Hause und werden am Heiligen Abend in der Familie feiern. Im letzten Jahr haben wir einen Truthahn gehabt, ein traditionelles Gericht in Deutschland. Wir fahren meistens über Weihnachten zum Skifahren.

2 Wir ignorieren das Weihnachtsfest, kaufen keine Geschenke und verschicken keine Weihnachtskarten. In diesem Jahr fahren wir in die Eifel.

3 Wir feiern mit meiner Tochter, ihrem Freund und meiner Mutter. Am Heiligabend gibt es Raclette oder Fondue und am ersten Feiertag gehen wir immer aus zum Essen.

Unit 16+

Wissenswert!

Whether you are in a large city or a small town, the *Weihnachtsmarkt* is the centrepiece of the festive season. It's delightful to walk past the gaily decorated stalls, brimming with handcrafted ornaments and wooden toys, and enjoy the delicious aroma of *Lebkuchen* (gingerbread) and *Glühwein* (mulled wine).

5 ▶4 44 *Wie feiern Sie Feste?* Here are some suggestions to help you say how you may celebrate your birthday, a new job or Christmas. Make up three sentences according to the descriptions below. Then practise these and similar ones on the tape/CD.

MODELL *Ich feiere Weihnachten mit Freunden. Zum Essen gehen wir aus. Dann gehen wir in ein Weinlokal.*

Ich feiere	meinen Geburtstag	mit Freunden.
	meinen neuen Job	mit meinen Kollegen.
	Weihnachten	mit der Familie.
Zum Essen	gibt es Truthahn/Karpfen/Gans.	
	gehen wir aus/ins Restaurant.	
Dann	fahren wir	in ein Weinlokal.
Vielleicht	gehen wir (abends)	in die Kneipe.
Wahrscheinlich	bleiben wir (abends)	zu/nach Hause.

1 You're celebrating your birthday by eating out with friends and perhaps going to the pub in the evening.
2 You're celebrating your new job with your colleagues by going to a restaurant and then to a wine bar.
3 You're British and you're celebrating Christmas with your family. You're having turkey and will probably stay at home in the evening.

6 You have just received an invitation to celebrate your friends' wedding in Switzerland. Read the card and see whether you can match up the English and German below.

1 heiraten
2 die Trauung(-en)
3 einladen
4 die Hochzeitsfeier(-n)
5 im Anschluss daran
6 u.A.w.g. (um Antwort wird gebeten)

a ☐ afterwards
b ☐ R.S.V.P.
c ☐ to get married, marry
d ☐ to invite
e ☐ wedding (ceremony)
f ☐ wedding (reception)

✦ ✦ ✦   *Wir heiraten!*   ✦ ✦ ✦
Ulrich Kleinschmid   Corinna Berger
laden zur Trauung
am 4. Mai 2005 um 11.00 Uhr
in der St. Nicholas-Kirche ein.

Die Hochzeitsfeier findet im Anschluss daran im Hotel Sonneneck,
Buchs, Meierwiesenweg 22 statt.

u.A.w.g.
Petra und Rolf Berger
✦ ✦ ✦   *Burger Landstraße 231*   ✦ ✦ ✦
CH-1007 Buchs/Zürich

7 You would like to accept your friends' invitation. Complete the card below. You're looking forward to seeing them again. Ask them to book a hotel room for you for two nights (3 and 4 May). You could revise some of the words and phrases from TP10.

Liebe Corinna, lieber Ulrich,
herzlichen .... zu Eurer Hochzeit und vielen
.... für die Einladung. Ich .... gern und
.... mich auf unser Wiedersehen. Ich habe
eine Bitte: Könntet Ihr für mich ein .... in
einem Hotel ...., vom 3. .... 4. Mai?
Vielen Dank! Mit ....

8 ▶4 45 You've bought a present just prior to receiving an updated list of wedding presents. You want to exchange the item and buy something else in the same shop. Prepare what you want to say, then turn on the tape/CD to talk to the shop assistant.

umtauschen (sep.)   to exchange
der Gutschein   credit voucher

ASSISTANT	*Kann ich Ihnen helfen?*
YOU	You'd like to exchange the present.
ASSISTANT	*Da brauche ich Ihren Kassenbon, bitte.*
YOU	Here you are!
ASSISTANT	*Möchten Sie Bargeld oder einen Gutschein?*
YOU	Say you don't understand.
ASSISTANT	*Möchten Sie das Geld zurück oder wollen Sie etwas anderes kaufen?*
YOU	You want to buy something else.
ASSISTANT	*Also, dann gebe ich Ihnen einen Gutschein, so, bitte schön.*
YOU	Thank you very much.

9 ▶4 46 Listen to these good luck wishes and congratulations on various occasions. Tick the ones you hear below (a–m). Which one(s) would you use for the following?

1 ☐ on New Year's Eve
2 ☐ at a wedding
3 ☐ for someone going to an interview
4 ☐ for someone who has just finished Deutsch Plus!

a Ein frohes Weihnachtsfest
b Herzlichen Glückwunsch zum Geburtstag!
c Alles Gute für die Zukunft!
d Viel Glück und alles Gute in der neuen Wohnung!
e Wir gratulieren zur Hochzeit!
f Ich drücke Ihnen die Daumen!
g Herzlichen Glückwunsch zum Examen!
h Schöne Ferien und gute Erholung!
i Gratuliere zum neuen Job!
j Frohes Neues Jahr!
k Wir trinken auf Herrn Antonescu!
l Viel Glück!
m Kompliment zu Ihrem Deutsch!

Kein Problem! 5

1 Are the sentences *richtig oder falsch*?

	R	F
1 Deutschland wurde 1946 geteilt.	☐	☐
2 1989 baute die DDR die Berliner Mauer.	☐	☐
3 Der 3. Oktober ist der Tag der Deutschen Einheit.	☐	☐
4 Seit 1990 heißt der neue deutsche Staat Deutsche Demokratische Republik.	☐	☐
5 Seit der Wende können viele Ostbürger die teuren Mieten nicht bezahlen.	☐	☐

☐ /5 POINTS

2 Two of the following would not be much use if you were ill or had hurt yourself. Which two are they?

Tabletten   eine Salbe   Steuern
ein Zäpfchen   ein Rezept   eine Bewerbung
ein Pflaster   Medikamente

☐ /2 POINTS

3 Which of the following is considered *gesund* or *ungesund*?

1 Ich trinke viel Bier.
2 Ich esse sehr gerne Sahne.
3 Ich esse jeden Tag Obst und Gemüse.
4 Ich mache zweimal in der Woche Muskeltraining.
5 Ich rauche viel.
6 Ich treibe viel Sport.

☐ /6 POINTS

4 Here are a number of joined-up words to do with education. Separate them out, then write down the English equivalents.

hauptfachgeschichtelehrlingvolkshochschule
gymnasiumabitur

☐ /6 POINTS

5 Fill in the gaps with the right German superlatives or comparatives for the word in brackets.

1 Die _____ Deutschen ernähren sich gesund. (most)
2 Ich esse heute _____ Fleisch als früher. (less)
3 Ich trinke _____ Tee als Kaffee. (more)
4 Meine _____ Freundin ist 92 Jahre alt. (oldest)
5 Das _____ Land zum Skifahren ist die Schweiz. (best)

☐ /5 POINTS

6 Here are some statements about things Germans are advised to do to help protect the environment, but some of the words have been missed out. Fill in the gaps.

Altglascontainer   Leerlauf   Produkte
Bleifrei   Mehrwegprodukte

1 Wenn man ein Auto hat, soll man _____ tanken.
2 Das Auto soll nicht im _____ laufen.
3 Man soll _____ mit überflüssiger Verpackung nicht kaufen.
4 Man muss alte Flaschen zum _____ bringen.
5 Man soll _____ kaufen.

☐ /5 POINTS

7 Read the statements about changes in Germany since reunification. Rewrite them, starting each one with the German for the phrase given in brackets.

1 Das Leben ist reicher geworden. (I am of the opinion that...)
2 Die Welt ist ein Stück größer geworden. (I think that...)
3 Die Menschen waren früher menschlicher. (I believe that...)

☐ /3 POINTS

8 Write a mini biography of Hülya, based on the information below. Start with *Das ist Hülya.*

Alter:	28
kommt aus:	Türkei
aufgewachsen in:	Köln
Nationalität:	Türkin
in Deutschland seit:	25 Jahren
Deutsch gelernt:	in der Schule
Arbeit:	bei *Deutschland Plus.*

☐ /7 POINTS

9 Write a letter to the Hotel Schwarzhof to confirm a booking you made by phone. Don't forget to start and end your letter correctly! Here is the information you will need to include.

Hotel address:	Hotel Schwarzhof Kaiserplatz 24 07743 Jena
• Dates:	Friday and Saturday, 10 and 11 June
• Accommodation required:	double room with bath/WC and balcony
• Cost:	€ 110 a night

☐ /9 POINTS

10 You have now got to the end of *Deutsch Plus*. Congratulate yourself! Which of the following two expressions would it be appropriate for someone else to say to you?

1 Frohes Neues Jahr!
2 Gratuliere!
3 Herzlichen Glückwunsch zum Geburtstag!
4 Schöne Ferien und gute Erholung!
5 Ein frohes Weihnachtsfest!
6 Kompliment zu Ihrem Deutsch!

☐ /2 POINTS

TOTAL ☐ /50 POINTS

Answers

Willkommen (p. 1-2)

1   1 Guten Morgen; 2 Guten Abend; 3 Guten Tag
5   1 c b; 2 e f; 3 a d

Hallo

Unit 1 (p. 3-6)

2   1 b; 2 c; 3 a; 4 d
3   1 Mein Name ist Nico Antonescu. 2 Ich komme aus Rumänien. 3 Ich wohne in Köln.
4   1 Architektin; 2 Student; 3 Ingenieur; 4 Managerin; 5 Polizist
6   Mein Name ist Theodor Meisemann. Ich wohne in Berlin und ich arbeite in Potsdam. Ich bin Lehrer von Beruf.
7   1 Mein Name ist Claudia Lemke. Ich wohne in Dortmund und ich arbeite in Essen. Ich bin Journalistin von Beruf. 2 Mein Name ist Richard Sauer. Ich wohne in Sutton Coldfield und ich arbeite in Birmingham. Ich bin Architekt von Beruf.
8   1 Woher? 2 Wer? 3 Was?
9   ä: Volontär, Rumänien, Verkäufer, Verkäuferin; ö: Köln; ü: müssen, Büro, München
10 1b; 2 a; 3 b
11 1 Wie ist Ihr Name? 2 Woher kommen Sie? 3 Wo wohnen Sie? 4 Wie heißen Sie? 5 Wo arbeiten Sie? 6 Was sind Sie von Beruf?

Quiz
1 Wie bitte? 2 Wie heißen Sie? Wie ist Ihr Name? Wer sind Sie? 3 Ich komme aus Sydney. 4 ich komme; Sie kommen; 5 Was sind Sie von Beruf? 6 names of people and places, nouns, the words for 'you' Sie and 'your' Ihr

Unit 2 (p. 7-10)

1   Nachname, Vorname: Antonescu, Nicolai; Postleitzahl: 55407; Anschrift: Gabelsberger Str. 25 Köln; Beruf: Volontär
2   1 der Vorname; 2 das Geburtsdatum; 3 place of birth; 4 address; 5 das Land; 6 profession/job
3   1 der; 2 die; 3 der; 4 das
5   3, 1, 4, 5
6   Brandauer; Dietrich; Jürgens; Schygulla
8   wie; Ihnen; danke; Schönen
9   Herr Antonescu: schwarz; Katja: mit Milch und Zucker
Quiz
1 Nachname 2 Anschrift 3 Möchten Sie einen Kaffee? 4 Wie schreibt man das? 5 Gut./Prima, danke./Danke, sehr gut. 6 masculine; 7 a little milk, no sugar; 8 Schönen Tag noch! 9 eine, ein, ein; 10 Kaffee

Unit 3 (p. 11-14)

2   1 Wo ist der Automat? 2 Wo ist das Studio? 3 Wo sind die Toiletten? 4 Wo ist das Büro?
3   1 a; 2 d; 3 f
4   a Wo finde ich den Ausgang? b Wo finde ich die Treppe? c Wo finde ich das Büro? d Wo finde ich den Computer? e Wo finde ich den Kaffeemaschine? f Wo finde ich das Studio?
6   1 Hotel; 2 Bank; 3 Theater
7   A 2, 3, 4, 6
    B Go straight on, then left down the stairs, turn right at the bottom of the stairs and go to the end of the corridor, turn right again and go straight on.
Quiz
1 der Ausgang; 2 the tourist office; 3 die; 4 c

Unit 4 (p. 15-18)

2   a 3; b 2; c 5; d 1; e 4
3   23 - dreiundzwanzig; 38 - achtunddreißig; 61 - einundsechzig; 59 - neunundfünfzig; 72 - zweiundsiebzig; 84 - vierundachtzig
4   No - you only got three numbers: 12 - zwölf; 31 - einunddreißig; 41 - einundvierzig
6   1 a; 2 a; 3 b; 4 a
7   1 Er ist Volontär. 2 Er wohnt in Köln. 3 Er kommt aus Rumänien. 4 Nein, er lernt Deutsch. 5 Sie ist Sekretärin. 6 Sie wohnt in Köln. 7 Nein, sie kommt nicht aus Köln. 8 Sie arbeitet bei Deutschland Plus.
8   (a) Was darf es sein? - Ich möchte ein Pfund Kaffee. - Welchen? - Die Feine Milde. - Sonst noch etwas? - Das ist alles.
8   (b) 176 Gramm Pfeffersalami; 4 Wiener Würstchen: 300 Gramm; Schwarzwälder Schinken: 62 Gramm.
Quiz
1 Was darf es sein? 2 c; 3 b

Kein Problem! 1 (p. 19-20)

1   1 d; 2 c; 3 e; 4 a; 5 b
2   1 Frank; 2 in Jena; 3 teacher; 4 with milk, no sugar; 5 308479
3   Bitte wiederholen Sie das. Wie buchstabiert man das? Noch einmal, langsam bitte. Wie schreibt man das? Wie bitte?
4   1 sieben; 2 dreiundzwanzig; 3 zweiundvierzig; 4 einundfünfzig; 5 sieben Euro vierzig
5   1 d; 2 e; 3 h; 4 g; 5 i; 6 j; 7 c; 8 a; 9 f; 10 b
6   1 Angebot; 2 Tschüss; 3 Euro; 4 Scheiben; 5 Ingenieurin
7   8 Brötchen; 1 Pfund Käse; Butter; 500 Gramm Schinken; 4 Orangen/Apfelsinen und 2 Äpfel; 1 Liter Wasser; Bier; 1 Brot
8   11, 7, 1, 9, 10, 5, 3, 6, 2, 4, 8
9   1 lerne; 2 gehen; 3 duzen; 4 geht; 5 arbeiten

Erste Kontakte

Unit 1   (p. 21-24)

1   1 b; 2 c; 3 d; 4 a
2   1 F, 2 F, 3 R, 4 F
3   Ja, jeden Tag. Acht Stunden. - Acht Stunden jeden Tag.
    Und von wann bis wann? - Von morgens um zehn bis
    abends um sechs.
4   1 e; 2 c; 3 d; 4 a; 5 b
9   1 to drink: glass of white wine - to eat: chicken with
    potatoes and salad 2 to drink: beer - to eat: pork fillet
    with French fries and pineapple; 3 Anna: fish (plaice),
    Nico: potato cake, Ulli: potato cake

Quiz
1 Es ist zwanzig nach neun. Es ist fünf vor zwei. Es ist halb
fünf. Es ist zehn vor sechs. 2 Guten Appetit! 3 Prost! Zum
Wohl! 4 Reibekuchen

Unit 2   (p. 25-28)

3   1 Guten Morgen, Maier am Apparat. Wer spricht da?
    Ach, guten Morgen, Herr Schloemer. Nein, tut mir
    Leid. Sie ist nicht da. 2 Siebert & Co. guten Tag. Wer
    spricht da, bitte? Und wie ist Ihre Telefonnummer? Und
    die Vorwahl für Jena?
4   1 c; 2 a; 3 b
6   Können Sie um 9.30 Uhr in mein Büro kommen? Kann
    er um 4 Uhr noch einmal anrufen? Kann ich Sie heute
    Abend sprechen?
7   1 Könnten Sie mich mit Herrn Schloemer verbinden? 2
    Kann ich bitte Frau Maier sprechen? 3 Können Sie in
    mein Büro kommen? 4 Könnte ich Herrn Klein sprechen?
9   1 F; 2 R; 3 F; 4 R
10 Name of caller and number: Frau Hilger - 4436,
    Message for: Frau Maier, Message: she should call back

Quiz
1 Für dich/Sie! 2 Es tut mir Leid. 3 your name; 4 Können
Sie mich mit Frau Maier verbinden? 5 Auf Wiederhören. 6 b

Unit 3   (p. 29-32)

1   Sonntag
2   1 R, 2 F, 3 F, 4 F
4   1 können; 2 Wollen; 3 muss; 4 können; 5 will
5   1 Ich muss Reibekuchen machen. 2 Was wollen Sie
    trinken? 3 Ich will bei Deutschland Plus arbeiten. 4 Ich
    muss gehen. 5 Nico muss die Liste zu Herrn Schinkel
    bringen.
6   1 g; 2 e; 3 f; 4 b; 5 h; 6 d; 7 a; 8 c
8   Summer: from May to October, Monday-Friday:
    9-19h, Saturday: 9-16h, Sunday: 9-14h;
    winter: from November to April, Monday-Friday:
    9-18h, Saturday: 9-14h, Sunday: closed
9   1 b, 2 a, 3 b, 4 a
10 1 ein Paket; 2 aus Amsterdam; 3 am Samstag; 4 Seine
    alte Mutter ist krank. 5 200 Euro

Quiz
1 Februar, April, Dienstag, Januar, September, Montag,
Sonnabend; 2 geschlossen; 3 e c f b a d

Unit 4   (p. 33-36)

1   1 a; 2 b; 3 d; 4 c

2   Fahrkarte (die)
3   a Wie komme ich zur Universitätsstraße? b Wie komme
    ich zum Neumarkt? c Wie komme ich zur U-Bahn?
    d Wie komme ich zum Hauptbahnhof? e Wie komme
    ich zum Reisezentrum?
4   a 2; b 1; c 4; d 5; e 3
5   1 Bitte steigen Sie am Bahnhof um. 2 Wo steige ich aus?
    3 Bitte steigen Sie in die Nummer 27 ein. 4 Wann
    kommt der Bus an?
7   destination: Amsterdam; return; second class; price:
    65 Euro 20, supplement 15 Euro, total: 80 Euro 20
9   1 Christine kauft zwei Fahrkarten nach Berlin – einfach.
    2 Sie kauft eine Fahrkarte mit BahnCard. 3 Die andere
    Person ist über 26. 4 Die Fahrkarte kostet mit BahnCard
    25 Euro 30. Die Fahrkarte ohne BahnCard kostet 50
    Euro 60. 5 Sie muss InterCity-Zuschlag bezahlen. (für
    beide Personen)

Quiz
1 Wie komme ich zur U-Bahn? 2 Stamp your tickets! 3 From
Berlin there is a EuroCity supplement of 5 euros per person.
4 A single ticket only? 5 Wo sind die Fahrpläne, bitte?

Unit 5   (p. 37-40)

1   Ich war nur kurz da. 2 Waren Sie bei Herrn Koch? 3 Es
    war schön. 4 Die Fotos waren zu spät bei Herrn Koch.
2   1 F, 2 F, 3 R, 4 F, 5 R, 6 R
4   1 Um 9.15 Uhr hatte ich die Besprechung mit Frau
    Schneider. 2 Um 9.30 Uhr war ich im Postraum. 3 Von
    9.40 Uhr bis 11.30 Uhr war ich in Frau Daniels Büro.
    4 Um 11.15 Uhr hatte ich den Termin mit Herrn Koch.
    5 Um 12.45 Uhr war ich in Frau Schneiders Büro. 6 Um
    13.10 Uhr hatte ich Mittagspause.
5   Um 8.30 Uhr war ich im Büro. Um 9.15 Uhr war ich im
    Postraum. Um 10.30 Uhr war ich bei Herrn Schiller.
    Um 10.40 Uhr hatte ich einen Anruf von Frau Weiß.
    Um 11.15 Uhr hatte ich den Termin mit Herrn Blüm.
    Nein, um 12 Uhr war ich in der Kantine.
6   1 Hatten; 2 war, war; 3 waren; 4 hatte; 5 Waren; 6 war
7   Ich war im Büro. Es war total hektisch. Ich hatte einen
    Termin mit Herrn Koch um 11.15 Uhr. Ich hatte viel zu
    erledigen. Es war schon 11.30 Uhr. Ich war nicht
    pünktlich. Frau Maier war sauer!
8   Message for: Herr Michel; caller: Frau Bergmann; tel.
    no: 0211 552381; it's urgent
9   wo? in Mallorca; wann? im Juni; wie lange? eine Woche;
    Wetter? sehr gut

Quiz
1 waren; 2 Um 15.30 Uhr hatte ich einen Termin mit Frau
Schneider. 3 She is annoyed. 4 war

Unit 6   (p. 41-44)

1   eine Brosche/a brooch
2   1 R, 2 R, 3 F, 4 F
3   1 d; 2 c; 3 a; 4 b
5   basement: Kasse; ground floor: Damenbekleidung;
    first floor: Herrenbekleidung;
    second floor: Elektroabteilung: CDs, …
6   1 the Parfümerie, 2 on the first floor, 3 up the escalator,
    4 on the left
8   1 Er will ein Hemd kaufen. 2 im Untergeschoss; 3 39

Answers

Quiz

1 Ich höre gern Musik. Diese CD gefällt mir. Ich mag diese Hemden. Ich finde Popmusik nicht gut. 2 b; 3 gut

Unit 7 (p. 45-48)

1 1 Vierhundert Pfund in Euro, bitte.
2 Zweihundertfünfzig Pfund in Euro, bitte.
3 Achthundertsechsunddreißig Pfund in Euro, bitte.
4 Neunhundertneunundneunzig Pfund in Euro, bitte.
5 Fünfhundertsiebenundfünfzig Pfund in Euro, bitte.
6 (Ein)hundertzwanzig Pfund in Euro, bitte.

3 3; 4; 5; 2; 1 or 3; 4; 2; 5; 1

4 1 R, 2 F, 3 R, 4 F, 5 F

5 1 e; 2 c; 3 b; 4 a; 5 d

6 1 a; 2 b; 3 a

7 1 meinen, meine, Ihren, Ihre; 2 mein; 3 Ihren, Ihre; 4 Ihr, Ihr

8 1 Kann ich Ihnen helfen? 2 Diese Brosche gefällt mir. 3 Können Sie mir sagen, wo die Bank ist? 4 Können Sie mir einen Gefallen tun?

10 1 b; 2 e; 3 d; 4 c; 5 f; 6 a
1 to pay by cheque; 2 exchange rate; 3 to withdraw money from your account

11 - Englische Pfund - in bargeld oder in Travellerschecks?
- Ich habe beides. Ich habe Travellerschecks und Bargeld.
- Ja, da haben wir unterschiedliche Kurse. Für Bargeld ist der Kurs, einen Moment, sage ich Ihnen sofort... Sie bekommen heute für ein englisches Pfund 1,46.
- Ja, das ist in Ordnung.
- Ja, und wie viel möchten Sie verkaufen?
- Ich habe 100 Pfund Bargeld und 100 Pfund in Travellerschecks.
- So, der Kurs für die Travellerschecks wäre heute: für ein englisches Pfund bekommen Sie 1,50.

Quiz

1 Darf (kann) ich Ihren Ausweis sehen? (Ihren Ausweis, bitte.) 2 mein, meine; 3 They always take the word *mir* (me). 4 Ich bezahle mit Scheck. 5 500 Pfund in Euro, bitte.

Unit 8 (p. 49-52)

1 They go to the end of that part of the sentence and add ge- in front and -t at the end (instead of -en).

2 1 F, 2 R, 3 R, 4 F, 5 F, 6 R

3 Stephanie hat Tennis gespielt. Sie hat Geschenke gekauft. Sebastian hat Englisch gelernt. Frau Heinemann hat Österreich mit ihrer Familie besucht. Sie hat viel gelacht und viel Spaß gehabt.

4 1 Ich habe Musik gehört. 2 Ich habe Fußball gespielt. 3 Ich habe Französisch gelernt. 4 Ich habe im Büro gearbeitet. 5 Ich habe ein Museum besucht. 6 Ich habe eine Radtour gemacht.

6 Nico: photo on top; Anna: photo at bottom

7 Er hat eine Schwester; die heißt Jenny. Sein Vater heißt Dave.

8 der Bruder – brother; die Schwester – sister; das Kind – child; der Sohn – son; die Tochter – daughter; der Vater – father; die Mutter – mother; der Partner - (male) partner; die Partnerin – (female) partner

9 1 b; 2 a; 3 b; 4 a; 5 b; 6 b

Quiz

1 Ich habe im Sommer Deutsch gelernt. (*Or* Im Sommer habe ich Deutsch gelernt.) 2 Partnerin; 3 b; 4 b

Kein Problem! 2 (p. 53-54)

1 zehn Uhr dreißig/halb elf; sieben Uhr fünfzig/zehn vor acht; ein Uhr fünfundvierzig/viertel vor zwei; sechs Uhr fünf/fünf nach sechs; achtzehn Uhr fünfzehn/viertel nach sechs; einundzwanzig Uhr vierzig/zwanzig vor zehn

2 1: Wann, work; 2: spät, is it; 3: Uhr, is it; 4: Um, Uhr, meeting; 5: Von, bis, heute Abend, nine, eleven (o'clock)

3 shopping: Friday afternoon; drink: Monday evening

4 1 Das Jahr; 2 Jahreszeiten; 3 der Herbst; 4 Tage; 5 Woche

5 1 c; 2 d; 3 e; 4 f; 5 a; 6 b

6 der Fahrplan - timetable; die Fahrkarte - ticket; der Bahnsteig - platform; der Hauptbahnhof - main station; die Ankunft - arrival; die Abfahrt - departure

7 1 Wo muss ich umsteigen? 2 Wann fährt der nächste Zug ab? 3 Kann ich Ihnen helfen? 4 Wann kommt der Bus an? 5 Steigen Sie/Sie steigen in Bremen aus.

8 1 war; 2 hatte; 3 waren; 4 hatte; 5 warst

9 1 c; 2 d; 3 a; 4 b

10 your family: Geschwister, Vater, Sohn, Eltern, Schwester, Kinder, Tochter, Bruder; department store: Rolltreppe, Sonderangebot, Kasse, Parfümerie, Größe, Etage, Herrenbekleidung, Erdgeschoss

11 fünfhundertdreiundsechzig; neunhundertachtundzwanzig; (ein)hundertzwei; vierhundertsiebenundneunzig

12 1 e; 2 g; 3 c; 4 b; 5 d; 6 i; 7 h; 8 j; 9 f; 10 a

13 1 Sie hat Handball gespielt. 2 Ich habe in London Deutsch gelernt. 3 Sie haben Schokolade gekauft. 4 Ich habe im Sommer Köln besucht. 5 Er hat 'Hallo!' gesagt. 6 Ulli hat telefoniert. 7 Ich habe Geschenke gekauft. 8 Ich habe Tennis gespielt.

Unit 9 (p. 55-58)

1 1 c; 2 d; 3 e; 4 b; 5 a

2 1 a room; 2 yes; 3 to see the room tomorrow at 12; 4 Pappelallee 10

3 1 a; 2 a; 3 b; 4 a; 5 b; 6 b

5 1 F; 2 R; 3 R; 4 F; 5 F; 6 R; 7 F

6 Ich bin im Winter geboren. Mein Geburtstag ist am 4. Dezember. Ich bin 24 Jahre alt. Ich habe einen Bruder und eine Schwester. Mein kleiner Bruder ist 14 Jahre alt, und meine Schwester ist 29 Jahre alt. Ich bin auf dem Land groß geworden. Ich bin jeden Tag mit dem Bus zur Schule gefahren.

Quiz

1 heating costs included; 2 Ist das Zimmer noch frei? 3 gesehen; 4 Ich bin am fünfzehnten November geboren. or Mein Geburtstag ist am 15. November. 5 Ich habe zwei Brüder und eine Schwester.

Unit 10 (p. 59-62)

1 a das Schlafzimmer; c das Wohnzimmer; f die Küche; g das Esszimmer

2 2 das Esszimmer; 3 guest bedroom; 5 bathroom; 6 das Schlafzimmer; 7 WC und Dusche; 8 living room

3 das Esszimmer

4 1 c; 2 a; 3 b

5   1 R; 2 F; 3 F; 4 F
7   1 c; 2 a; 3 b
8   1 Wohnung, zweieinhalb Zimmer, gemietet, keinen Garten;
    2 Haus, 160 qm, 6 Zimmer; 3 Apartment, 35 qm, ein
    Zimmer, gemietet, Balkon
Quiz
1 c; 2 Ich habe die Wohnung gekauft. 3 das Wohnzimmer
4 false

Unit 11   (p. 63-66)

1   1 yesterday 2 a young woman 3 twice
2   1 F; 2 F; 3 F; 4 R; 5 F
3   1 3 6
4   1 nett; 2 billige; 3 schön; 4 neue; 5 aktuell; 6 schnelle;
    7 klassische
5   1 d; 2 e; 3 f; 4 c/a; 5 g; 6 a/c; 7 b
6   Ich habe ein schönes Wochenende auf Rügen verbracht.
    Wenn das Wetter schön war, bin ich viel gewandert. Bei
    schlechtem Wetter bin ich mit dem Auto auf Rügen
    umhergefahren und habe mir die Landschaft
    angeschaut. Abends habe ich mich ins Café gesetzt und
    die Zeitung gelesen.
8   1d; 2 e; 3 f; 4 h/j; 5 i; 6 j/h; 7 c; 8 b; 9 a; 10 g
9   1 Wann; 2 Wie; 3 Wohin; 4 Wer
10 1 Woher kommen Sie? 2 Was trinken Sie? 3 Wie spät ist
    es? 4 Wer ist das? 5 Wie geht's?/ Wie geht es Ihnen/dir?
11 bestelle; an; Nummer; Telefonbuch; möchte; in; Für
12 1 Wie ist die Nummer? 2 Ich möchte ein Taxi bestellen.
    3 Vor dem Bahnhof. 4 Um sieben Uhr. 5 Zum Theater.
    6 Danke und auf Wiederhören/sehen.
Quiz
1 a Sie haben Fußball gespielt, nicht wahr? b Wann
möchten Sie das Taxi haben? c Wohin sind Sie im
September gefahren? 2 a F; b R; c R

Unit 12   (p. 67-70)

1   e 1, a 2, d 3, f 4, b 5, c 6
2   e But I've got toothache, terrible toothache. f Yes, good
    morning, this is Frau Daniels speaking. a But I don't
    want to go to the dentist's. b Have you got an
    appointment free? c At 12 o'clock? d I'm scared of going
    to the dentist's.
3   1 muss; 2 will; 3 muss; 4 muss; 5 muss
5   1 Er soll ein Taxi bestellen. 2 Er muss Notizen machen.
    3 Er will mit Anna Waffeln essen. 4 Er soll Kaffee holen.
    5 Er muss zur Bank gehen. 6 Er kann am Computer
    arbeiten. 7 Er will früh nach Hause gehen. 8 Er muss
    Akten zu Frau Weiß bringen.
6   1 Ich will eine Tasse Kaffee trinken. 2 Ich kann in der
    Kantine zu Mittag essen. 3 Ich muss um 7 Uhr
    aufstehen. 4 Ich will mit Anna in die Kneipe gehen.
    5 Ich muss Elke im Videoraum helfen. 6 Ich muss um 8
    Uhr im Büro sein.
7   der Kopf(-e) head; der Zahn(-e) - tooth; der Hals(-e) -
    throat, neck; der Arm(-e) - arm; der Rücken(-) - back;
    der Bauch(-e) - stomach; der Finger(-) - finger;
    das Bein(-e) - leg; der Fuß(-e) - foot
8   1 h; 2 e; 3 d; 4 c; 5 f; 6 b; 7 a; 8 g
10 1 R; 2 F; 3 R; 4 F; 5 R
11 Herr Doktor Rudolf Henkel, Kontrolluntersuchung?
    (ja), privat versichert? (ja), Name: Andrea Köhler,
    Termin: Montag, den 4. Dezember um 16.30 Uhr

Quiz
1 Was fehlt Ihnen? Was ist los? Bist du krank? Haben Sie
Fieber? Wo tut es weh? 2 b

Unit 13   (p. 71-74)

1   The most popular sports in Germany are football and
    tennis.
2   He mentions: volleyball, basketball, football, handball,
    apparatus gymnastics, swimming, athletics, gymnastics,
    dancing. He does himself: volleyball, tennis, badminton;
    Herr Schulz: skiing
3   1 F; 2 R; 3 R; 4 R; 5 F
4   1 e; 2 a; 3 f; 4 b; 5 c; 6 d
5   1 dreimal; 2 viermal; 3 dreimal
6   1 Volleyballklub, Tennisklub; 2 mittwochs; 3 Stunden;
    4 Sportverein; 5 Volleyball
7   1 Jeden Tag. 2 Einmal die Woche. 3 Jeden zweiten Tag.
    4 Fünf Stunden am Tag. 5 Viermal im Jahr. 6 Nur
    zweimal im Monat.
8   1 R; 2 F; 3 F; 4 R; 5 R; 6 F; 7 R; 8 R
9   1 besser; 2 billiger, schöner; 3 lieber, besser; 4 lustiger;
    5 mehr, jünger; 6 netter, lieber
10 1 I am skiing better this year – I have trained a lot.
    2 My football was cheaper, but your football looks nicer.
    3 Anna and Elke prefer playing tennis, but Elke plays
    better. 4 I train at the club – that is more fun. I train
    three times a week. 5 Our children do more sport – they
    are younger. 6 The people in this club are nicer – I
    prefer being here.
12 gern, Leichtathletik, Sportarten, Tennis, schaut,
    Volleyball, Fußball, Frauen
13 1 Handball!; 2 zwei bis dreimal in der Woche; 3 in einem
    Sportverein/im TV Bad Ems; 4 Er spielt Handball und
    trainiert eine Mannschaft. 5 Handball und Basketball;
    6 Motorradrennen; 7 Fußball
Quiz
1 Was für Sport treibst du? 2 b; 3 Ich spiele jeden Tag Tennis.

Unit 14   (p. 75-78)

1   1 e; 2 c; 3 d; 4 b; 5 a
2   1 Name; 2 geboren; 3 komme, wohne 4 Schule 5
    Kunstakademie 6 gearbeitet
3   3 a; 5 b; 1 c; 4 d; 2 e
4   1 F; 2 R; 3 F; 4 R
5   Ich sage, dass ich Volontär bei D Plus bin. Ich sage, dass
    mir die Arbeit sehr gut gefällt. Ich sage, dass ich ein
    bisschen mit Frau Schneider arbeite. Ich sage, dass ich
    gern in Köln wohne. Ich sage, dass ich gern Tennis
    spiele. Ich sage, dass ich gern klassische Musik höre.
6   1 Ich sage, dass Köln sehr interessant ist. 2 Ich sage, dass
    der Dom sehr schön ist. 3 Ich sage, dass ich in
    Birmingham wohne. 4 Ich sage, dass ich gern Musik
    höre. 5 Ich sage, dass ich morgen nach Hause fahre.
7   1 c; 2 a; 3 b - 1 Du musst dir die Haare schneiden
    lassen. 2 Du musst einen Anzug haben. 3 Ulli kann dir
    einen Anzug borgen. 4 Du wirst einen Schlips brauchen.
8   1 R; 2 F; 3 R; 4 F; 5 R; 6 F
9   Morgen früh schlafe ich länger. 2 Um acht Uhr gehe ich
    zur Arbeit. 3 Dann werde ich Kaffee trinken./Dann
    trinke ich Kaffee. 4 Um elf Uhr helfe ich Elke im
    Videoraum. 5 Danach werde ich mit Anna in die
    Kantine gehen./Danach gehe ich mit Anna in die
    Kantine. 6 Am Nachmittag arbeite ich am Computer. 7
    Dann werde ich nach Hause gehen./Dann gehe ich nach

Answers

Hause. 8 Abends um acht treffe ich mich mit Ulli in der Kneipe.

Quiz

1 die Haare schneiden; einen Schlips brauchen; einen Anzug borgen; 2 the sentence structure; 3 the first one is in the present tense; the second one is in the future tense; 4 b

Unit 15   (p.79-82)

1 1 Sie muss tanken. 2 an einer Tankstelle; 3 Super Bleifrei.
2 5 3 1 4 2 6
3 3; 5; 6; 7
4 1 i; 2 d; 3 a; 4 c; 5 f; 6 h; 7 e; 8 g; 9 b; 10 j
6 the second is more formal
7 1 Kann ich euch was anbieten? 2 Nicht schlecht. 3 Wie geht's? 4 Setzt euch hin. 5 Hallo.
8 1 e, 2 d, 3 a, 4 f, 5 c, 6 b
9 A 1 Guten Abend, ich heiße Helen Marsh. 2 Es freut mich. Darf ich vorstellen: Rachel Johnson. 3 Es ist sehr gemütlich bei Ihnen. 4 Ja, gerne. Ich möchte eine Tasse Tee.
   B 1 Guten Tag, Herr Fischer. Wie geht's? 2 Nicht schlecht. Darf ich vorstellen: Michael Brown. 3 Darf ich Ihnen etwas anbieten? Ein Glas Wein oder ein Bier? 4 Prost!

Quiz

1 Es freut mich sehr. - Angenehm. - Darf ich vorstellen: ... - Es ist sehr gemütlich bei Ihnen. 2 Ausfahrt; Umleitung; Super Bleifrei; selbst tanken; Tankstelle; Autowerkstatt; Batterie; Einbahnstraße

Unit 16   (p.83-86)

1 A 3; B 4; C 2; D 1
3 1 F; 2 F; 3 F; 4 R; 5 R
4 1 zur; 2 zum; 3 zum; 4 zum; 5 zur; 6 zum
5 b 3; c 4; d 2; e 7; f 8; g 6; h 5
6 4
7 3
8 1 Ich wollte nur danke schön sagen. 2 ... dass ihr mir so gut geholfen habt. 3 Und habe ich am Sonntag Geburtstag. 4 ... dass wir uns alle um 12 Uhr zu einer Bootsparty treffen.
10 Liebster ... ich werde oft an dich denken! Und an unser Wochenende in der Eifel!! ... Einen dicken Geburtstagskuss!

Quiz

1 Frohe Weihnachten und ein gutes neues Jahr! 2 Ich drücke Ihnen/dir die Daumen! 3 Das müssen wir aber feiern! 4 Ich nehme eine Flasche Wein und einen Blumenstrauß mit.

Kein Problem! 3   (p. 87-88)

1 1 Bauch; 2 Termin; 3 Ohren; 4 wieder; 5 Mitglied; 6 Anschrift; 7 Rücken; 8 Ich werde mich bewerben; 9 Freizeit; 10 an der Ampel
2 1 am 25. März; 2 in Koblenz; 3 ja, zwei Schwestern; 4 Claudia: 30, Sabine: 32; 5 Nein, sie sind älter. 6 in Koblenz
3 1 das Zimmer; 2 to rent; 3 heating costs included; 4 die Adresse (die Anschrift); 5 flat
4 1 das Badezimmer; 2 das Gästezimmer; 3 das Arbeitszimmer; 4 das Esszimmer
5 1 das Einfamilienhaus; 2 die Doppelhaushälfte; 3 der Balkon

6 2, 4
7 b, e
8 1 Please sign here. 2 Fill it up, please. 3 I need petrol. 4 Please check the tyres.
9 1 d; 2 c; 3 e; 4 a; 5 b
10 1 Für 40 Euro Bleifrei, bitte. 2 Prüfen Sie bitte das Öl. 3 Wo muss ich zahlen? 4 Wo kann ich das Wasser prüfen?
11 1 Ich bin zum Markt gegangen. 2 Ich habe Brot gekauft. 3 Ich bin spazieren gegangen. 4 Ich habe ein bisschen Deutsch gelernt. 5 Ich habe Deutsch gesprochen.
12 1 Ich weiß, dass Nico nach Amsterdam fährt. 2 Ich weiß, dass eine junge Dame ihm ein Paket gibt. 3 Ich weiß, dass er ein Taxi für Frau Maier bestellt. 4 Ich weiß, dass er Anna liebt.
13 1 Ich werde mehr studieren. 2 Ich muss Deutsch lernen. 3 Ich möchte mehr Sport treiben. 4 Ich will bis zehn Uhr schlafen. 5 Ich kann Badminton spielen. 6 Ich werde Onkel Peter anrufen.

Treffpunkte

Unit 1   (p. 89-92)

1 1 f; 2 d; 3 j; 4 g; 5 i; 6 a; 7 c; 8 b; 9 h; 10 e; 11 k
2 1 Brot, Toast, Marmelade, Käse, Milch, Müsli
   2 Brötchen, Toast, Marmelade, Käse, Kaffee
4 1 h, 2 c, 3 f, 4 g, 5 a, 6 b, 7 d, 8 e
6 Torte, Mohnkuchen mit Streuseln
7 1 zwei Tee mit Zitrone; 2 ein Stück Käsekuchen und ein Stück Himbeertorte (beide mit Sahne); 3 9 Euro 10; 4 90 Cent
9 1 Ich esse Brötchen mit Butter und Marmelade und ich trinke Tee mit Milch. 2 Mein Lieblingskuchen ist Mohnkuchen mit Sahne. 3 Was essen Sie zum Frühstück? Was ist Ihr Lieblingskuchen?
10 1 13; 2 Rheinhessen; 3 Sachsen and Saale-Unstrut in eastern Germany; 4 along the rivers Rhine, Neckar, Mosel and Nahe; 5 80% white - 20% red; 6 23 litres per year per head
11 1 R; 2 R; 3 F; 4 F

Unit 2   (p. 93-96)

1 1 b; 2 c; 3 d; 4 a
2 b 3; c 8; d 4; e 7; f 6; g 2; h 5
4 Guten Tag. Hier ist der Anrufbeantworter von D Plus, Telefon- und Faxnummer 0221 133939. Bitte hinterlassen Sie eine Nachricht oder schicken Sie ein Fax. Wir rufen Sie so bald wie möglich zurück.
5 1 a 2 c 3 b 4 e 5 d
6 2nd headline; 1 F; 2 R; 3 F; 4 F
7 Telefonnummer: 06131 682219. Öffnungszeiten: montags bis freitags: 9-13 Uhr, 15-17.30 Uhr; samstags 10 - 13 Uhr; sonntags: geschlossen
8 2 D; 3 E; 4 B; 5 C
9 1 the timber-framed houses; 2 the Gutenberg museum; 3 Marc Chagall's stained-glass windows; 4 from the Rhine embankment (Adenauer-Ufer); 5 It's a very old building (1,000 years old).
10 der Sankt-Martins-Dom, das Gutenberg-Museum, die historische Altstadt
11 1 R; 2 F; 3 R; 4 R
12 1 3 7

Unit 3 (p. 97-100)

1 1 d, 2 b, 3 a, 4 c
2 1 Stunden, Woche; 2 Tage, Weihnachten; 3 Ostern
   4 montags, freitags; 5 samstags; 6 Sonntag
3 1 Mein Arbeitstag beginnt um acht Uhr und ist um vier
   Uhr zu Ende. 2 Ich arbeite acht Stunden am Tag, von
   9.30 Uhr bis 5.30 Uhr. 3 Ich arbeite 40 Stunden in der
   Woche, montags bis freitags. 4 Weihnachten und Ostern
   ist frei.
4 um 1 halb acht; 2 zwischen sieben und halb neun;
   3 acht Stunden; 4 gegen halb vier; 5 ab zwölf Uhr;
   6 einkaufen und das Wochenende mehr genießen; 7 von
   zwölf bis 14 Uhr; 8 zwischen 12 Uhr 30 und 13 Uhr
5 um acht Uhr; at around half past seven; ab sieben Uhr;
   von drei Uhr bis vier Uhr; between six and nine o'clock;
   um Viertel vor eins; am Wochenende
7 1 c; 2 e; 3 f; 4 b; 5 a; 6 d
8 1 F; 2 R; 3 F; 4 R; 5 F; 6 R; 7 F; 8 R
9 1 wohnte; 2 arbeitete; 3 waren; 4 kostete; 5 machte;
   6 hatte
10 Herr Braun: 1, 3 , 4, 7; Frau Braun: 2, 5, 6, 8, 9
11 viel mehr; neun Uhr; 17 Uhr; sauber; Kinder; einkaufen;
   hole; ab; Feierabend; koche; Wäsche; bringe; Bett;
   Haushalt; bügelt

Unit 4 (p. 101-104)

1 a 2; b 1; c 3
2 Gleis 2: Intercity von Kiel nach Hamburg, Ankunft in
   Lübeck: 10 Uhr 03, Ankunft Hamburg Hauptbahnhof
   10 Uhr 46.
   Gleis 8: EC von Lübeck nach München, Ankunft
   München Hauptbahnhof: 17 Uhr 21.
   Gleis 13: Schnellzug von Flensburg nach Hannover,
   Ankunft in Lübeck: 10 Uhr 19, Ankunft in Hannover:
   11 Uhr 35
3 1 in Hamburg; 2 11 Uhr 01; 3 14 Uhr
5 1 Deutschland/das eigene Land; 2 Schleswig-Holstein
   und Mecklenburg-Vorpommern; 3 ins Ausland;
   4 Spanien; 5 Italien; 6 Großbritannien
6 1 am schönsten; 2 am billigsten, am bequemsten; 3 am
   wärmsten; 4 am liebsten; 5 am ruhigsten; 6 am
   interessantesten; 7 am besten
7 1 F; 2 R; 3 R; 4 F
8 1 Mallorca; war; gewohnt; Zimmer mit Bad und Balkon
   2 eine Woche; St. Anton Österreich; hatten; gefahren

Unit 5 (p. 105-108)

1 2 At the height of the season, Niederegger employs 700
   people. (Niederegger normally employs 500 people.)
   3 Christmas and Easter are the busiest periods.
2 1 bis zu 35 Tonnen; 2 500 Mitarbeiter (700 zu
   Weinachten und Ostern); 3 seit 1806; 4 in alle fünf
   Kontinente
3 1 Es war sehr hektisch. 2 Um acht Uhr hatte ich einen
   Termin mit dem Geschäftsführer. 3 Um 8.15 Uhr gab es
   eine Einführung in die Firma. 4 Dann kam die
   Besichtigung der Marzipanfabrik. 5 Die Besprechungen
   dauerten bis halb sechs. 6 Um sieben Uhr war ich
   wieder in Hamburg.
4 Mittagessen; Besuch des Konditorei-Cafés; Abreise
5 Am Dienstag war ich in Lübeck. 2 Um neun Uhr hatte

ich eine Besprechung. 3 Um sieben Uhr war ich wieder
zu Hause. 4 Am Wochenende fahre ich nach
Amsterdam.

Unit 6 (p. 109-112)

8 1 Sabine Dörl ist 34 Jahre alt. Sie ist verheiratet und hat
   einen Sohn. Sie wohnt seit sechs Jahren in Lübeck. Seit
   2003 (seit einem Jahr) arbeitet sie bei Niederegger.
   2 Ali Kalmak ist 19 Jahre alt. Er kommt aus der Türkei
   und wohnt seit einem Monat in Lübeck. Seit einer
   Woche ist er bei Niederegger in der
   Produktionsabteilung.
1 1 h; 2 j; 3 f; 4 c; 5 d; 6 a; 7 g; 8 e; 9 i; 10 b
2 yellow, beige, red, light blue, jeans blue, grey, black -
   she decides on yellow
3 1 Schwester; 2 kleiner; 3 größer; 4 M
4 1 schöner - am schönsten; 2 größer - am größten;
   3 billiger - am billigsten
5 1 d; 2 e; 3 h; 4 a; 5 g; 6 b; 7 c; 8 f
7 1 Jetzt reduziert! 2 Heute im Angebot! 3 Ausverkauf!
   4 Sonderangebot: CDs!
8 1 household goods department; 2 Sportabteilung;
   3 Sportartikel; 4 Tennisschläger; 5 multi-media
   department; 6 Computer mit Tastatur und Maus;
   7 Fotoapparate
9 1 R; 2 F; 3 F; 4 F; 5 F; 6 R

Unit 7 (p. 113-116)

1 1 Tomaten, Zwiebeln, Öl, Parmesankäse, Hackfleisch,
   Gewürze; 2 5 Euro; 3 bar
2 Bananen (1 kg): ein Euro siebzehn; Gurken (Glas):
   neunundachtzig Cent; Hackfleisch (500 g): zwei Euro
   fünfundzwanzig; Tomaten (1 kg): zwei Euro
   einunddreißig;
3 1 Hundefutter, Mundwasser; 2 Wein; 3 60 Euro 68
5 1 b; 2 a; 3 f; 4 e; 5 c; 6 d
7 1 Kontonummer; 2 Datum 3 Betrag in Worten;
   4 Ausstellungsort; 5 Betrag; 6 Unterschrift
8 1 Ich möchte einen Flug buchen. 2 When do you want
   to fly? 3 Wenn Sie sieben Tage im Voraus buchen....
   4 Are you staying away over a weekend? 5 That's quite
   reasonable. 6 Ich bezahle das mit Scheck.
9 nächsten Samstag/Sonnabend; Sondertarif;
   Wochenende; 245; 163,65
11 b aufbewahren; c aufschreiben; d abheben

Unit 8 (p. 117-120)

1 1 R; 2 F; 3 F; 4 F; 5 R; 6 F
2 1 verheiratet; 2 to get married; 4 verwitwet; 5 half-
   brother/half-sister; 6 step-brother/step-sister; 7 aunt;
   8 uncle; 9 second husband/wife
3 1 a; 2 c; 3 b; 4 c; 5 a
4 1 Ulrich Wiebke ist 67 Jahre alt. Er wohnt in Lübeck. Er
   ist verwitwet. Er hat einen Sohn. Sein Sohn ist 34 Jahre
   alt. Er hat zwei Enkelkinder. 2 Miriam Dörl ist 39 Jahre
   alt. Sie wohnt in Köln. Sie ist geschieden - sie ist allein
   erziehende Mutter. Sie hat zwei Töchter. Ihre Töchter
   sind 12 und 14 Jahre alt. Sie hat keine Geschwister.
6 2
7 Tante Ingrid: 2; der Großvater: 1; Onkel Hans: 1
8 1 F; 2 F; 3 F; 4 R; 5 F
9 Ich heiße Andrew Cox. Ich bin Schotte. Ich wohne in

Answers

Dublin in Irland. Ich bin 36 Jahre alt. Ich bin geschieden und ich habe keine Kinder. Ich bin 1.85m groß. Ich habe kurze, lockige, blonde Haare. Ich habe blaue Augen und einen Schnurrbart. Ich bin Lehrer von Beruf. Meine Hobbys sind Sport und Computer.

Kein Problem! 4 (p. 121-122)

1 1 d; 2 e; 3 i; 4 g; 5 j; 6 h; 7 b; 8 c; 9 a; 10 f
2 4, 8, 2, 5, 1, 7, 3, 6
3 1 from the Holstentorstraße; 2 from 15 April to 1 October; 3 every day; 4 12.30h and 18.15h; 5 € 42; 6 2 minutes; 7 for groups from 15 people and for special trips
4 1 Wo finde ich die Touristeninformation? 2 Was gibt es in der Stadt zu sehen? 3 Wie weit ist es vom Bahnhof zur Stadtmitte/Innenstadt? 4 Könnte ich bitte einen Stadtplan haben? 5 Gibt es gute Restaurants in der Stadt? 6 Wann ist das Museum geöffnet?
5 clothing: Strumpfhose, Rock, Schuh, Socke, Mantel, Jacke, Krawatte, Schlips, Kleid, Bluse; colours: braun, schwarz, gelb, rot, weiß, grau, grün
6 wohnte; trank; ging; machten; kaufte; machte; kochte; kam; sahen
7 1 Ich war zu Ostern eine Woche in Italien. Ich habe in einem Ferienapartment gewohnt. 2 Ich war im Winter einen Monat in den USA. Ich habe in einem Hotel gewohnt. 3 Ich war in den Sommerferien zwei Wochen in Irland. Ich habe auf einem Campingplatz gewohnt.
8 Ich heiße Mary Fröhder. Ich bin Amerikanerin und komme aus New York. Ich wohne in Innsbruck in Österreich. Ich wohne seit fünf Jahren in Innsbruck. Ich bin 27 Jahre alt. Ich bin verheiratet. Mein Mann ist Österreicher. Ich habe einen Sohn. Er ist drei Jahre alt. Ich bin 1,72m groß. Ich habe lange, blonde Haare und blaue Augen. Ich trage einen schwarzen Rock und eine weiße Bluse. Ich arbeite nicht. Meine Hobbys sind Wandern und Skifahren.

Unit 9 (p. 123-126)

1 1 England; 2 Iraner/Iranerin; 3 Amerika; 4 Japaner/Japanerin; 5 Australien; 6 Deutscher/Deutsche; 7 Norwegen; 8 Italiener/Italienerin
2 Das ist Emmet. Er ist in Dublin aufgewachsen. Er ist Ire und wohnt seit sechs Jahren in Deutschland. Er hat Deutsch erst in Deutschland gelernt. - Das ist Marit. Sie ist in Oslo aufgewachsen. Sie ist Norwegerin und wohnt seit acht Jahren in Deutschland. Sie hat Deutsch in Norwegen gelernt.
3 Emmet: 1, 3, 5; Marit: 2, 4, 6
5 1 Ich wohne seit dem ersten Januar in Marburg. 2 Ich wohne seit einem Monat in Deutschland. 3 Ich wohne seit einer Woche in einem neuen Zimmer. 4 Ich habe seit dem Frühstück nichts gegessen. 5 Ich lerne seit einem Jahr Deutsch.
6 1 Pardon? 2 Once again, please. 3. Not so fast, I don't understand. 4 Please repeat, slowly.
7 1 meisten; 2 mehr; 3 weniger; 4 über; 5 unter
8 1 F; 2 R; 3 R; 4 R; 5 F
9 1 Sie kommt aus Afghanistan. 2 In Afghanistan war Krieg. 3 Sie wohnt hier mit ihrer Mutter. 4 Sie geht in die Schule und lernt Deutsch. 5. Sie arbeitet hier. 6 Afghanistan

10 Albert Einstein

Unit 10 (p. 127-130)

1 1 R; 2 R; 3 F; 4 R; 5 F
2 Adresse: Kaiser-Ludwig-Platz 202, 80336 München: Tel.: 089 544278; zwei Einzelzimmer mit Dusche, ein Doppelzimmer mit Bad; zwei Nächte
3 falsch: 25./26. Oktober (25./26. September); falsch: ein Einzelzimmer mit Dusche (zwei); falsch: zwei Doppelzimmer mit Bad (eins); falsch: Einzelzimmer: € 90 (€ 79); falsch: Doppelzimmer: € 110 (€ 99)
5 1 b Auf dem Bauernhof kann man sich die Tiere ansehen. 2 c Auf der Liegewiese kann man sich sonnen. 3 a Vom Fahrradverleih kann man Fahrräder ausleihen. 4 g Auf dem Spielplatz kann man mit den Kindern spielen. 5 f Beim Tanzen kann man viel Spaß haben. 6 e In den Bergen kann man wandern. 7 d Im See kann man schwimmen.
7 1 beschweren; 2 Doppelzimmer, Einzelzimmer; 3 schmutzig, gemacht; 4 Handtücher
8 a 3; b 5; c 4; d 6; e 2; f 1
9 1 Ich komme aus; 2 Ich studiere; 3 Ich lebe, hier in Deutschland; 4 Ich wohne im; 5 Es war, hier zu bekommen; 6 Ich musste, auf
10 1 c; 2 g; 3 e; 4 f; 5 a; 6 b; 7 d

Unit 11 (p. 131-134)

1 1 e; 2 c; 3 a; 4 f/b; 5 b/f; 6 d
2 1 R; 2 F; 3 R; 4 F; 5 F; 6 R
3 mehr Steuern, gestiegene Mieten
4 a 4; b 7; c 5; e 3; f 6; g 2
5 1 f; 2 c; 3 g, 4 a; 5 b; 6 e; 7 d
6 1 Die Leute freuen sich, dass das Leben reicher geworden ist. 2 Die Leute freuen sich, dass es alles zu kaufen gibt. 3 Die Leute freuen sich (nicht), dass die Universität mehr Studenten bekommen hat. 4 Die Leute freuen sich (nicht), dass neue Manager nach Jena gekommen sind. 5 Die Leute freuen sich (nicht), dass die Welt ein Stück größer geworden ist.
7 positiv: 4 negativ: 5
8 Frau Kos: 2, 4, 6, 7 Frau Rösner: 1, 3, 5, 8
9 East Germans: 1, 2, 4, 6 West Germans: 3, 5
10 1 Ich glaube, dass viele egoistisch und arrogant sind. 2 Ich bin der Meinung, dass sie sehr materialistisch sind. 3 Ich denke, dass sie selbst mehr arbeiten müssen. 4 Negativ ist, dass wir Bürger zweiter Klasse sind. 5 Ich meine, dass sie unbedingt selbstständiger werden müssen. 6 Ich finde, dass alles ein bisschen grau war.
11 Liebe Erika, vielen Dank für deinen Brief. Wie war Leipzig vor der Wende? Hat sich das Leben seit der Wende verändert? Siehst du die Wende als etwas Positives oder Negatives? Viele Grüße

Unit 12 (p. 135-138)

1 fruit, vitamins, certain medication
3 Mein Rücken brennt. Mir ist schlecht/heiß/kalt. Insektenstiche; Ich bin total zerstochen. Es juckt. Juckreiz; Schmerz; Ich habe furchtbare Halsschmerzen. Ich habe mich verletzt. Mein Fuß tut weh. Schmerzen; die Wunde
4 1 c; 2 a; 3 b; 4 d

163

5   1 F; 2 R; 3 R; 4 F; 5 F; 6 F
7   a Dr. Schulz; b Dr. Laubach; c Dr. Wilfried
8   He couldn't walk or stand up, and he fell over. His
    paws, legs, front, back, right, left, top, bottom part of
    the body hurt.

Unit 13   (p. 139-142)

1   1 R; 2 R; 3 R; 4 F; 5 R; 6 F; 7 R
2   1 Er glaubt, er ernährt sich normal. 2 täglich; 3 Gemüse,
    Kartoffeln und Salat; 4 wenn er zum Essen ausgeht;
    5 im Winter; 6 Er hat schon vor vielen Jahren mit dem
    Rauchen aufgehört.
3   weniger, mehr, viel, mehr, Bier, keine, Jahren
4   possible answers: gesund: Gemüse, Kartoffeln, (sehr
    viel) Salat, (sehr) wenig Alkohol, (viel/mehr) Obst,
    Vitamin C, weniger Fleisch, Milch (Eiweißprodukte),
    Körnersachen, Fisch, Wasser; ungesund: täglich
    Fleisch- und Wurstwaren essen, häufig Alkohol trinken
5   1 - (advertisement) 2-4; 3-1; 4-2
6   1 Denken; 2 Täglich; 3 trinken; 4 Mehr; 5 Woche;
    6 Muskeltraining; 7 Ruhe; 8 und
7   1 F; 2 R; 3 R; 4 R; 5 F; 6 F
8   1 Er fährt gerne Ski; 2 Österreich, die Schweiz und
    Frankreich; 3 beides: Langlauf und Abfahrtslauf; 4 die
    Bewegung ist begeisternd und anregend; 5 man kann die
    Natur wahrnehmen und sich daran freuen
9   1 meisten; 2 gesündesten; 3 wenigsten; 4 älteste;
    5 beste; 6 schönsten
10 Ich habe Maria Gerhard kennen gelernt! Sie betreibt seit
    neun Jahren leistungssportmäßig Rudersport. Sie hat
    (das) 1990 Rudern gelernt. Sie trainiert zwölfmal die
    Woche 18 bis 23 Stunden in der Woche! Sie war schon
    mehrmals auf Weltmeisterschaften. Sie ist seit acht
    Jahren in der Nationalmannschaft. Sie hat schon drei
    Medaillen auf Weltmeisterschaften gewonnen und sie
    war immer im Endlauf!

Unit 14   (p. 143-146)

1   Georg 3; Mila 2; Martin 6; Sigrun 5
2   Mila: Ich mache dieses Seminar, weil ich Probleme mit
    der deutschen Sprache habe. Martin: Ich mache dieses
    Seminar, weil ich gerne koche (und auch mein eigenes
    Brot backe). Sigrun: Ich mache dieses Seminar, weil ich
    immer Angst habe, wenn ich abends spät nach Hause
    komme.
4   Thomas und Sabine: Mittelstufe Italienisch; Herr König:
    Anfängerkurs Englisch
5   Sabine 4; Herr König 2
6   Amerikanistik - American Studies; Anglistik - English;
    Buchwesen - Publishing and Book Production;
    Filmwissenschaften - Film Studies; Germanistik -
    German; Geschichte - History;
7   1 b, c (und Politikwissenschaft) - weiß noch nicht;
    2 a, c (und Komparatistik) - möchte in einem Verlag
    arbeiten; 3 a, b - möchte Lehrerin werden;
8   1 Ich mache im Herbst einen Englischkurs. 2 Ich werde
    meine Magisterarbeit machen. 3 Ich werde an der
    Universität studieren. 4 Ich werde Journalist. 5 Ich gehe
    heute Abend zum Englischkurs.
10 1 R; 2 F; 3 R; 4 R; 5 F; 6 F; 7 R; 8 R
11 1 die Lehre; 2 die Volkshochschule; 3 Handwerk

Unit 15   (p. 147-150)

2   1, 3, 6; - 1 e; 2 c; 3 d; 4 a; 5 f; 6 b
3   1 ... soll man Bleifrei tanken. 2 ... soll es einen
    Katalysator haben. 3 ... muss man sofort losfahren.
    4 ... darf das Auto nicht im Leerlauf laufen. 5 ... soll
    man nicht alleine fahren.
4   1 R; 2 R; 3 F; 4 F; 5 R; 6 F
6   1 die Mülltonne; 2 Gartenabfälle; 3 das Altöl;
    4 Altbatterien; 5 das Altpapier; 6 Altmedikamente;
    7 Problemmüll; 8 das Altglas; 9 Alu und Metall
7   a 4; b 5; c 3; d 7; e 1; f 6;
8   1 R; 2 R; 3 F; 4 R; 5 R; 6 F
9   1 a fabric bag or a basket; 2 take plastic bags; 3 products
    with unnecessary packaging; 4 recyclable products; 5 it's
    bad for the environment; 6 separate it

Unit 16   (p. 151-154)

1   1 d; 2 c; 3 a; 4 e; b
2   1 Bescherung; 2 September; 3 Ostern; 4 Kirche
3   1: 1, 3, 6; 2: 2, 5; 3: 4
4   1 Im letzten Jahr haben wir eine Gans gehabt; Wir
    fahren manchmal über Weihnachten zum Skifahren;
    2 In diesem Jahr bleiben wir zu Hause;
    3 Am ersten Feiertag gehen wir öfters aus zum Essen.
6   1 c; 2 e; 3 d; 4 f; 5 a; 6 b
7   Glückwunsch, Dank, komme, freue, Zimmer,
    reservieren (buchen), bis, herzlichen (lieben) Grüßen
9   a, b, d, e, f, g, j, k, l, m - 1 l; 2 e; 3 f, i; 4c, m

Kein Problem! 5   (p. 155-156)

1   1 F; 2 F; 3 R; 4 F; 5 R
2   Steuern, eine Bewerbung
3   gesund: 3, 4, 6; ungesund: 1, 2, 5
4   Hauptfach - main subject; Geschichte - history; Lehrling
    - apprentice; Volkshochschule - adult education centre;
    Gymnasium - grammar school; Abitur - A levels
5   1 meisten; 2 weniger; 3 mehr; 4 älteste; 5 beste
6   1 Bleifrei; 2 Leerlauf; 3 Produkte; 4 Altglascontainer;
    5 Mehrwegprodukte
7   1 Ich bin der Meinung, dass das Leben reicher geworden
    ist. 2 Ich denke, dass die Welt ein Stück größer
    geworden ist. 3 Ich glaube, dass die Menschen früher
    menschlicher waren.
8   Das ist Hülya. Sie ist 28 Jahre alt. Sie kommt aus der
    Türkei. Sie ist in Köln aufgewachsen. Sie ist Türkin.
    Sie wohnt seit 25 Jahren in Deutschland. Sie hat in der
    Schule Deutsch gelernt. Sie arbeitet bei Deutschland
    Plus.
9   Hotel Schwarzhof, Kaiserplatz 24, 07743 Jena; Sehr
    geehrte Damen und Herren, bitte reservieren Sie für
    Freitag und Samstag/Sonnabend, den 10. und 11. Juni
    ein Doppelzimmer mit Bad, WC und Balkon zum Preis
    von 110 Euro pro Nacht. Mit freundlichen Grüßen
10 2, 6

Grammar

This section summarizes key grammatical concepts from the *Sprachtipp* boxes in your book with some further information.

1 Articles and nouns

Like English, German has a definite and an indefinite article. The definite article is used to refer to a particular noun:
der Mann (*the man*), **die** Frau (*the woman*), **das** Buch (*the book*), **die** Bücher (*the books*).
The indefinite article is used to refer to an unspecified noun:
ein Mann (*a man*), **eine** Frau (*a woman*), **ein** Buch (*a book*).
In German, both definite and indefinite articles agree with the noun to which they refer in gender (masculine, feminine or neuter), in number (singular or plural) and in case (nominative, accusative, dative or genitive).

1 The definite article

	singular			*plural*
	masculine	*feminine*	*neuter*	*all genders*
nom.	der Mann	die Frau	das Buch	die Bücher
acc.	den Mann	die Frau	das Buch	die Bücher
dat.	dem Mann	der Frau	dem Buch	den Büchern
gen.	des Mannes	der Frau	des Buches	der Bücher

2 The indefinite article (no plural form)

	masculine	*feminine*	*neuter*
nom.	ein Mann	eine Frau	ein Buch
acc.	einen Mann	eine Frau	ein Buch
dat.	einem Mann	einer Frau	einem Buch
gen.	eines Mannes	einer Frau	eines Buches

3 Nouns and cases

- The nominative case is used for the subject of a clause or sentence:
  Der Kuchen ist lecker.   *The cake is tasty.*
- The accusative case is used for the direct object of a verb (the noun or pronoun that receives the action of a verb):
  Sie hat **einen Apfel** gegessen.   *She's eaten an apple.*
- The dative case is used for the indirect object of a verb:
  Ich gab **dem Chef** (indirect object) den Brief (direct object).
  I gave the boss the letter.
- The genitive case expresses possession.
  der Computer **meines Bruders**   *my brother's computer*

4 Plurals of nouns

The plural forms of German nouns are usually unpredictable and, as with gender, they have to be learnt. There are some guidelines to which plural form is likely to apply. These are linked to the noun's gender and ending.

5 Compound nouns

These are made up of two or more words. Their gender is determined by the gender of the last component word:

der Käse + **die** Torte → **die** Käsetorte (*cheesecake*)

2 Adjectives and adverbs

Adjectives are words like **weiß** (*white*) and **schmutzig** (*dirty*); they describe a noun. As in English, they can precede the noun or can be separated from it by a verb:

Ich ziehe die **weiße** Bluse an.   *I put on the white blouse.*
Die Bluse ist **weiß**.   *The blouse is white.*

1 Position of adjectives

In German, adjectives take different forms depending on whether they immediately precede or are separated from a noun in the sentence. When the adjective immediately precedes the noun, it adds an ending which changes to agree with the noun in gender, number and in case.

Das ist ein neu**er** Rock.   *This is a new skirt.*
Das ist eine schön**e** Bluse.   *This is a nice blouse.*

When the adjective is separated from the noun, it has no ending.
Der Rock ist **neu**.   *The skirt is new.*

2 Agreement of adjectives

Adjective endings also vary according to the type of article which precedes them. The ending depends on whether the adjective is:

- preceded by the definite article (**der, die, das**) or by words following the same pattern as the definite article, such as **dieser** (*this*) and **jener** (*that*).
- preceded by the indefinite article (**ein, eine, ein**) or by words following the same pattern as the indefinite article, such as **mein** (*my*), **kein** (*no, not any*), **irgendein** (*any*).
- not preceded by any of these.

With definite article

| | *singular* | | | *plural* |
	masculine	*feminine*	*neuter*	*all genders*
nom.	der Mann	die Frau	das Buch	die Bücher
nom.	der schwarze Rock	die weiße Bluse	das schöne Kleid	die neuen Schuhe
acc.	den schwarzen Rock	die weiße Bluse	das schöne Kleid	die neuen Schuhe
dat.	dem schwarzen Rock	der weißen Bluse	dem schönen Kleid	den neuen Schuhen
gen.	des schwarzen Rocks	der weißen Bluse	des schönen Kleids	der neuen Schuhe

With indefinite article

singular

	masculine	*feminine*	*neuter*	*plural* *all genders*
nom.	ein schwarzer Rock	eine weiße Bluse	ein schönes Kleid	meine neuen Schuhe
acc.	einen schwarzen Rock	eine weiße Bluse	ein schönes Kleid	meine neuen Schuhe
dat.	einem schwarzen Rock	einer weißen Bluse	einem schönen Kleid	meinen neuen Schuhen
gen.	eines schwarzen Rocks	einer weißen Bluse	eines schönen Kleids	meiner neuen Schuhe

Not preceded by any article

singular

	masculine	*feminine*	*neuter*	*plural*
nom.	französischer Rotwein	frische Milch	kaltes Bier	neue Schuhe
acc.	französischen Rotwein	frische Milch	kaltes Bier	neue Schuhe
dat.	französischem Rotwein	frischer Milch	kaltem Bier	neuen Schuhen
gen.	französischen Rotweins	frischer Milch	kalten Biers	neuer Schuhe

3 Comparison of adjectives

Adjectives are often used to compare people or things. The three degrees of comparison are known as positive, comparative and superlative:

positive	*comparative*	*superlative*
schön (*nice*)	schöner (*nicer*)	der (die, das) schönste (*the nicest*)
schnell (*fast*)	schneller (*faster*)	der (die, das) schnellste (*the fastest*)

Das ist **die schönste** Brosche.   *This is the nicest brooch.*

Where no noun follows, especially where something is being compared with itself, **am** is used and the ending **-en** is added:

Schmuck ist in Deutschland **am** billig**sten**.   *Jewellery is cheapest in Germany.*

4 Adverbs

Adverbs are used to modify the meaning of a verb, an adjective or another adverb. In English, many adverbs are formed from adjectives by adding the ending -ly, but German uses the same form as the adjective. Unlike adjectives, adverbs add no endings:

Sie singt **schön**.   *She sings beautifully.*

As in English, there are a few completely irregular forms:

positive	*comparative*	*superlative*
gern (*gladly*)	lieber (*more gladly*)	am liebsten (*most gladly*)
gut (*well*)	besser (*better*)	am besten (*best*)
viel (*much*)	mehr (*more*)	am meisten (*most*)

3 Pronouns

Pronouns are words used in place of nouns when the person or thing referred to is obvious.

1 Personal pronouns

Personal pronouns refer to people or things and agree in gender, number and case with the noun they stand for.

		nominative		accusative		dative	
sing.	ich	I	mich	me	mir		(to/for) me
	du	you	dich	you	dir		you
	er	he/it	ihn	him/it	ihm		him/it
	sie	she/it	sie	her/it	ihr		her/it
	es	it/he/she	es	it/him/her	ihm		it/him/her
plural	wir	we	uns	us	uns		us
	ihr	you	euch	you	euch		you
	sie	they	sie	them	ihnen		them

Polite form of you (sing. and plural)					
Sie	you	Sie	you	Ihnen	you

Note that the polite *you* is always written with an initial capital.
People may be addressed either by the familiar **du** (sing.) and **ihr** (pl.) or by
the polite and more distant **Sie.** There are no strict rules about when to use
one or the other, but the following guidelines are usually observed:

- **du** and **ihr** are used when talking to children and friends, relatives
  and animals.
- **Sie** is used in formal business contexts, when talking to acquaintances
  and strangers and by children talking to adults outside the family.

2 Reflexive pronouns

A reflexive pronoun reflects the action of a verb back to the subject. In
German, there are many verbs which must have a reflexive pronoun to
complete their meaning.

Ich habe **mich** verletzt.   *I've hurt myself.*
Sie bewirbt **sich** um die Stelle.   *She's applying for the job.*

Reflexive pronouns are used in the accusative and the dative. In both cases,
sich is the form for the third person singular and plural and for the polite
form **Sie.** All the other forms are identical to the personal pronouns (3.1).

3 Possessive pronouns and adjectives

A possessive pronoun replaces a noun and indicates its possessor:
Wem gehört der Wagen?   *Whose car is that?*
Das ist **meiner**.   *That's mine.*
The possessive pronouns (nominative masculine form) are:

sing.	meiner	*mine*	pl.	uns(e)rer	*ours*
	deiner	*yours*		eu(e)rer	*yours*
	seiner	*his/its*		ihrer	*theirs*
	ihrer	*hers/its*		Ihrer	*yours* (polite)

For ease of pronunciation, the bracketed -e- of **uns(e)rer** and **eu(e)rer** is
usually omitted in speech.
Possessive pronouns agree in gender, number and case with the noun they
replace. Their endings are the same as those of the indefinite article
(see 1.2).

Possessive adjectives (**mein, dein, sein...**, *my, your, his/its...*) are used with
nouns (**mein Kaffee**, *my coffee*) and are declined in the singular like the
indefinite article (**ein, eine, ein**). The possessive adjective differs from the
pronoun only in the masculine nominative singular and the neuter
nominative and accusative singular.

	masculine	feminine	neuter	plural
nom.	mein	meine	mein	meine
acc.	meinen	meine	mein	meine
dat.	meinem	meiner	meinem	meinen
gen.	meines	meiner	meines	meiner

4 Demonstrative pronouns and adjectives

A demonstrative pronoun singles out someone or something:

Welche CD möchten Sie? *Which CD would you like?*

Die/Diese möchte ich. *I would like that/this one.*

The most frequently used demonstrative pronouns are **dieser, diese, dieses** (*this*) and **der, die, das** (*that*).

5 Relative pronouns

Relative pronouns introduce a type of subordinate clause called a relative clause.

Gestern traf ich Nico, **der** jetzt bei *D Plus* arbeitet.

*Yesterday I met Nico, **who** is working at D Plus now.*

The most common relative pronoun is **der** (*who, which, that*); it is declined like the demonstrative pronoun **der** (3.4). Relative pronouns agree in gender and number with the noun they replace:

Der Mann, der eben hier war, ist mein Kollege.   *The man who was here just now is my colleague.*

6 Interrogative pronouns

Interrogative pronouns introduce direct or indirect questions.

Wer ist am Apparat?   *Who's speaking?*

Sie hat nicht gesagt, **was** sie wollte.   *She didn't say what she wanted.*

The most common interrogatives are **wer** (*who*), referring to persons, and **was** (*which*), referring to things. Their forms are as follows:

nom.	wer	who	was	which
acc.	wen	who(m)	was	which
dat.	wem	who(m)	_	_
gen.	wessen	whose	wessen	whose

4 Prepositions

Prepositions indicate the relationship between one word (usually a noun or a pronoun) and the rest of the sentence. They determine the case of the noun or pronoun they are linked to.

1 Prepositions + dative

Nine common prepositions always take the dative:

aus	*from, out of, made of*	gegenüber	*opposite*	seit	*since, for*
außer	*except, out of*	mit	*with, by*	von	*from, of*
bei	*near, with, at*	nach	*after, to, for*	zu	*to, at, for*

Anna fährt **mit dem** Auto.   *Anna is going by car.*

Sie kommt **aus der** Schweiz.   *She is from Switzerland.*

2 Prepositions + accusative

Six common prepositions always take the accusative:

bis	*until, as far as, by*	gegen	*against, towards*
durch	*through, by*	ohne	*without*
für	*for*	um	*(a)round, at*

Diese CD habe ich **für dich** gekauft.	*I bought this CD for you.*
Studio A ist **um die** Ecke.	*Studio A is round the corner.*

3 Prepositions + dative or accusative

The most common prepositions in this group are:

an	*on, at*	in	*in*	unter	*under, below*
auf	*on*	neben	*beside*	vor	*in front of*
hinter	*behind*	über	*over, above*	zwischen	*between*

These nine prepositions usually take the dative when indicating position in a particular place and the accusative when expressing a change of position:

Das Buch liegt **auf dem Tisch.** *(dat.)*	*The book is on the table.*
Ich lege das Buch **auf den Tisch.** *(acc.)*	*I'll put the book on the table.*

4 Contracted and combined forms

Some prepositions often form contractions with the definite article (e.g. **zu + dem = zum** or **zu der = zur**).

Wie komme ich **zum** Bahnhof/**zur** Touristeninformation?
How do I get to the station/the tourist information office?

When prepositions are used with the pronouns *it* or *them* referring to a thing (not a person), a single word is formed from **da-** + the preposition, for example, **dabei, danach**:

Ich habe kein Geld **dabei.**	*I haven't got any money on me.*
Danach ging ich mit Anna in die Kantine.	*Afterwards, I went to the canteen with Anna.*

5 Verbs

German verbs fall into two main categories, 'weak' and 'strong' verbs.

1 Weak verbs

These are by far the larger category and follow a predictable pattern. The past tense is formed by adding **-te** to the stem (the part of the verb that is left when the infinitive ending **-en** or **-n** is removed) and the past participle ends in **-t**:

infinitive	*present*	*simple past*	*past participle*
machen	er/sie/es macht	er/sie/es machte	gemacht
to make/do	*he/she/it makes*	*he/she/it made*	*made*

2 Strong verbs

Although not as numerous as weak verbs, these include some very commonly used verbs. The vowel of the stem changes in the past tense and generally in the past participle, which ends in **-en** or occasionally in **-n**. Many strong verbs also have a vowel change in parts of the present tense:

infinitive	*present*	*simple past*	*past participle*
bleiben	er/sie/es bleibt	er/sie/es **blieb**	geblieben
to stay	*he/she/it stays*	*he/she/it stayed*	*stayed*
laufen	er/sie/es läuft	er/sie/es **lief**	gelaufen
to run	*he/she/it runs*	*he/she/it ran*	*run*

Grammar

As strong verbs do not follow a predictable pattern, their forms have to be learnt. Among both weak and strong verbs, there are some verbs with irregularities. A selection of common strong and irregular verbs are listed below (5.11).

3 The present tense (weak verbs)

The present tense of weak verbs is formed by adding the following endings to the verb stem:

singular		plural	
ich	mache	wir	machen
du	machst	ihr	macht
er/sie/es	macht	sie/Sie	machen

For ease of pronunciation, certain verbs insert an **-e-** between the stem and the ending of the second and third persons singular (**du, er/sie/es**) and the second person plural (**ihr**):

arbeit/en   ich arbeite, du arbeitest, er/sie/es arbeitet,
(*to work*)   wir arbeiten, ihr arbeitet, sie arbeiten

4 The present tense (strong verbs)

The present tense endings are the same as for weak verbs, but many strong verbs have a vowel change in the second and third persons singular (**du, er/sie/es**), for example:

fahren (*to go/drive*)   ich fahre, du fährst, er/sie/es fährt
geben (*to give*)   ich gebe, du gibst, er/sie/es gibt

5 The future tense

To refer to a future action, German often uses the present tense when the meaning is clear from the context:

Ich fahre morgen nach Amsterdam.   *I'm travelling to Amsterdam tomorrow.*

However, the future tense is used to emphasise future meaning, especially where this meaning would not be clear from the context:

Annas Eltern **werden** Nico einladen.   *Anna's parents will invite Nico.*

The future tense is formed from the present tense of **werden** and the infinitive of the verb. The infinitive is placed at the end of a simple sentence or main clause:

Ich **werde** Deutsch **lernen**.   *I will learn German.*

singular		plural	
ich	werde	wir	werden
du	wirst	ihr	werdet
er/sie/es	wird	sie/Sie	werden

6 The past tenses: perfect

Both the perfect tense and the simple past tense (5.7) refer to actions in the past. Which tense is chosen is largely a matter of personal and stylistic preference rather than of meaning. However, formal written German tends to use the simple past, while the perfect tense is more common in spoken and informal written German.

The past participle of weak verbs is usually formed by adding **ge-** before and **-(e)t** after the verb stem:

| machen (*to make*) | ge- + mach + -t | → gemacht |
| arbeiten (*to work*) | ge- + arbeit + -et | → gearbeitet |

The **ge-** is omitted if the verb ends in **-ieren**:

| telefonieren (*to phone*) | telefonier + -t | → telefoniert |

Strong verbs add **ge-** before and **-en** after the verb stem:

| lesen (*to read*) | ge- + les + -en | → gelesen |

Most verbs form the perfect with **haben**:

singular		*plural*	
ich	habe gearbeitet	wir	haben gearbeitet
du	hast	ihr	habt
er/sie/es	hat	sie/Sie	haben

All verbs forming the perfect with **sein** are strong verbs (e.g. **gehen**, *to go*) which express either a change of place or a change of state.

singular		*plural*	
ich	bin gegangen	wir	sind gegangen
du	bist	ihr	seid
er/sie/es	ist	sie/Sie	sind

7 The past tenses: simple past

The simple past is also sometimes called the 'imperfect' or simply the 'past tense'.

		weak verbs (e.g. machen)	*strong verbs* (e.g. trinken)
sing.	ich	machte	trank
	du	machtest	trankst
	er/sie/es	machte	trank
pl.	wir	machten	tranken
	ihr	machtet	trankt
	sie/Sie	machten	tranken

8 Auxiliary verbs: haben, sein, werden

Auxiliary verbs 'help' other verbs to form their tenses. The three main auxiliary verbs in German are **haben** (*to have*), **sein** (*to be*) and **werden** (*to become*).

Wir **haben** noch nicht **gegessen.**   *We haven't eaten yet.*
Sie **ist** in die Stadt **gegangen.**   *She went into town.*

Haben, sein and **werden** are all irregular verbs.

Present tense		haben	sein	werden
sing.	ich	habe	bin	werde
	du	hast	bist	wirst
	er/sie/es	hat	ist	wird
pl.	wir	haben	sind	werden
	ihr	habt	seid	werdet
	sie/Sie	haben	sind	werden

Grammar

Simple past

sing.	ich	hatte	war	wurde
	du	hattest	warst	wurdest
	er/sie/es	hatte	war	wurde
pl.	wir	hatten	waren	wurden
	ihr	hattet	wart	wurdet
	sie/Sie	hatten	waren	wurden

Perfect

sing.	ich	habe + gehabt etc.	bin + gewesen etc.	bin + (ge)worden etc.
pl.	wir	haben + gehabt etc.	sind + gewesen etc.	sind + (ge)worden etc.

Werden is also used in combination with a past participle to form the 'passive voice':

In Rheinhessen **wird** Weißwein **angebaut.**	*White wine is grown in Rheinhessen.*
Thomas Mann **wurde** in Lübeck **geboren.**	*Thomas Mann was born in Lübeck.*
Ich **bin** nicht **verstanden worden.**	*I haven't been understood.*

Note that in the perfect tense, the **ge-** of the past participle is left out.

9 Modal verbs

There are six modal verbs in German: **dürfen** (*to be allowed to*), **können** (*to be able to*), **mögen** (*to like*), **müssen** (*to have to*), **sollen** (*ought to*), **wollen** (*to want*). Their main function is to express the speaker's attitude, such as a liking for something, an obligation, or an ability to do something. Modal verbs are normally used with another verb, which appears in the infinitive at the end of a simple sentence or main clause:

Darf ich hier **rauchen?**	*May I smoke here?*
Ich **möchte** nächstes Jahr nach Österreich **fahren.**	*I would like to go to Austria next year.*
Du **musst** sofort **kommen.**	*You must come immediately.*

Present tense

	wollen	mögen	müssen	dürfen	sollen	können
sing.						
ich	will	mag	muss	darf	soll	kann
du	willst	magst	musst	darfst	sollst	kannst
er	will	mag	muss	darf	soll	kann
plur.						
wir	wollen	mögen	müssen	dürfen	sollen	können
ihr	wollt	mögt	müsst	dürft	sollt	könnt
sie	wollen	mögen	müssen	dürfen	sollen	können

Summary of other tenses

Infinitive		Simple past	Perfect	
wollen	ich	wollte	habe...	gewollt/wollen
mögen	ich	mochte	habe...	gemocht/mögen
müssen	ich	musste	habe...	gemusst/müssen
dürfen	ich	durfte	habe...	gedurft/dürfen
sollen	ich	sollte	habe...	gesollt/sollen
können	ich	konnte	habe...	gekonnt/können

The past participle form with **ge-** is only used when the modal is used
without another verb:

Er hat das nicht **gewollt**.   *He didn't intend that.*
Sie hat das nicht **gekonnt**.   *She couldn't do that.*

10 Separable and inseparable verbs

Many German verbs (e.g. **auf**stehen, *to get up*) have a prefix, a syllable
placed in front of a verb which can add to or change its meaning. Most
prefixes are either separable or inseparable.

Inseparable

The following seven prefixes are inseparable:

be-, emp-, ent-, er-, ge-, ver-, zer-

bekommen   Ich **bekomme** einen Tee.   *I'll have a cup of tea.*
entschuldigen   **Entschuldigen** Sie bitte...   *Excuse me, please...*

Separable or inseparable

The following prefixes may be separable or inseparable depending on
their meaning:

durch-, hinter-, miss-, über-, um-, unter-, voll-, wider-, wieder-

untergehen (*sep.*)   Das Schiff **geht unter**.   *The ship is sinking.*
unternehmen (*insep.*)   Er **unternimmt** eine Reise.   *He is going on a journey.*

Separable

All prefixes other than those mentioned above are separable. In the
simple tenses and the imperative, the prefix is normally separated
from the verb and placed at the end of the clause:

Ich **fange** morgen bei *D Plus* **an**.   *I'm starting at D Plus tomorrow.*
Kommen Sie **mit**...   *Come along...*

But in subordinate clauses where the verb is placed at the end, the
prefix remains attached to the verb:

Ich hoffe, dass er gut **ankommt**.   *I hope that he will arrive safely.*

When there is another verb in the sentence, the prefix is never
separated from the verb:

Ich werde morgen **anrufen**.   *I'm going to phone tomorrow.*
Darf ich Ihnen einen Kaffee **anbieten**?   *May I offer you a cup of coffee?*

11 Verb tables

The following list gives the principal forms of all strong and irregular
verbs used in your book. You'll find separable verbs under the main
part of the verb (e.g. abwaschen → waschen).
The third person singular is given for each tense.

Infinitive	Present	Simple past	Past participle + haben/sein	
(sich) befinden	befindet	befand	hat befunden	*to be found*
beginnen	beginnt	begann	hat begonnen	*to begin*
bekommen	bekommt	bekam	hat bekommen	*to get*
bestehen	besteht	bestand	hat bestanden	*to consist of*
(sich) bewerben	bewirbt	bewarb	hat beworben	*to apply (job)*
bieten	bietet	bot	hat geboten	*to offer*
bleiben	bleibt	blieb	ist geblieben	*to stay*

Grammar

Infinitive	Present	Simple past	Past participle + haben/sein	
braten	brät	briet	hat gebraten	*to fry*
bringen	bringt	brachte	hat gebracht	*to bring*
denken	denkt	dachte	hat gedacht	*to think*
dürfen	darf	durfte	hat gedurft/dürfen	*to be allowed to*
essen	isst	aß	hat gegessen	*to eat*
fahren	fährt	fuhr	ist gefahren	*to go; travel*
finden	findet	fand	hat gefunden	*to find*
geben	gibt	gab	hat gegeben	*to give*
gefallen	gefällt	gefiel	hat gefallen	*to please; to like*
gehen	geht	ging	ist gegangen	*to go*
genießen	genießt	genoss	hat genossen	*to enjoy*
haben	hat	hatte	hat gehabt	*to have*
halten	hält	hielt	hat gehalten	*to hold; to stop*
heben	hebt	hob	hat gehoben	*to lift*
heißen	heißt	hieß	hat geheißen	*to be called*
helfen	hilft	half	hat geholfen	*to help*
hinterlassen	hinterlässt	hinterließ	hat hinterlassen	*to leave (a message)*
können	kann	konnte	hat gekonnt/können	*to be able to*
kommen	kommt	kam	ist gekommen	*to come*
laden	lädt	lud	hat geladen	*to load*
laufen	läuft	lief	ist/hat gelaufen	*to run*
lesen	liest	las	hat gelesen	*to read*
liegen	liegt	lag	hat/ist gelegen	*to lie*
mögen	mag	mochte	hat gemocht/mögen	*to like*
müssen	muss	musste	hat gemusst/müssen	*to have to*
nehmen	nimmt	nahm	hat genommen	*to take*
reiben	reibt	rieb	hat gerieben	*to rub*
reiten	reitet	ritt	hat/ist geritten	*to ride*
rufen	ruft	rief	hat gerufen	*to call*
sehen	sieht	sah	hat gesehen	*to see; to watch*
schlafen	schläft	schlief	hat geschlafen	*to sleep*
schließen	schließt	schloss	hat geschlossen	*to close*
schneiden	schneidet	schnitt	hat geschnitten	*to cut*
schreiben	schreibt	schrieb	hat geschrieben	*to write*
schwimmen	schwimmt	schwamm	hat *or* ist geschwommen	*to swim*
sein	ist	war	ist gewesen	*to be*
sitzen	sitzt	saß	hat gesessen	*to sit*
sprechen	spricht	sprach	hat gesprochen	*to speak*
sollen	soll	sollte	hat gesollt/sollen	*to be supposed to*
stehen	steht	stand	hat gestanden	*to stand*
steigen	steigt	stieg	ist gestiegen	*to climb*
sterben	stirbt	starb	ist gestorben	*to die*
treffen	trifft	traf	hat getroffen	*to meet*
trinken	trinkt	trank	hat getrunken	*to drink*
tun	tut	tat	hat getan	*to do*
unterschreiben	unterschreibt	unterschrieb	hat unterschrieben	*to sign*
verbinden	verbindet	verband	hat verbunden	*to put through*
verbringen	verbringt	verbrachte	hat verbracht	*to spend time*
vergessen	vergisst	vergaß	hat vergessen	*to forget*

verstehen	versteht	verstand	hat verstanden	to understand
wachsen	wächst	wuchs	ist gewachsen	to grow
waschen	wäscht	wusch	hat gewaschen	to wash
werden	wird	wurde	ist geworden	to become
wissen	weiß	wusste	hat gewusst	to know
wollen	will	wollte	hat gewollt/wollen	to want

6 Word order

Word order in German can be much more flexible than in English, because subjects and objects can be identified by case endings; the word order can therefore be varied for reasons of emphasis. However, there is a 'standard', unemphatic order for main clause statements (6.1), questions and commands (6.2) and subordinate clauses (6.3).

1 Main clause statements

In main clauses, the subject is normally the first element. The second element is almost always the conjugated verb. In the case of verbs with more than one part, the non-conjugated part is placed at the end of the clause.

Ich **war** am Wochenende in Amsterdam.
Ich **will** nicht zum Zahnarzt **gehen**.

Inversion for emphasis

Although the subject is usually placed in the initial position, another word or a clause may be placed here to give it emphasis. The positions of subject and verb are then inverted.

| **Jetzt** hole ich einen Kaffee. | *Now I'll get a coffee.* |
| **In Mainz** gibt es das Gutenberg Museum. | *There's the Gutenberg museum in Mainz.* |

2 Questions and commands

In questions expecting the answer 'yes/no' and in commands, the conjugated verb is normally the first element.

| **Fahren** Sie im Sommer nach Spanien? | *Are you going to Spain in the summer?* |
| **Setzen** Sie sich, bitte! | *Take a seat, please!* |

However, in sentences with a question word, this precedes the verb. The subject then follows the verb.

| Was **machst** du? | *What are you doing?* |
| Welche Brosche **möchten** Sie? | *Which brooch would you like?* |

3 Subordinate clauses (dass, weil, wenn...)

The conjugated verb is usually placed at the end, and other parts of the verb immediately precede it.

Elke weiß, dass Nico Angst **hat**.	*Elke knows that Nico is afraid.*
Ich danke euch, dass ihr mir **geholfen habt**.	*Thank you for helping me.*
Ich lerne Deutsch, **weil** ich Freunde in Deutschland **habe**.	*I'm learning German because I have friends in Germany.*

Audio transcripts

Hallo

Unit 1
10 (p. 6) ▶1 _8_
- Wie ist Ihr Name, bitte?
- Mein Name ist Anna Kos.
- Wie bitte?
- Anna Kos.
- Und woher kommen Sie?
- Ich komme aus dem Sudetengau.

- Wie ist Ihr Name, bitte?
- Ich heiße Detlef Ignasiak.
- Sind Sie aus Jena?
- Nein, ich komme aus Berlin.
- Und was sind Sie von Beruf?
- Ich bin von Beruf Germanist, Journalist, Redakteur.

Unit 2
9 (p. 10) ▶1 _15_
- Hallo, Herr Antonescu. Eine Tasse Kaffee?
- Oh ja, danke.
- Milch und Zucker?
- Nein, danke.
- Schwarz?
- Ja, schwarz.

- Möchten Sie eine Tasse Kaffee?
- Ja, gern.
- Mit Milch?
- Ja, mit Milch und Zucker, bitte.
- Ja. Bitte.
- Danke schön.

Unit 3
7 (p. 14) ▶1 _20_
- Entschuldigen Sie, bitte!
- Ja, bitte?
- Wo finde ich das Hotel Union?
- Das Hotel Union?
- Ja, beim Bahnhof.
- Ach ja, beim Bahnhof - ich weiß. ... Sie gehen links und dann geradeaus. An der Ampel links und dann die zweite Straße rechts. Dort ist das Hotel Union.
- Ah: links, geradeaus und dann an der Ampel links. Dann die zweite Straße rechts. - Danke!
- Bitte.

- Bitte bringen Sie diese Akten ins Studio. Sie gehen hier geradeaus, dann links die Treppe runter, dann unten rechts bis zum Ende des Korridors, dann wieder rechts und dann geradeaus, da sind die Studios.
- Das ist sehr kompliziert, bitte noch einmal, langsam bitte!
- Also gehen, dann links die Treppe runter ...
- ... geradeaus, dann links die Treppe runter ...
- Ja, unten rechts, bis zum Ende des Korridors, dann wieder rechts und dann geradeaus.
- ... rechts, bis zum Ende des Korridors, dann wieder rechts und dann geradeaus – okay, das finde ich.

Unit 4
8 (p. 18) ▶1 _24_
- Was darf es sein?
- Ich ... möchte ein Pfund Kaffee, bitte.
- Welchen? ... Nehmen Sie die Feine Milde. Die ist im Angebot.
- Gemahlen?

- Ja, bitte, gemahlen.
- Sonst noch etwas?
- Nein, danke. Das ist alles.

- Guten Tag.
- Guten Tag.
- Was darf es für Sie sein?
- Ich hätte ganz gerne 200 Gramm von dieser Pfeffersalami, bitte.
- Ja, gerne. Ich habe 176, ist das recht?
- Ja, das reicht. Das ist in Ordnung.
- Ja. Außerdem noch einen Wunsch?
- Ja, ich hätte ganz gerne noch vier Wiener Würstchen.
- Sehr gern. Darf es sonst noch etwas sein? Das wären jetzt 300 Gramm.
- Das ist in Ordnung.
- Kommt noch etwas dazu?
- Ja, ähm, ich hätte ganz gerne noch vier Scheiben von dem Schwarzwälder Schinken.
- 62 Gramm?
- Ja, das ist wunderbar, das ist in Ordnung.
- Haben Sie sonst noch einen Wunsch?
- Nein, danke, das war's.
- Ja, danke schön. Ich geb das einmal zur Kasse, ja?
- Ja, danke schön.

Erste Kontakte

Unit 1
2 (p. 22) ▶1 _26_
- Wie spät ist es, Herr Schiller?
- Viertel vor vier, Herr Antonescu. Und was machen Sie heute Abend?
- Ich treffe Herrn Michel und Frau Daniels in einer Kneipe. Um halb sieben.
- Na dann, schönen Feierabend - und ein schönes Wochenende!
- Danke. Tschüss!
- Tschüss!

3 (p. 22) ▶1 _27_
- Ja, jeden Tag. Acht Stunden.
- Acht Stunden jeden Tag. Und von wann bis wann?
- Von morgens um zehn bis abends um sechs.

9 (p. 24) ▶1 _32_
- Ich möchte bestellen.
- Ja, was hätten Sie gern?
- Ich möchte Hähnchen mit Kartoffeln und Salat, bitte.
- Ja, gut ... Und zu trinken?
- Ein Glas Weißwein, bitte.
- Bitte sehr.
- Danke.

- Was essen Sie, bitte?
- Ich esse Schweinesteak mit Pommes frites und Ananas.
- Und was trinken Sie?
- Bier - was sonst?
- Schmeckt das?
- Hm - schmeckt sehr gut!

- Was darf es sein?
- Ich hätte gerne Fisch - die Scholle bitte.
- Nico?
- Ich nehme Reibekuchen.
- Ich auch.

Unit 2
2 (p. 26) ▶1 _35_
- Wie ist Ihre Telefonnummer?
- Wir haben eine neue Nummer bekommen. Sie lautet 58630.
- 58630. Und welche Vorwahl hat Jena?
- Jena hat die 03641.
- Die 03641. Und haben Sie eine Faxnummer?
- Die Faxnummer lautet 586322.
- 586322. Ah ja – schönen Dank.

4 (p. 26) ▶1 _36_
- "Prima Plus" Büro, Daniels am Apparat. – Tut mir Leid, sie ist nicht da. Wer ist am Apparat?

- Guten Morgen, Michel am Apparat. Wer spricht da? – Oh, guten Morgen, Herr Sorge. Tut mir Leid...

- Siebert & Co., guten Tag. – Tut mir Leid, Frau Tauscher ist im Moment nicht da. Wer spricht da, bitte? – Und wie ist Ihre Telefonnummer? – Danke.

8 (p. 27) ▶1 _38_
- Firma Henkel, Liedke am Apparat. Guten Tag!
- Guten Tag! Könnte ich bitte Herrn Klein sprechen?
- Ach, er ist im Moment nicht im Büro. Möchten Sie eine Nachricht hinterlassen?
- Nein danke, ich rufe später noch mal an.

- Siebert & Co. Guten Tag!
- Guten Tag. Könnten Sie mich bitte mit Frau Wolf verbinden?
- Ich verbinde. Ähm, tut mir Leid, sie ist im Moment nicht hier.
- Könnte ich eine Nachricht hinterlassen?
- Ja.

9 (p. 27) ▶1 _39_
- Antonescu, Apparat Frau Schneider. Guten Tag.
- Guten Tag. Hier ist Frau Hilger, könnte ich bitte mit Frau Maier sprechen?
- Frau Maier? Frau Maier ist nicht da.
- Ach je, können Sie ihr sagen, sie möchte mich zurückrufen - vierundvierzig sechsunddreißig? ... Sind Sie noch da, Herr Antonescu?
- Ja, ja. ... Ich verstehe Sie nicht.
- Sagen Sie ihr, sie möchte Frau Hilger anrufen. Die Telefonnummer ist vierundvierzig...
- Wiederholen Sie bitte.
- Vierundvierzig.
- Vier vier?
- Ja, vier vier, drei sechs.
- Vier vier, drei sechs.
- Danke, Herr Antonescu. Auf Wiederhören.
- Auf Wiederhören.

Unit 3
1 (p. 29) ▶1 _41_
- Terminkalender: Nico Antonescu. Montag - acht Uhr - Arbeit. Vier Uhr - Feierabend. Dienstag - acht Uhr - Arbeit. Vier Uhr - Feierabend. Mittwoch - Donnerstag - Freitag - acht Uhr - Arbeit. Vier Uhr - Feierabend. Samstag - elf Uhr - aufstehen, Deutsch lernen.

2 (p. 30) ▶1 _42_
- Entschuldigung, dass ich zu spät komme.
- Also, Herr Michel, schauen Sie sich meinen Terminkalender an. Hier: Um zehn Uhr eine

Sitzung. Um zwei Uhr eine Konferenz. Zwischendurch um zwölf Uhr eine Besprechung - ich bin immer pünktlich! So, und jetzt muss ich rauf zu Herrn Doktor Strauff. Ich bin in einer Stunde wieder da!

8 (p. 31) ▶1 45
- Wann hat die Touristeninformation eigentlich geöffnet?
- Im Sommerhalbjahr - das geht von Mai bis Oktober - haben wir Montag bis Freitag von neun bis neunzehn Uhr geöffnet, am Sonnabend von neun bis sechzehn Uhr und am Sonntag von neun bis vierzehn Uhr. Im Winterhalbjahr, von November bis April, haben wir Montag bis Freitag von neun bis achtzehn Uhr und am Sonnabend von neun bis vierzehn Uhr geöffnet. Dann ist am Sonntag geschlossen.

9 (p. 31) ▶1 46
- Hallo, ist dort Herr Kellermann? Guten Tag. Herr Kellermann, Sie wissen, wir wollten einen Termin vereinbaren. Können Sie einen Vorschlag machen? ... Oh, am Donnerstag kann ich leider nicht. Könnten Sie vielleicht am Freitag, ungefähr 15 Uhr? ... Ja? ... Oh, sehr schön, dann treffen wir uns Freitag 15 Uhr hier in meinem Büro. Ja. Alles klar? Schön. Vielen Dank. ... Wiederhören.

10 (p. 32) ▶1 47
- Du kannst was für mich tun? Und ich geb dir Geld dafür ... Ich muss ein Paket aus Amsterdam holen - jetzt am Samstag.
- Ein Paket aus Amsterdam.
- Ja. Ich kann aber nicht nach Amsterdam fahren. Meine alte Mutter, sie ist krank.
- Ach je.
- Jemand muss das Paket aber holen. Wenn du es für mich holst, gebe ich dir 200 Euro. Na?
- Ist viel Geld.
- Haben Sie heute frei? Es ist schon halb neun!

Unit 4

1 (p. 33) ▶2 1
- Da kaufst du deine Fahrkarte.
- Die Fahrkarte ...
- Dann gehst du zum Bahnsteig.
- Zum Bahnsteig? ... Bahnsteig.
- Ja. Und dann kommt der Eurocity.
- Der ... Eurocity?
- Mhm, der Eurocity oder EC. Das sind die schnellen Züge, die ins Ausland fahren.

4 (p. 34) ▶2 2
- Entschuldigung, wie komme ich am besten zum Neumarkt?
- Gehen Sie hier gleich links in die Hohe Straße, dann immer geradeaus bis zur Schildergasse. Da gehen Sie rechts die Schildergasse runter und dann kommen Sie direkt zum Neumarkt.
- Vielen Dank.
- Bitte schön.
- Entschuldigen Sie bitte, wie komme ich am besten zur Universitätsstraße?
- Nehmen Sie die erste Straße links, das ist die Luxemburger Straße. Dann an der Ampel gleich rechts. Das ist die Universitätsstraße.
- Danke schön.
- Entschuldigung, wie komme ich bitte zum Reisezentrum?
- Das ist hier gleich um die Ecke. Hier gleich rechts.
- Ich danke Ihnen.
- Guten Tag, wie komme ich bitte zur U-Bahn?
- Die nächste U-Bahnhaltestelle ist am Neumarkt. Am besten nehmen Sie die 1 oder 2 von hier. Die fahren beide zum Neumarkt.
- Die 1 oder die 2. Ja, vielen Dank.
- Entschuldigen Sie, wie komme ich zum Hauptbahnhof?

- Am besten fahren Sie zum Neumarkt und steigen da um.
- Steigen da um? Ich verstehe nicht.
- Sie müssen umsteigen - Sie müssen da aussteigen.

7 (p. 35) ▶2 4
- Eine Fahrkarte nach Amsterdam, bitte.
- Für heute?
- Ja, für heute.
- Hin und zurück?
- Wie bitte?
- Bleiben Sie in Amsterdam oder kommen Sie wieder zurück?
- Ach so! Hin und zurück, bitte.
- Erster oder zweiter Klasse? ... Zweiter Klasse wäre billiger.
- Also, zweiter Klasse.
- Ein Moment, bitte.
- Das wären €65,20 plus IC, macht €80,20 ... Zusammen €80,20. Alles klar?
- Alles klar.

9 (p. 36) ▶2 6
- Ja, ich hätte dann ganz gerne zwei Fahrkarten nach Berlin Zoo.
- Ja. Fahren Sie hin und zurück?
- Nein. Nur hin.
- Nur eine einfache Fahrt. Haben Sie eine BahnCard?
- Ja, ich habe eine BahnCard.
- Und die zweite Person auch?
- Hat keine BahnCard.
- Hat keine BahnCard. Ist die zweite Person unter 26?
- Nein. Über 26.
- Nein, über 26. Die Fahrkarte kostet für Sie mit BahnCard €25,30, für die Person ohne BahnCard €50,60. Ab Hamburg kostet der InterCity 5 Euro pro Person Zuschlag, insgesamt 10 Euro.

Unit 5

1 (p. 37) ▶2 8
- Na Nico, wie war Amsterdam?
- Amsterdam? ... Amsterdam war schön. Ich war aber nur kurz da.
- Na, vielleicht fährst du wieder mal dahin.
- Oh ja, sicher.
- Warst du denn bei Herrn Koch?
- Um... zwölf Uhr.
- Oh Nico! Das war zu spät! ... Nico, Frau Maier ist sauer ...
- Sauer? Was bedeutet das?
- Böse! Die Fotos waren zu spät bei Herrn Koch.

2 (p. 38) ▶2 9
- Wo waren Sie um neun Uhr?
- Um neun Uhr war ich im Büro.
- Wann hatten Sie die Besprechung mit Frau Schneider?
- Um 9.15 Uhr hatte ich die Besprechung mit Frau Schneider.
- Wo waren Sie um 9.30 Uhr?
- Um 9.30 Uhr war ich im Postraum.
- Wo waren Sie von 9.40 Uhr bis 11.30 Uhr?
- Von 9.40 Uhr bis 11.30 Uhr war ich in Frau Daniels Büro.
- Wann hatten Sie den Termin mit Herrn Koch?
- Um 11.15 Uhr hatte ich den Termin mit Herrn Koch.
- Wo waren Sie um 12.45 Uhr?
- Um 12.45 Uhr war ich in Frau Schneiders Büro.
- Und wann hatten Sie Mittagspause?
- Um 13.10 Uhr hatte ich Mittagspause.

8 (p. 39) ▶2 13
- 'Prima Plus', Apparat Michel. Nein, hier ist nicht Herr Michel, hier ist Herr Antonescu. Es tut mir Leid, Herr Michel ist nicht da. Er ist im Studio. ... Ich weiß nicht, wann er wieder da ist. ... Ja, einen Moment, bitte. Ja, ich bin wieder am Apparat. ... Frau Bergmann?

Verzeihung, wie schreibt man das? Ah ja; Ihre Telefonnummer. Langsam bitte. Null zwei eins eins... fünfundfünfzig - fünf fünf? Dreiundzwanzig - zwei drei ... einundachtzig - acht eins. Ja? Ja, ich verstehe: es ist dringend. Ja. Bitte schön. Tschüss.

9 (p. 39) ▶2 14
- Wo haben Sie Ihre letzten Ferien verbracht?
- Wo haben wir unsere letzten Ferien verbracht? In Mallorca.
- In Mallorca.
- In Mallorca.
- Wann war das?
- Das war im Juni.
- Und wie lange waren Sie in Mallorca?
- Eine Woche.
- Hat es Ihnen gefallen?
- Ja, hat uns gut gefallen.
- Und das Wetter war gut dort?
- Das Wetter war sehr gut.
- Wo haben Sie das letzte Wochenende verbracht?
- Das letzte Wochenende waren wir zu Hause ... in Hannover.

Unit 6

1 (p. 41) ▶2 16
- Ich möchte ein Geschenk für meine Mutter.
- Was darf es denn sein? Ein Armband, eine Brosche?
- Eine Brosche.
- Gefällt Ihnen hiervon etwas? Diese vielleicht?
- Nein, die gefällt mir nicht.
- Oder diese?
- Die gefällt mir besser, aber...
- Nico, schau dir diese Broschen an.
- Ach, die sind hübsch!

2 (p. 42) ▶2 17
- Ich höre gern Musik. Was für Musik magst du denn?
- Ich finde klassische Musik gut.
- Ja?
- Ja! Es ist sehr schön. Magst du klassische Musik nicht?
- Nein, ich mag Popmusik - ich höre lieber Popmusik.

5 (p. 43) ▶2 19
- Wo finde ich Damenbekleidung, bitte?
- Damenbekleidung ist im Erdgeschoss.
- Entschuldigung, wo ist die Kasse?
- Die Kasse ist im Kellergeschoss.
- Entschuldigung, wo finde ich CDs?
- CDs sind in der zweiten Etage - in der Elektroabteilung.
- Wo finde ich Herrenbekleidung?
- Herrenbekleidung ist in der ersten Etage.

6 (p. 44) ▶2 20
- Entschuldigung, wo kann ich eine Zahnbürste kaufen?
- In der Parfümerie. Im ersten Stock bitte. Wenn Sie mit der Rolltreppe hochfahren, auf der linken Seite ist die Parfümerie.
- Und da finde ich die Zahnbürste?
- Da finden Sie die Zahnbürste.
- Gut, danke schön.
- Bitte schön.
- Tschüss!
- Tschüss!

8 (p. 44) ▶2 22
- Also los, was willst du kaufen?
- Ein schönes Hemd.
- Dann fangen wir damit an. Die Herrenabteilung ist ja hier im Untergeschoss. Komm!
- Schau mal, wie gefällt dir das?
- Das gefällt mir gut, aber schau mal - das gefällt mir besser.
- Das ist aber sehr teuer. Hey, guck mal, hier sind Sonderangebote! Diese Hemden sind billiger. Wie gefallen sie dir?

Audio transcripts

- Die gefallen mir.
- Welche Größe hast du?
- Neununddreißig.
- Bravo, Nico. Wie ist es mit diesem?
- Ja, dieses Hemd gefällt mir. Das nehme ich.

Unit 7

3 (p. 46) ▶2 25
- Ich schaff das einfach nicht. Tun Sie mir einen Gefallen und gehen für mich zur Bank. Ich fahre ja morgen nach London und habe mir englisches Geld bestellt. Nehmen Sie meinen Ausweis und meine Scheckkarte ... und Ihren Ausweis... und holen Sie mir bitte das Geld. Zweihundert Pfund. Von der Stadtsparkasse, direkt rechts, wenn Sie rauskommen. Danke. Und hier ist die Vollmacht.
- Vollmacht?
- Die müssen Sie der Bank zeigen...
- Zweihundert Pfund ... Stadtsparkasse ... rechts.

6 (p. 46) ▶2 26
- Ja, bitte schön?
- Ich möchte Geld abholen, für Frau Maier.
- Haben Sie ein Konto bei uns?
- Ich? Nein.
- Sie möchten ein Konto eröffnen?
- Konto ... eröffnen. Ich verstehe nicht. Ich möchte nur das englische Geld für Frau Maier abholen.
- Ach so, Sie möchten englisches Geld. Da müssen Sie bitte zum Auslandsschalter. Das ist hier drüben, bitte ...

11 (p. 48) ▶2 28
- Englische Pfund ... in Bargeld oder in Travellerschecks?
- Ich habe beides. Ich habe Travellerschecks und Bargeld.
- Ja, da haben wir unterschiedliche Kurse. Für Bargeld ist der Kurs, einen Moment, sage ich Ihnen sofort ... Sie bekommen heute für ein englisches Pfund einen Euro sechsundvierzig Cent.
- Ja, das ist in Ordnung.
- Ja, und wie viel möchten Sie verkaufen?
- Ich habe 100 Pfund Bargeld und 100 Pfund in Travellerschecks.
- So, der Kurs für die Travellerschecks wäre heute: für ein englisches Pfund bekommen Sie einen Euro und fünfzig Cent.

Unit 8

1 (p. 49) ▶2 30
- Der Hausmeister hat gesagt ... sagen ... er hat gesagt ... fragen ... er hat gefragt ... lachen ... er hat gelacht ... machen... er hat gemacht ... Der Hausmeister hat gesagt ...
- Na, was hat er gesagt?
- "Raus!"

2 (p. 50) ▶2 31
- Was habt ihr im Sommer gemacht? Stephanie, was hast du gemacht?
- Ich habe Tennis gespielt. Und ich habe Geschenke für meine Familie gekauft.
- Was hast du gekauft?
- Ich habe ein Buch, Schokolade und viele Bonbons gekauft.
- Oh, schön! Und du, Sebastian, was hast du gemacht?
- Ich habe Englisch gelernt. Ich war in London.
- Was haben Sie gemacht, Frau Heinemann?
- Ich bin gewandert und ich habe Österreich mit meiner Familie besucht. Wir haben viel gelacht und viel Spaß gehabt.

6 (p. 51) ▶2 33
- Bist du das auf dem Foto?
- Ja - mein kleiner Bruder und ich.
- Du hast einen Bruder?
- Ja, und eine Schwester. Und du?

- Ich habe zwei Brüder.
- Sind sie noch in Rumänien?
- Ja.

7 (p. 51) ▶2 34
- Wie heißt du?
- Patrick.
- Und - wie alt bist du?
- 10.
- Du bist 10 Jahre alt?
- Ja.
- Hast du Geschwister?
- Ja.
- Hast du einen Bruder oder eine Schwester?
- Eine Schwester.
- Und wie heißt sie?
- Jenny.
- Wie heißen deine Eltern?
- Einmal Ruth, und mein Vater heißt Dave.
- Dein Vater heißt Dave?
- Ja.
- Ist dein Vater Deutscher?
- Nee, Ire.
- Dein Vater ist Ire? Dann sprichst du Englisch.
- Nee, 'n bisschen.
- 'n bisschen.

Unit 9

2 (p. 56) ▶2 37
- Ja, guten Tag, Daniels ist mein Name, ich rufe wegen des Zimmers an. Ist das noch frei? ... Ja? Könnten wir es sehen? ... Morgen um zwölf Uhr? ... Ja, das geht in Ordnung. Und wie ist Ihre Adresse? ... Pappelallee 10. ... Ja, vielen Dank. ... Gut, dann bis morgen. Wiederhören.

3 (p. 56) ▶2 38
- Hallo, hier May.
- Guten Tag. Mein Name ist Uwe Bayer. Ich rufe wegen des Zimmers an. Ist das Zimmer noch frei?
- Tag, Herr Bayer. Ja, das Zimmer ist noch frei.
- Und wie groß ist das Zimmer?
- Es ist 36 qm groß.
- Und was kostet es?
- 395 Euro im Monat.
- 395 Euro? Puh ... Kalt oder warm?
- Warm.
- Aha! Und wann könnte ich das Zimmer sehen?
- Heute Abend um 20 Uhr. Dann bin ich zu Hause.
- 20 Uhr. Ja, das geht in Ordnung. Und wie ist Ihre Adresse, bitte?
- Goldstraße 3. Meine Wohnung ist im ersten Stock, und mein Name ist Frau May, Liesel May.
- Vielen Dank, Frau May. Bis heute Abend.

5 (p. 57) ▶2 40
- Wie alt sind denn deine Brüder, Nico?
- Der eine ist 25, und der andere ist 17.
- Und wie alt bist du?
- 23 - na ja, fast 24.
- Ach, hast du bald Geburtstag?
- Ja, am 12. Juli.
- Das muss ich mir merken. Ich bin im Winter geboren. Das ist nicht so schön. Wo bist du denn aufgewachsen? Auf dem Land oder in der Stadt.
- Auf dem Land, in einem Dorf.
- Ich auch. Ich bin auch auf dem Land aufgewachsen. Das Land gefällt mir besser als die Stadt.
- Nein, die Stadt gefällt mir besser. Besonders diese Stadt.
- Und... und wo bist du zur Schule gegangen, Nico?
- In Bukarest. Ich bin jeden Tag mit dem Bus nach Bukarest gefahren. Und du?
- Ich bin auch jeden Tag mit dem Bus zur Schule gefahren, in die nächste Stadt.

Unit 10

3 (p. 60) ▶2 43
- Ich zeige Ihnen mal das Haus. Also, dies hier ist unser Wohnzimmer. Hier spielen die Kinder tagsüber und abends sitzen wir hier und lesen und hören Musik. Hier ist die Küche.
- Schön.
- Hier essen wir auch. Schon um sieben Uhr geht es mit dem Frühstück los!
- Sehr früh!
- Richtig. So, hier sind unsere Schlafzimmer - Marlene und ich schlafen da, hier ist die Toilette, das Badezimmer, hier schläft Annette, das ist Bens Zimmer.

5 (p. 60) ▶2 43
- Und wo ist das Zimmer?
- Eine Etage höher. Kommt mit!
- Mitkommen - herkommen...
- Und das ist das Gästezimmer.
- Es ist ein sehr schönes Zimmer. Wie hoch ist die Miete?
- Ich weiß nicht, ich muss Marlene fragen.
- Das Zimmer gefällt mir.

7 (p. 61) ▶2 45
- Guten Tag.
- Guten Tag.
- Kommen Sie aus Lübeck?
- Ja.
- Wohnen Sie hier in Lübeck in einem Haus oder einer Wohnung?
- Ich wohne in einer Mietswohnung hier in Lübeck.
- Und wie viele Zimmer hat diese Wohnung?
- Zweieinhalb Zimmer.
- Und haben Sie Bad und Küche noch dazu?
- Ja.
- Haben Sie einen Garten?
- Nein.
- Keinen Garten?
- Keinen Garten - leider!

- Guten Tag.
- Guten Tag.
- Kommen Sie aus Lübeck?
- Nein, ich komme nicht aus Lübeck. Ich komme aus Heiligenhafen.
- Und wohnen Sie in Heiligenhafen?
- Ja, ich wohne in Heiligenhafen.
- Haben Sie eine Wohnung oder ein Haus?
- Ich habe ein Einfamilienhaus.
- Ist es sehr groß?
- Circa 160 qm.
- Haben Sie da viele Zimmer?
- Ja, doch, ich habe vier Zimmer im Erdgeschoss und zwei Zimmer im Obergeschoss.

- Haben Sie eine Wohnung oder ein Haus?
- Ich habe ein Einzimmerapartment.
- Mit Küche und Bad?
- Mit Küche und Bad.
- Ist es groß oder klein?
- Sehr klein - 35 qm.
- Mieten Sie diese Wohnung oder haben Sie sie gekauft?
- Nein, ich habe diese Wohnung gemietet.
- Haben Sie einen Garten?
- Nein, einen Balkon.
- Einen Balkon.

Unit 11

1 (p. 63) ▶2 47
- Ja, ich war dann gestern in Amsterdam.
- Und wann genau?
- Ich bin mit der Bahn gefahren - um fünf Minuten vor elf.
- Und wo genau waren Sie in Amsterdam?
- In einem Café - "Die Schwarze Tulpe".
- Straße?
- Herrengraacht, Nummer 11.
- Sehr gut, Herr Antonescu. Und dann?
- Dann hat mir eine junge Frau das Paket

gegeben. Und dann bin ich zurückgekommen.
- Waren Sie zum ersten Mal in Amsterdam?
- Nein. Ich war schon zweimal da.

3 (p. 64) ▶2 48
- Sie haben also das Wochenende gearbeitet?
- Ja, beide Tage, Samstag und Sonntag.
- Arbeiten Sie jedes Wochenende?
- Nein, jedes zweite Wochenende.
- Und – ähm, was haben Sie an Ihrem letzten freien Wochenende gemacht?
- Wir waren auf Rügen. Und dort haben wir ein schönes Wochenende verbracht. Wir haben uns abends ins Theater gesetzt, und am Tag sind wir auf Rügen umhergefahren, haben uns die Landschaft angeschaut, sind gewandert, haben Kaffee getrunken und gezeltet, so abends dann mit Grillen und so... Also, es war ein schönes Wochenende.

11 (p. 66) ▶2 50
- So. Herr Antonescu, bestellen Sie mir bitte ein Taxi für ein Uhr.
- Ein Taxi. Wie bestelle ich ein Taxi?
- Ruf die Taxizentrale an.
- Wie ist die Nummer?
- Schauen Sie doch ins Telefonbuch, Herr Antonescu!
- Hallo? ... Ich möchte ein Taxi bestellen ... 'Deutschland Plus' ... Um ein Uhr ... Für Frau Weiß ... Danke.

Unit 12

1 (p. 67) ▶2 52
- Was ist los, Anna? Bist du krank?
- Nein, nicht krank. Aber ich habe Zahnschmerzen - furchtbare Zahnschmerzen.
- Dann musst du zum Zahnarzt.
- Aber ich will nicht zum Zahnarzt. Ich habe Angst vor dem Zahnarzt.
- Na komm, ruf doch mal an – er gibt dir bestimmt sofort einen Termin.
- Ja, guten Morgen, Daniels am Apparat. Ich müsste dringend zu Doktor Steffens ... Ich habe furchtbare Zahnschmerzen. Haben Sie einen Termin frei?... Um zwölf Uhr? Ja, okay. Danke.

8 (p. 69) ▶2 54
- Ich habe Grippe.
- Mein Fuß tut weh.
- Es tut weh! Mein Kopf tut weh!
- Mein Bein tut weh!
- Ich habe Rückenschmerzen!
- Mein Finger tut weh!
- Ich habe Halsschmerzen!
- Ich habe Ohrenschmerzen!

10 (p. 70) ▶2 56
- Guten Tag.
- Guten Tag.
- Haben Sie einen Termin heute bei uns?
- Nein, hab ich nicht, ich möchte ganz gern einen Termin vereinbaren.
- Haben Sie Schmerzen oder ist das nur eine Kontrolluntersuchung?
- Eigentlich nur zur Kontrolle.
- Kontrolle. Bei welchem Behandler sind Sie bitte in Behandlung?
- Bei Herrn Doktor Rudolf Henkel.
- Sagen Sie mir bitte noch Ihren Namen und Ihre Versicherung.
- Mein Name ist Andrea Köhler und ich bin privat versichert.
- Okay, ich schreib Ihnen dann grad noch ein Kärtchen und wir sehen uns dann am Montag, den 4. Dezember, um 16 Uhr 30.
- Um 16 Uhr 30. Gut.
- Ja. Okay. Tschüss.
- Tschüss.

Unit 13

2 (p. 72) ▶3 1
- Welche Sportart studierst du?
- Das sind alle Sportarten – Ballsportarten,

Volleyball, Basketball, Fußball, Handball, Geräteturnen, Schwimmen, Leichtathletik, Gymnastik, Tanz. Das sind die Sportarten in der Grundausbildung.
- Und welche Sportart treibst du persönlich?
- Ich spiele Volleyball, Tennis und ein bisschen Badminton.
- Ich habe gehört, Sie fahren sehr gerne Ski?
- Ja, ich fahre gerne im Winter Ski.

3 (p. 72) ▶3 2
- Wir finden Sport sehr wichtig. Ich will immer viel Sport machen - Tennis, Schwimmen und so weiter, und dann finde ich nie genug Zeit. Georg macht mehr Sport - der geht jeden Morgen joggen.
- Ach - Joggen ist so langweilig!
- Sagen die Kinder auch ... Die Kinder machen auch am meisten Sport: Radfahren, Schwimmen, Fußball...
- Ja, Fußball mag ich auch!
- Na prima! Dann kannst du mitspielen!

5 (p. 72) ▶3 3
- Und wie oft in der Woche treibst du Sport?
- Dreimal die Woche.
- Dreimal die Woche. Bist du Mitglied in einem Sportklub?
- Ja, in einem Volleyballklub und in einem Tennisklub.
- Und wie oft in der Woche treibst du Sport?
- Viermal.
- Viermal die Woche?
- Ja.
- An welchen Tagen?
- Ja, dienstags, mittwochs, donnerstags, freitags.
- Und wie lange jeweils?
- Eineinhalb Stunden.
- Eineinhalb Stunden.
- Hm, ja.
- Und wie oft in der Woche treibst du Sport?
- Zwei Stunden am Tag, etwa.
- Zwei Stunden am Tag?
- Zwei Stunden am Tag, ja.
- Bist du Mitglied in einem Sportklub?
- Ja, ich bin hier in Mainz in einem Sportverein, und da spiele ich Volleyball.
- Und wie oft in der Woche?
- Dreimal die Woche.
- Dreimal die Woche?
- Dreimal die Woche.

8 (p. 73) ▶3 4
- Also, ich spiele gern Tennis - und du?
- Ja ... Ich spiele Volleyball - das gefällt mir gut.
- Wie oft spielst du Volleyball?
- Dreimal die Woche - montags, mittwochs und samstags.
- Bist du in einem Verein?
- Ja - ich bin Mitglied im Volleyballklub Lübeck-Nord. Und du - bist du auch Mitglied in einem Tennisverein?
- Ja, ich bin im Tennisklub Kamen.
- Und wie oft spielst du Tennis?
- Also, ich spiele jeden Morgen um acht Uhr. Ich spiele mit Sandra, das ist meine Kollegin.
- Und wer spielt besser Tennis - du oder Sandra?
- Sandra - leider! Sandra spielt besser Tennis!

12 (p. 74) ▶3 6
- Guckst du dir gerne Sportübertragungen im Fernsehen an?
- Ja, doch, ja.
- Und welche?
- Ja, am liebsten Leichtathletik, aber das kommt halt sehr selten, halt nur, wenn Weltmeisterschaften sind, oder Olympiade. Manchmal Handball, kommt aber nicht sehr oft im Fernsehen in Deutschland. Ja, das war's so.
- Und welche Sportart guckst du dir am liebsten an im Fernsehen?
- Leichtathletik.

- Leichtathletik?
- Ja.
- Und was glaubst du ist die beliebteste Sportart bei den Deutschen?
- Fußball und Tennis.
- Fußball und Tennis?
- Ja.
- Schaust du dir gerne Sportsendungen im Fernsehen an?
- Ja, teilweise.
- Und was gefällt dir da am besten?
- Ja, wenn was halt ... Volleyball oder Tennis, und manchmal schau ich auch Fußball.
- Fußball auch?
- Ja, wenn Deutschland spielt.
- Was glaubst du ist die beliebteste Sportart bei den Deutschen?
- Ja, Fußball.
- Fußball.
- Fußball und Tennis.
- Für Männer Fußball, und was glaubst du so für die Frauen, was mögen die am liebsten?
- Tennis, denke ich.

13 (p. 74) ▶3 7
- Hallo.
- Hallo.
- Wie heißt du?
- Ich heiße Thomas.
- Thomas. Und wie alt bist du?
- Ich bin 25.
- Treibst du Sport?
- Ja, ich spiele Handball.
- Und wie oft in der Woche?
- Zwei- bis dreimal.
- Bist du Mitglied in einem Sportverein?
- Ja, das bin ich.
- In welchem?
- Im TV Bad Ems.
- Und was machst du dort?
- Ich spiele da Handball und trainiere eine Mannschaft.
- Du trainierst eine Mannschaft?
- Ich trainiere eine Mannschaft.
- Siehst du dir gerne Sportübertragungen im Fernsehen an?
- Wenn ich Zeit habe, ja.
- Und welche interessieren dich da am meisten?
- Handball und Basketball.
- Gehst du auch gerne zu Veranstaltungen... zu Sportveranstaltungen?
- Wenn ich die Zeit und Möglichkeit habe, zu Motorradrennen.
- Zu Motorradrennen?
- Ja.
- Was meinst du ist die beliebteste Sportart der Deutschen?
- Fußball.
- Fußball.
- Denke ich.

Unit 14

4 (p. 76) ▶3 10
- So Nico, wenn du diesen Grafikjob haben willst, dann musst du das Bewerbungsformular heute abgeben. Dieses Formular muss morgen früh in der Personalabteilung sein.
- Ach so.
- Was ist denn los, Nico? Willst du immer Volontär bleiben?
- Nein, ich habe nur Angst.
- Angst? Wovor?
- Ja, nun, mein Deutsch ist immer noch nicht so gut, und wenn ich dann ein...
- Vorstellungsgespräch?
- Ja, wenn ich dann ein Vorstellungsgespräch habe, dann ...
- ... dann wirst du ihnen zeigen, wie viel du von Grafik verstehst. Du wirst sehr nett sein und du wirst den Job bekommen! Und übrigens Nico - dein Deutsch ist inzwischen sehr gut!

Audio transcripts

7 (p. 77) ▶3 12
- Vor deinem Vorstellungsgespräch musst du dir die Haare schneiden lassen. Das macht einen guten Eindruck. Und du musst einen Anzug haben.
- Ich habe kein Geld.
- Vielleicht kann dir Ulli einen borgen.
- Gerne, nur Nico ist einen Kopf kleiner als ich, also...
- Ach, und einen Schlips - du wirst einen Schlips brauchen.

8 (p. 77) ▶3 13
- Hör mal Nico, hast du Lust am Sonntag mit mir zu meinen Eltern zu kommen? Ich bin zum Mittagessen eingeladen.
- Ich?
- Meine Freunde dürfen immer mitkommen. Meine Eltern werden dir gefallen.
- Und ich? Werde ich deinen Eltern gefallen?
- Werden wir sehen! Na?
- Gerne. Wie kommen wir denn dahin? Dein Auto ist doch in der Werkstatt.
- Bis Sonntag werde ich es wiederhaben. Ich werde dich um zehn Uhr abholen. Okay?
- Okay.

Unit 15

1 (p. 80) ▶3 15
- Mensch, ich muss tanken.
- Da ist ja eine Tankstelle.
- Prima!
- Bleifrei oder Super Bleifrei?
- Super Bleifrei. Ich komme gleich wieder.
- Okay.

2 (p. 80) ▶3 16
- Guten Tag, Herr Kramer. Wie geht's?
- Danke, Hans. Nicht schlecht, nicht schlecht. Und Ihnen?
- Ein bisschen kalt heute, aber sonst gut, danke. Was darf es denn sein?
- Voll tanken bitte, Hans. Bleifrei selbstverständlich. Und können Sie auch das Öl und das Wasser prüfen?
- Natürlich.
- So, das war's.
- Das macht 60 Euro alles zusammen.
- Hier ist meine Kreditkarte.
- Danke. Wollen Sie bitte hier unterschreiben?
- Okay.
- So, danke schön, Herr Kramer. Bis bald.
- Auf Wiedersehen, Hans. Tschüss!

6 (p. 81) ▶3 19
- Hallo, hallo, guten Tag.
- Hallo Frank, hallo Ulrike, hallo Anja!
- Hallo Katja, wie geht's?
- Gut danke. Und euch?
- Ja, nicht schlecht, nicht schlecht.
- Setzt euch hin.
- Danke.
- Kann ich euch was anbieten? Möchtet ihr Tee, Kaffee, Kekse?
- Ah, ja, 'ne Tasse Kaffee, bitte schwarz.
- Gut.
- Ich möchte bitte Tee.
- Schönen guten Tag.
- Guten Tag.
- Guten Tag.
- Ich möchte vorstellen: die Frau Knappe – Herr Jung.
- Angenehm.
- Angenehm.
- Herr Vogel – Herr Jung.
- Guten Tag. Angenehm.
- Guten Tag.
- Wenn Sie mir bitte folgen möchten.
- Gerne.
- Ja, gerne.
- Danke.

8 (p. 82) ▶3 20
- Guten Abend.
- Guten Abend.
- Herzlich willkommen. Ich freue mich, dass Sie den Weg hierher gefunden haben. Bitte nehmen Sie Platz.
- Darf ich Ihnen etwas anbieten?
- Ja, gerne.
- Wasser, Saft, Kaffee oder Tee oder ein Bier?
- Ich hätte gern ein Glas Bier.
- Ja? Und wie wär's mit einem Glas Wein?
- Das wäre gut. Den nehme ich.
- Ich bin sofort wieder da. Ich hol's gleich.

Unit 16

3 (p. 84) ▶3 23
- Nanu, Herr Antonescu? Sie kommen aber heute spät zur Arbeit.
- Ja, um zehn Uhr habe ich ein Vorstellungsgespräch.
- Ach so! Deshalb auch so schick! Wo bewerben Sie sich?
- In der Grafikabteilung. In Rumänien war ich ja Grafiker.
- Dann wünsche ich Ihnen alles, alles Gute! Und ich drücke Ihnen die Daumen. Das heißt so was wie "toi, toi, toi"!
- Verstehe. Vielen Dank, Herr Schiller. Bis später.

5 (p. 85) ▶3 24
- Guten Tag, Herr Antonescu, nehmen Sie bitte Platz. Mein Name ist Kessler, ich bin Chef der Grafikabteilung. Aus Ihren Bewerbungsunterlagen sehe ich, dass Sie in Bukarest an der Kunstakademie waren?
- Ja, drei Jahre lang.
- Erzählen Sie uns, was Sie da gemacht haben.
- Also, im ersten Jahr Titelgrafiken. Und dann habe ich zwei Jahre lang Grafikanimationen fürs Fernsehen gemacht. Zum Beispiel für Nachrichten-Sendungen, Musikclips, Werbespots und so weiter.
- Dann haben Sie also zwei Jahre als Fernsehgrafiker gearbeitet. Wann sind Sie nach Deutschland gekommen?
- Vor sechs Monaten.
- Wie kommen Sie zurecht hier in Köln?
- Köln gefällt mir gut. Die Leute sind sehr nett. Und jetzt, wo mein Deutsch besser ist, kann ich viel machen.
- Tja, zu Ihrem Deutsch kann ich Ihnen nur gratulieren.
- Danke.
- Inge Maier, Ihre Chefin, sagte mir, Sie haben schon Videografiken für sie gemacht?
- Ja, ich habe mit der Cutterin, Elke Schneider, zwei kleine Sachen gemacht.
- Ja, interessant, Herr Antonescu. Nehmen Sie bitte draußen Platz. Wir rufen Sie gleich wieder.

7 (p. 85) ▶3 25
- Also trinken wir jetzt auf Herrn Antonescu und seine neue Karriere als Grafiker. Herr Antonescu!
- Prost Nico! ... Viel Glück, Nico! ... Ja, Nico ... Klasse!
- Ich wollte nur danke schön sagen. Ich danke euch allen, dass ihr mir so gut geholfen habt. Und am Sonntag habe ich Geburtstag und ich möchte, dass ihr uns alle um zwölf Uhr zu einer Bootsparty treffen - bitte.

Treffpunkte

Unit 1

1 (p. 89) ▶3 27
- Tee, ein Ei, Marmelade, Käse, Schinken, Müsli, Toast, Brötchen, Kaffee, Brot, Jogurt

2 (p. 89) ▶3 28
- Und was essen Sie zum Frühstück?
- Brot, Toast, und Marmelade, Käse, manchmal auch Milch, Müsli ... Ja, das ist es eigentlich.
- Und was essen Sie da zum Frühstück?
- Brötchen, Toast mit Marmelade, Käse, ja ...
- Und trinken dazu was?
- Kaffee.
- Sie trinken Kaffee?
- Kaffee, ja.

6 (p. 91) ▶3 31
- Was darf ich Ihnen anbieten? Hier hab ich Kuchen oder Torte.
- Hm, Torte bitte. Die sieht lecker aus. Danke schön.
- Bitte. Möchten Sie auch ein Stück Kuchen?
- Ja, bitte. Am liebsten Mohnkuchen. Das ist mein Lieblingskuchen.
- Mohnkuchen? Bitte, mit Streuseln.
- Danke schön.
- So, bitte. Und lassen Sie sich's gut schmecken!
- Ja, danke schön.
- Danke, gleichfalls.

7 (p. 91) ▶3 32
- Bitte schön?
- Zwei Tee, bitte.
- Mit Zitrone oder mit Sahne?
- Mit Zitrone. Und ein Stück Käsekuchen und ein Stück von der Himbeertorte.
- Möchten Sie zu der Torte Sahne?
- Ja, gerne.
- Und zum Käsekuchen?
- Auch. Was macht das?
- 9 Euro 10, bitte.
- Bitte schön.
- Danke. Und 90 Cent zurück. Nehmen Sie schon mal Platz, Ihre Bestellung kommt gleich.
- Vielen Dank.

11 (p. 91) ▶3 34
- Ist Deutschland dann ein Weißweinland, wird also mehr Weißwein angebaut?
- Ja, Deutschland ist traditionell ein Weißweinland mit wichtigen Rebsorten wie Riesling, wie Silvaner oder Müller-Thurgau.
- Und wie viel Prozent Weißwein wird angebaut? Und wie viel Prozent Rotwein?
- Im Anbau sind etwa 80 Prozent Weißwein- und etwa 20 Prozent Rotweinsorten in Deutschland.
- Deutschland ist bekannt als das Land der Biertrinker. Stimmt das noch, oder trinken mittlerweile auch sehr viele Deutsche Wein?
- Wenn wir die Zahlen anschauen, dann stimmt das sicherlich. Es gibt beim Bier einen Pro-Kopf-Verbrauch von etwa 140 Litern pro Jahr und bei Wein, zusammen mit Sekt, sind das etwa 23 Liter pro Kopf und Jahr.
- Also es stimmt, dass die Deutschen mehr Bier als Wein trinken?
- Das ist richtig, ja.

Unit 2

1 (p. 93) ▶3 35
- Kirchmeyer.
- Mein Name ist Sieben, könnte ich bitte Frau Weller sprechen?
- Das tut mir Leid. Sie ist noch in einer Besprechung. Kann ich Ihnen helfen?
- Vielen Dank. Ich rufe später noch mal an. Auf Wiederhören.
- Bitte schön. Wiederhören.

- Guten Tag. Könnten Sie mich bitte mit Frau Wolf verbinden?
- Moment bitte ... Hören Sie, bitte?
- Ja?
- Da meldet sich niemand. Frau Wolf ist im Moment nicht an ihrem Arbeitsplatz. Möchten Sie später noch mal anrufen?
- Ja, gut. Vielen Dank. Wiederhören.
- Wiederhören.

- Thiel und Co., guten Tag.
- Wagner, von der Firma Westhof. Kann ich bitte

Herrn Richter sprechen?
- Herr Richter ist zurzeit nicht im Hause. Möchten Sie eine Nachricht hinterlassen?
- Ja, gern. Es geht um einen Termin für nächste Woche. Könnte er mich so bald wie möglich zurückrufen?
- Das geht in Ordnung, Herr Wagner.

- Barmer, Büro Steffens.
- Hallo, Frau Seidel, hier ist die Monika.
- Hallo!
- Kann ich meinen Vater kurz sprechen?
- Hallo, Monika. Geht's dir gut?
- Ja, es geht so.
- Dein Vater spricht gerade auf der anderen Leitung. Willst du gleich noch mal anrufen oder soll er dich zurückrufen?
- Nee, nee, ich muss jetzt weg. Ich ruf später noch mal an. Tschüss!
- Bis später!

4 (p. 94) ▶3 37
- Guten Tag. Hier ist der Anrufbeantworter von D Plus. Telefon- und Faxnummer 0221 133939. Bitte hinterlassen Sie eine Nachricht oder schicken Sie ein Fax. Wir rufen Sie so bald wie möglich zurück.

7 (p. 95) ▶3 38
- Guten Tag, hier ist der automatische Anrufbeantworter des Verkehrsvereins Mainz, Telefonnummer 06131 68 22 19. Im Moment ist unser Büro geschlossen. Unsere Öffnungszeiten sind: montags bis freitags von 9 Uhr bis 13 Uhr und von 15 bis 17 Uhr 30. Am Samstag ist der Verkehrsverein Mainz von 10 Uhr bis 13 Uhr geöffnet. Am Sonntag ist er geschlossen. Falls Sie eine Nachricht hinterlassen möchten, sprechen Sie bitte nach dem Signalton. Vielen Dank für Ihren Anruf.

10 (p. 96) ▶3 39
- Könnten Sie mir einen Rat geben, was ich mir an einem Tag alles so in Mainz ansehen sollte?
- Ja, natürlich zuerst der Sankt-Martins-Dom mit seiner 1000-jährigen Geschichte.
- Der ist wo, der Sankt-Martins-Dom?
- Hier, mit dem historischen Marktplatz davor, dann gegenüber auf dem Liebfrauenplatz befindet sich das Gutenberg-Museum, wo man auf jeden Fall auch hingehen sollte.
- Das ist ...
- Genau da.
- Zum Gutenberg-Museum ...
- Ist geöffnet von 10 bis 18 Uhr, ja. Und dort können Sie die Originalbibel sehen und etwas erfahren, wie die Buchdruckerkunst entstanden ist.
- Das ist ja gar nicht weit vom Dom ...
- Nein, drei Minuten ungefähr, zu Fuß.
- Und, ähm, in der Nähe von dem Dom, gibt es denn noch andere Sehenswürdigkeiten?
- Ja, Sie können, wenn Sie das Gutenberg-Museum besichtigt haben ... vielleicht mal in die historische Altstadt gehen, die ist sehr schön, sehr gemütlich, und können sich dort die schönen, alten Häuser anschauen und wenn Sie Zeit haben, können Sie vielleicht später noch in eine gemütliche Weinstube gehen.

Unit 3
2 (p. 97) ▶3 41
- Wie viele Stunden arbeiten Ihre Mitarbeiter in der Woche?
- Unsere Mitarbeiter arbeiten 38 Stunden in der Woche.
- Und wie viele Tage haben sie Ferien?
- Ja. Unsere Mitarbeiter haben bei uns 6 Wochen Urlaub.
- Und das schließt Weihnachten und Ostern ein?
- Unsere Mitarbeiter haben 30 Tage Urlaub im Jahr ... plus Weihnachten.

- Also, diese 30 Tage schließen Weihnachten nicht ein?
- Nein. Weihnachten ist noch einmal extra, und Ostern ist auch noch frei.
- Arbeiten Ihre Mitarbeiter 38 Stunden von Montag bis Freitag?
- Ja, unsere Mitarbeiter arbeiten von montags bis freitags. Weihnachten und Ostern kann es vorkommen, dass sie auch samstags mal arbeiten müssen.
- Aber am Sonntag ist die Fabrik geschlossen.
- Am Sonntag braucht niemand zu arbeiten.
- Und das auch nicht zu Weihnachten?
- Auch nicht zu Weihnachten.
- Gut.

4 (p. 98) ▶3 42
- Frau Fese, wann beginnt Ihr Arbeitstag?
- Also, mein Arbeitstag beginnt etwa um halb acht. Wir haben Gleitzeit - ich kann zwischen sieben und halb neun beginnen.
- Und wie lange müssen Sie jeden Tag arbeiten?
- Ich muss acht Stunden pro Tag arbeiten. Insgesamt haben wir eine 38,5 Stunden-Woche. Mein Arbeitstag ist gegen halb vier zu Ende. Freitags können wir bereits ab zwölf Uhr Feierabend machen. Das ist sehr gut für berufstätige Hausfrauen - man hat dann mehr Zeit zum Einkaufen und man kann dann das Wochenende mehr genießen.
- Und wann machen Sie Mittagspause?
- Das ist unterschiedlich. Wir können von zwölf Uhr bis vierzehn Uhr Mittagspause machen. Ich mache meine Mittagspause meistens zwischen 12 Uhr 30 und 13 Uhr.

10 (p. 100) ▶3 44
- Was machen Sie im Haushalt und was macht Ihre Frau?
- Meine Frau und ich - wir teilen uns die Arbeit.
- Aha, und was machen Sie?
- Ich staubsauge jeden Tag und ich wasche jeden Abend ab. Ja, und ich putze einmal in der Woche das Badezimmer und ich mache die Betten.
- Und was macht Ihre Frau im Haushalt?
- Meine Frau kocht jeden Tag und sie geht einkaufen.
- Und wer macht die Wäsche?
- Meine Frau. Sie macht die Wäsche und sie bügelt auch.
- Ist das alles?
- Ach ja, und sie macht die anderen Zimmer sauber.

11 (p. 100) ▶3 45
- Wer macht mehr im Haushalt - Sie oder Ihr Mann?
- Wir sind beide berufstätig, aber ich mache viel mehr im Haushalt!
- Was machen Sie denn?
- Ich arbeite von neun Uhr bis 17 Uhr. Vor der Arbeit mache ich die Betten, und ich mache das Badezimmer sauber. Ich bringe dann die Kinder in den Kindergarten. In der Mittagspause gehe ich einkaufen und ich hole die Kinder ab.
- Und was machen Sie, wenn Sie Feierabend haben?
- Also, ich koche dann für die Familie. Ich mache auch die Wäsche und ich bringe die Kinder ins Bett.
- Und Ihr Mann? Was macht er im Haushalt?
- Mein Mann kauft am Wochenende ein und er bügelt die Wäsche.

Unit 4
2 (p. 101) ▶3 47
- Hauptbahnhof Lübeck - der nächste Zug auf Gleis 2 ist der Intercity von Kiel nach Hamburg. Ankunftszeit 10 Uhr 03. Ankunft Hamburg Hauptbahnhof 10 Uhr 46. Bitte einsteigen auf Gleis 8: der EC nach München

fährt in zwei Minuten ab. Ankunft München Hauptbahnhof 17 Uhr 21. Der Schnellzug von Flensburg nach Hannover auf Gleis 13 hat 10 Minuten Verspätung. Erwartete Ankunftszeit 10 Uhr 19. Erwartete Ankunft in Hannover 11 Uhr 35.

3 (p. 101) ▶3 48
- Ich hätte ganz gerne gewusst, wann ein Zug nach Berlin fährt.
- Wohin in Berlin? Nach Berlin Lichtenberg oder Zoo?
- Nach Berlin Zoo.
- Ja. Wann möchten Sie fahren?
- Am Samstag.
- Am Samstag. Ab wie viel Uhr?
- So zwischen neun und zehn Uhr.
- Sie können ab Lübeck fahren 10 Uhr 03 bis Hamburg Hauptbahnhof. Ankunft 10 Uhr 45. Dort steigen Sie um in einen Intercity, Abfahrt 11 Uhr 01, und in Berlin Zoo kommen Sie 14 Uhr an.
- Ja, das ist ... das ist 'ne gute Zeit, ja.
- Ja. Möchten Sie mit diesem Zug fahren?
- Ja, ich werde den Zug nehmen.
- Ja.

7 (p. 104) ▶3 50
- Wir befinden uns hier im LN plus Hapag-Lloyd Reisebüro in Lübeck und ich spreche mit Frau ...
- Mein Name ist Irene Lüdemann.
- Frau Lüdemann, wohin verreisen die Deutschen gerne in ihrem Urlaub?
- Bevorzugt ist Mallorca, als Badeinsel sehr schön, dann haben wir sehr viele Städtereisen nach Italien - Florenz, Toskana - und auch Ferienhausvermietung in Frankreich, die Atlantikküste ist da sehr gefragt, oder Rundreisen, Studienreisen in Großbritannien und Irland.
- Das ist ja schon sehr viel. Und könnten Sie mir auch sagen, wohin die Deutschen reisen, wenn sie etwas weiter weg wollen?
- Ja, da ist bevorzugt jetzt die Karibik, weil da gibt es zum Teil recht günstige Angebote sogar schon, oder auch Städtereisen, Hongkong, Japan, werden auch sehr viel gebucht.
- Ach so, gut, danke schön.

8 (p. 104) ▶3 51
- Wo waren Sie im Urlaub?
- Ich war in den Sommerferien zwei Wochen auf Mallorca. Das war im Juli.
- War's schön?
- Ja, sehr schön. Das Wetter war toll! Ich habe den ganzen Tag am Swimmingpool gelegen.
- Und wo haben Sie gewohnt?
- Ich habe im Hotel gewohnt. Ich hatte ein schönes Zimmer mit Bad und Balkon.
- Und wo genau haben Sie gewohnt?
- Also, das Hotel war in Palma de Mallorca - das ist die Hauptstadt.
- Waren Sie dieses Jahr im Urlaub?
- Ja, ich war über Weihnachten eine Woche im Winterurlaub.
- Wo waren Sie genau?
- Ich war in St. Anton. Das ist in Österreich - in den Alpen.
- Hatten Sie die ganze Zeit Schnee?
- Ja, das Wetter war super! Wir hatten viel Schnee und ich bin jeden Tag Ski gefahren.
- Und wo haben Sie gewohnt - im Hotel?
- Nein, ich habe in einem Ferienapartment gewohnt - das war sehr komfortabel.
- Waren Sie allein im Urlaub?
- Nein, ich war mit einer Freundin da. Wir sind oft zusammen verreist.

Unit 5
2 (p. 106) ▶3 53
- Herr Altjohann, könnten Sie mir bitten sagen, woraus besteht Ihr Marzipan?

Audio transcripts

- Ja, unser Marzipan besteht ausschließlich aus Mandeln und Zucker und einem kleinen süßen Geheimnis.
- Und dieses Geheimnis wird natürlich auch nicht verbreitet.
- Nein.
- Wie viel Marzipan stellen Sie am Tag her?
- Wir stellen am Tag bis zu 35 Tonnen Marzipan her.
- Wie viele Mitarbeiter arbeiten in dieser Fabrik?
- Hier bei Niederegger arbeiten 500 Mitarbeiter, und zu Weihnachten und Ostern kommen noch einmal 200 dazu.
- 700 Mitarbeiter arbeiten hier. Kommen sie alle aus Deutschland?
- Nein, alle nicht. Ein Teil unserer Mitarbeiter kommt aus Polen, aus der Tschechei, aus Russland, Frankreich vielleicht auch noch. Also wir sind international.

- Ich spreche jetzt mit Herrn Mayer, dem Exportleiter der Niederegger Marzipanfabrik. Herr Mayer, könnten Sie mir bitte sagen, seit wann diese Fabrik existiert?
- Diese Fabrik existiert seit 1806.
- In welche Länder exportieren Sie Ihre Produkte?
- Wir liefern in alle fünf Kontinente. Europa ist natürlich der stärkste Bereich, in den wir liefern. Hier haben wir traditionelle Verbindungen auch nach Österreich oder nach Dänemark und Schweden, aber selbstverständlich auch nach England, und hier insbesondere die Kaufhäuser im Großraum London wie Bentalls, Harrods und Selfridges, aber auch Feinkostgeschäfte wie Partridges.

3 (p. 106) ▶3 54
- Na, Herr Wollmann, erzählen Sie mal, wie war denn die Geschäftsreise?
- Es war sehr hektisch, Frau Struck. Ich bin Montagabend spät in Lübeck angekommen. Am Dienstag früh um 8.00 Uhr hatte ich einen Termin mit dem Geschäftsführer. Um 8.15 Uhr gab es eine Einführung in die Firma. Dann kam die Besichtigung der Marzipanfabrik ...
- Mmm! Da haben Sie sicher auch Marzipan probiert?
- Nein, ich mag kein Marzipan. Es ging weiter mit Besprechungen mit dem Produktionsleiter und der Exportleiterin bis abends um halb sechs. Um sieben Uhr war ich wieder in Hamburg.

7 (p. 107) ▶3 56
- Wie heißen Sie?
- Mein Name ist Andrea Drews.
- Und woher kommen Sie?
- Aus Österreich, aus Linz.
- Arbeiten Sie schon lange hier?
- Seit August dieses Jahres.
- Und gefällt es Ihnen hier?
- Ja, mir gefällt's sehr gut hier.

Unit 6
2 (p. 109) ▶3 58
- Und welche Farben haben Sie da?
- In Gelb, Beige, Rot, Hellblau, Jeansblau, Grau ...
- Auch in schwarz, sehe ich.
- Schwarz... können Sie so in allen Farben haben.
- Ja, dann könnten Sie mir bitte ein gelbes T-Shirt zeigen?
- Gerne. Sehen Sie mal, ein gelbes T-Shirt mit einem runden Ausschnitt und halbem Ärmel.
- Hm... Ich nehme ein gelbes T-Shirt.
- Danke schön.

3 (p. 110) ▶3 59
- Entschuldigung, könnten Sie mir bitte helfen?
- Gerne, was darf ich Ihnen denn zeigen?
- Ich suche ein T-Shirt.
- Ja, hätten Sie es gerne selbst oder möchten Sie es verschenken?
- Ich suche ein T-Shirt für meine Schwester.

- Ja, gerne. Welche Größe muss es denn sein?
- Sie ist etwas kleiner als ich, glaube so Größe S.
- S?
- Ja.
- Ja. S oder M?
- Hm, ich glaube S reicht.
- S reicht.
- Ja. Größe S, ja. Kann ich vielleicht doch noch einmal ein T-Shirt in Größe M sehen?
- Gerne. Schauen Sie, das ist es in Größe M. Es ist etwas größer. Aber es läuft auch etwas ein. Baumwolle läuft immer etwas ein beim Waschen.
- Ja, ich glaube, ich nehme das T-Shirt in Größe M.
- M?
- Ja.

5 (p. 110) ▶3 60
- Guten Tag. Kann ich Ihnen helfen?
- Ja, guten Tag, ich möchte gerne ein Geschenk kaufen.
- Möchten Sie gerne eine Vase oder einen Kerzenständer kaufen?
- Ich sehe da einen Teller mit einer Kuh, der gefällt mir sehr gut. Wie teuer ist der?
- Ähm, der Teller kostet 18 Euro.
- Aha. Und wie viel kostet diese Schale mit dem Huhn?
- Ähm, die Schale mit dem Huhn, die kostet 45 Euro, aber wir haben die auch noch mit einem Schaf. Das ist auch sehr hübsch.
- Ja. Hm, das sieht sehr gut aus, aber ich glaube, das ist ein bisschen zu teuer. Ich glaube, ich werde den Teller mit der Kuh kaufen.
- Ja. Soll ich Ihnen den Teller als Geschenk verpacken?
- Das wäre sehr nett, ja, bitte.
- Dann können Sie mir zur Kasse folgen und dort bezahlen.
- Ja, gut. Hm, danke schön.
- Bitte schön.

Unit 7
3 (p. 114) ▶4 1
- Was haben Sie eingekauft?
- Ich hab Tomaten gekauft, Zwiebeln, Öl, Tee, Käse, Salami, Bananen. Ich war am Fleischstand, hab Fleisch geholt, Hundefutter, 'ne Zeitschrift, ja, Gewürze fürs Essen, Eier, Gurken, und Odol.
- Odol, Mundwasser. Und wie viel haben Sie ausgegeben?
- Ich hab € 60,68 Cent ausgegeben.
- € 60,68.
- Ja, ist viel.
- Ja, wie oft gehen Sie in der Woche einkaufen?
- Alle zwei Tage gehe ich hierher und gebe ungefähr so viel Geld aus.

8 (p. 115) ▶4 4
- Was kann ich für Sie tun?
- Ich möchte ganz gerne einen Flug von Hamburg nach Zürich buchen.
- Ja gerne, wann wollen Sie denn fliegen?
- Am nächsten Samstag.
- Am nächsten Sonnabend. Dann gucken wir erst mal nach den Preisen. Wir haben übers Wochenende einen extra Sondertarif. Wenn Sie 7 Tage im Voraus buchen, und das kommt ja hin ... und bleiben Sie über ein Wochenende weg?
- Ja, bleibe ich.
- Bleiben Sie. Das ist schön, dann haben wir einen Tarif von € 163,65, und ist recht günstig, wenn Sie sonst den normalen Tarif sehen, das sind € 245.
- Dann nehme ich die Abendmaschine.
- Dann nehmen Sie die Abendmaschine... So, dann brauche ich Ihren Namen noch, bitte.
- Christine Baumeister.
- Und wie möchten Sie das bezahlen, Frau Baumeister, mit Scheck oder bar oder haben

Sie eine Kreditkarte?
- Ich bezahle das mit Scheck.
- Mit Scheck. Und das Ticket nehmen Sie gleich mit, nicht?
- Das nehme ich gleich mit, ja.
- Gut, dann drucke ich Ihnen das gleich aus ... So, dann haben wir hier das Ticket. Dann können Sie mir den Scheck auch gleich geben.
- Hier ist mein Scheck, bitte schön.
- Danke schön. Ja, und guten Flug wünsche ich Ihnen.
- Danke schön.
- Tschüss!

Unit 8
1 (p. 117) ▶4 6
- Frau Fritz, wie viele Kinder haben Sie?
- Ich habe zwei Kinder, zwei Mädchen, sie sind Zwillinge, und heute, jetzt sind sie 30 Jahre alt.
- Haben Sie Enkelkinder?
- Ja, und die eine Tochter ist verheiratet und hat zwei Kinder, zwei Mädchen ...
- Und wie alt sind diese zwei Mädchen?
- Und die eine ist 11, und die andere ist 4.
- Und wie heißen sie?
- Die Älteste heißt Smina, und die Kleine heißt Sophia.

2 (p. 117) ▶4 7
- Katharina, sind Sie verheiratet?
- Nein, ich bin geschieden.
- Und haben Sie Kinder?
- Ja, ich habe einen Sohn. Er ist zweieinhalb.
- Dann sind Sie allein erziehende Mutter?
- Ja, richtig.
- Und haben Sie Geschwister?
- Ja, ich habe einen Halbbruder und eine Stiefschwester.
- Eine Stiefschwester?
- Ja. Meine Mutter ist seit 20 Jahren verwitwet. Vor 17 Jahren hat sie zum zweiten Mal geheiratet. Ihr zweiter Mann hatte schon eine Tochter und das ist meine Stiefschwester.
- Ah ja. Und Ihr Halbbruder - das ist der Sohn aus dieser Ehe?
- Ja. Stimmt genau! Und Sie, Joan: Haben Sie Familie?
- Also, ich habe viele Tanten und Onkel - meine Mutter hat viele Geschwister! Aber Kinder habe ich noch.

3 (p. 118) ▶4 8
- Frau Bellstedt, Sie wohnen in Jena?
- Ja.
- Wie lange schon?
- Ich bin schon 50 Jahre in Jena.
- Wie alt sind Sie, wenn ich fragen darf?
- Ich bin 61 Jahre alt und bin aber schon seit sieben Jahren Rentnerin.
- Haben Sie eine Familie?
- Ja, ich habe einen Mann, der auch Rentner ist, und ich habe zwei Kinder, die beide in Jena wohnen.
- Und auch Enkel?
- Noch nicht, aber im September werden wir unser erstes Enkelkind begrüßen können.
- Na, dann herzlichen Glückwunsch!
- Ja, danke schön. Wir freuen uns auch sehr.

8 (p. 119) ▶4 10
- Möchten Sie noch ein Glas Sekt?
- Ja, gern. Ach ja - haben Sie meinen Mann gesehen? Ich habe ihn seit zwei Stunden nicht gesehen!
- Ihr Mann ... Hat er einen Bart und trägt er eine Brille?
- Nein, er hat eine Glatze. Er hat braune Augen. Er ist sehr alt!
- Ist er ziemlich klein und schlank?
- Ja, er ist klein und schlank.
- Ähm ... also ... ja, ich habe Ihren Mann gesehen...
- So? Wo ist er denn?

- Also ... er ist in der Sektbar ... er ähm ... er tanzt auf dem Tisch in der Sektbar ...
- Auf dem Tisch?? In der Sektbar?? Wo ist die Sektbar??
- Dort drüben links ...
- Helmut! Helmut!!

Unit 9

3 (p. 124) ▶4 12

- Emmet, deine Mutter ist Irin und dein Vater Amerikaner. Wo bist du denn aufgewachsen?
- Bis ich drei war, bin ich in Irland aufgewachsen, den Rest in Deutschland.
- Und wie lange bist du jetzt schon in Deutschland?
- Seit sechs Jahren, ich gehe hier in Nürnberg zur Schule.
- Warum ist deine Familie nach Deutschland gekommen?
- Weil mein Vater bei der Armee arbeitete.
- Und war das schwer für dich am Anfang, in Deutschland zu sein?
- Na ja, es war total anders als in Irland. Ich hatte meine ganzen Freunde in Irland. Ich konnte kein Deutsch, und die Schüler sagten zu mir 'der Irre' statt 'Ire' und nannten mich 'strawberry face'. Am Anfang war es ziemlich schwer, aber es gab keine Schlägereien. Ich hab dann jeden Tag extra Deutschunterricht bekommen. Es dauerte ungefähr drei Jahre, dann haben die mich akzeptiert, und jetzt fühle ich mich wohl.
- Möchtest du in Deutschland bleiben?
- Ich weiß noch nicht. Meine Eltern gehen zurück nach Amerika. Jetzt sind hier meine Freunde. Ich weiß wirklich nicht, ob ich mitgehen soll. Vielleicht bleib ich hier.

- Marit, ich kann überhaupt keinen Akzent hören in deinem Deutsch. Woher kommst du und wo bist du aufgewachsen?
- Ich komme aus Norwegen und bin in Oslo zur Schule gegangen, alles in allem 12 Jahre. Ich habe in der Schule fünf Jahre lang Deutsch gelernt.
- Und wie lange lebst du schon hier?
- Hier in Marburg seit acht Jahren.
- Und warum bist du nach Deutschland gekommen?
- Ich bin hierher gekommen um zu studieren, weil es schwer ist, in Norwegen einen Studienplatz zu bekommen.
- Gab es für dich Probleme, als du zum ersten Mal in Deutschland warst?
- Also, wie gesagt, ich konnte ja schon Deutsch und die Leute waren sehr freundlich zu mir. Ob da alle Ausländern so geht, weiß ich nicht. Aber mit dem Zimmer, da gab's am Anfang Probleme. Die Familie, bei der ich wohnen sollte, hatte das Zimmer gleich zweimal vermietet und so musste ich die erste Woche im Kellergeschoss schlafen.
- Jetzt hast du eine schöne Wohnung und Arbeit gefunden. Möchtest du irgendwann wieder zurück nach Norwegen?
- Ja, auf jeden Fall. Norwegen ist mein Zuhause.

8 (p. 126) ▶4 14

- Wie viele Ausländer leben denn zurzeit in Deutschland – ungefähr?
- Es sind circa sieben Millionen Menschen.
- Und aus welchen Ländern kommen diese Menschen?
- Viele Menschen kommen aus der Türkei, aus dem ehemaligen Jugoslawien und aus Italien. Aber auch aus allen anderen Ländern der Welt.
- Aus welchem Land kommen die meisten Menschen?
- Die meisten Menschen haben einen türkischen Pass.
- Und warum?
- In Deutschland hat es eine große Kampagne gegeben für die Anwerbung von ausländischen

Arbeitskräften aus Ländern wie der Türkei, Griechenland, Jugoslawien, Italien, aber auch Portugal, Marokko und Tunesien. Damals wurden sehr viele Menschen angeworben, um in der Bundesrepublik zu arbeiten. Viele kamen aus der Türkei, weil es dort wenige Arbeitsmöglichkeiten gab und ein großes Interesse, einen Arbeitsplatz zu finden.

Unit 10

1 (p. 127) ▶4 15

- Hotel zur Schweiz, guten Tag.
- Bauer & Herzog, guten Tag. Ich hätte gern drei Einzelzimmer mit Dusche reserviert.
- Ja, für wann, bitte.
- Für den 25. und 26. September.
- Moment, bitte - oh, das tut mir Leid, wir sind für diese Zeit schon voll belegt.
- Hm, was machen wir denn da? Können Sie uns ein Hotel in der Nähe empfehlen?
- Ja, versuchen Sie es mal im Hotel Schwarzer Bär, die Nummer ist Jena 2 25 43.
- Vielen Dank, das ist sehr freundlich.

2 (p. 127) ▶4 16

- Hotel Schwarzer Bär, guten Tag.
- Guten Tag, ich hätte gern drei Einzelzimmer mit Dusche reserviert.
- Ja, gerne, für welches Datum, bitte?
- Für den 25. und 26. September, also für zwei Nächte.
- Einen Moment, bitte ... Ja, da habe ich nur noch zwei Einzelzimmer mit Dusche und ein Doppelzimmer mit Bad.
- Und was kostet das Doppelzimmer?
- 99 Euro pro Nacht und das Einzelzimmer 79 Euro.
- Okay, ich nehme die Zimmer.
- Und auf welchen Namen geht das Doppelzimmer?
- Das Doppelzimmer ist für Frau Ungut und die Einzelzimmer für die Herren Preuss und Apel.
- Und Ihre Adresse, bitte?
- Firma Bauer & Herzog, Kaiser-Ludwig-Platz 202, 80336 München.
- Ihre Telefonnummer?
- 089 54 42 78.

8 (p. 129) ▶4 20

- Woher kommst du? Was studierst du? Und wo wohnst du?
- Also, ich komme aus Somalia und ich studiere Politikwissenschaften hier ... und ich lebe seit also fünf Jahren hier in Deutschland.
- Hast du 'ne kleine Wohnung oder wie hast du deine Wohnung gefunden?
- Ich wohne im Studentenwohnheim hier also in der Nähe von hier, also Ginnheimer Landstraße, und es war schwierig also, ein Zimmer hier zu bekommen. Weil ich musste ein Jahr auf dieses Zimmer warten, weil es so viele Studenten noch gibt, ausländische Studenten, die zwei Jahre sogar warten und ich hatte Schwierigkeiten, hier also ein Zimmer zu bekommen.

Unit 11

3 (p. 132) ▶4 21

- Herr Ignasiak, wie hat sich das Leben in der Stadt nach der Wende verändert?
- Das Leben hat sich sehr verändert. Das Leben ist reicher geworden. Die Leute können besser einkaufen gehen. Es gibt alles zu kaufen; das war früher nicht so, aber man muss auch sagen, dass viele Menschen keine Arbeit haben. Die Leute freuen sich, dass sie verreisen können, wo sie früher nicht hin durften, und vieles andere mehr. Man freut sich, dass sehr viel gebaut wird. Wer heute durch die Stadt geht, sieht überall Kräne und Veränderungen. Und es entstehen dabei auch neue Arbeitsplätze.

4 (p. 132) ▶4 22

- Frau Mendra, Sie wohnen schon lange in Jena. Wie war Jena vor der Wende?
- Vor der Wende haben 8000 Menschen mehr als heute hier gewohnt, aber so schlimm war es gar nicht. Alles war ein bisschen grau, aber in Jena gab es schon immer sehr viele Studenten.
- Und wie hat sich die Stadt seitdem verändert?
- In Jena hat sich seitdem sehr viel geändert. Die Universität hat mehr Studenten bekommen, die Großbetriebe sind wesentlich kleiner geworden, sehr viele Menschen sind arbeitslos geworden und fortgezogen, aber es sind auch neue Wissenschaftler, Manager und Angestellte nach Jena gekommen.
- Glauben Sie, dass die meisten Jenenser die Wende als etwas Positives oder mehr als etwas Negatives sehen?
- Unbedingt würde ich sagen, dass sie es positiv angesehen haben. Natürlich sind auch sehr viele Menschen arbeitslos und dadurch auch unglücklich.
- Und Sie persönlich, was ist Ihre Meinung zu diesem Thema?
- Ja, ich kann die Wende nur begrüßen, denn gerade auf dem Tourismus ist die Welt ein Stück größer geworden.
- Ich danke Ihnen.
- Bitte.

7 (p. 133) ▶4 23

- Hat sich Ihr Leben nach der Wende verändert?
- Ja. Es hat sich in finanzieller Hinsicht verbessert. Ich bekomme jetzt mehr Rente als vorher. Und die Miete ist aber gestiegen.
- Sehen Sie die Wende nun als etwas Positives oder als etwas Negatives?
- Beides. Die Wende hat uns Positives gebracht und auch Negatives. Positiv ist, dass jetzt in Jena sehr viel und in schneller Weise gebaut wird. Die Stadt verschönert sich. Und negativ ist, dass die Menschen früher menschlicher waren zueinander.

- Was hat sich nach der Wende für Sie persönlich geändert?
- Ich habe nach der Wende einen neuen Arbeitsplatz bekommen, ebenso mein Mann. Die Arbeitszeit ist wesentlich länger. Die Freizeit dadurch geringer. Was mir persönlich Leid tut, dass es ... wenig Zeit für die Familie bleibt. Unsere Tochter ist 14 Jahre, die sieht uns wenig und muss alles alleine machen oder vieles alleine machen.

Unit 12

1 (p. 135) ▶4 25

- Was hat sich für Sie ganz persönlich verändert?
- Ich war ja bereits zu DDR-Zeiten schon Rentner und ich bin Rentner geblieben, weil ich krank bin und ich muss aber sagen, dass ich erst nach der Wende etwas für mich und meine Gesundheit tun kann. Es war vor der Wende sehr schlecht, Obst zu bekommen oder Vitamine oder auch bestimmte Medikamente, und das ist für mich alles besser geworden und ich fühle mich wohl und ich freue mich über jeden Tag, den ich hier in der Stadt mich umsehen kann.

3 (p. 136) ▶4 26

- Ich war gestern den ganzen Tag in der Sonne. Mein Rücken brennt und mir ist schlecht. Und mir ist heiß und kalt. Was können Sie empfehlen?
- Hm, das sieht nicht gut aus. Da geb ich Ihnen mal eine Salbe zum Einreiben. Sie sollten viel trinken und diese Tabletten nehmen.

- Haben Sie etwas gegen Insektenstiche? Ich bin total zerstochen und das juckt wie verrückt!
- Da kann ich Ihnen diese Salbe empfehlen. Die hilft gegen Juckreiz und gegen Schmerz.

- Ich habe Halsschmerzen, furchtbare Halsschmerzen. Ich suche etwas Starkes - was können Sie empfehlen?
- Da empfehle ich Ihnen diese Tabletten hier. Nehmen Sie eine Tablette alle 2-3 Stunden.

- Ich habe mich verletzt - mein Fuß tut weh. Wo bekomme ich etwas gegen Schmerzen?
- Nehmen Sie am besten diese Tabletten dreimal am Tag. Sie brauchen auch ein Pflaster für die Wunde.

5 (p. 137) ▶4 27
- Guten Tag.
- Guten Tag.
- Ich glaube, ich habe Grippe. Ich hab seit einigen Tagen Temperatur, ich hab Halsschmerzen, Schnupfen und auch ein bisschen Husten.
- Ja, das sind Symptome, die zeigen deutlich auf eine Grippe hin. Wie hoch ist Ihre Temperatur?
- Ich hab heute früh meine Temperatur gemessen. Ich hab 38.
- Ja, das ist leicht erhöhtes Fieber. Da sollten Sie etwas geben gegen das Fieber ... das fiebersenkend wirkt, eine Tablette oder Zäpfchen, die dieses Fieber nach unten drücken.
- Ich glaube, ich werde die Tabletten nehmen.
- Ja, natürlich, Tabletten bewirken das auch, senken das Fieber und sind auch gleichzeitig gegen Grippe wirksam.
- Wie oft muss ich diese Tabletten nehmen?
- Am Anfang zwei Tabletten, und dann dreimal täglich eine Tablette.
- Muss ich die Tabletten mit viel Wasser einnehmen?
- Die Tabletten werden mit Wasser eingenommen. Wie gesagt, am Anfang zwei Tabletten und dann dreimal täglich eine, mit Wasser.

Unit 13
1 (p. 139) ▶4 29
- Welche Art von Kunden haben Sie, sind das mehr ältere Leute oder jüngere?
- Das ist sehr gemischt, würde ich sagen. Wir haben sehr viele junge Mütter, die eben darauf aus sind, ihre Kinder schon gesund zu ernähren, möglichst ohne Zucker, oder auch weil sie müssen, durch irgendwelche Allergien oder Krankheiten bedingt. Dann haben wir sehr viele Diabetikerinnen oder ganz allgemein Leute, die abnehmen wollen, die schlanker werden wollen, ganz gemischtes Publikum.
- Welche Art von Produkten bieten Sie an?
- Wir versuchen, alle Lebensmittel so natürlich wie möglich zu lassen, wenigst - bearbeitet, sondern so natürlich wie möglich.

2 (p. 140) ▶4 30
- Ernähren Sie sich gesund, oder glauben Sie, dass Sie sich gesund ernähren?
- Ich denke, ich ernähre mich normal. Ich lege auf die Gesundheit meines Essens nicht so großen Wert, sondern eher darauf, dass es mir gut schmeckt.
- Essen Sie sehr gerne Fleisch- und Wurstwaren?
- Ja, ja.
- Und wie oft die Woche?
- Ja, täglich.
- Täglich? Sie essen täglich Fleisch?
- Ja.
- Essen Sie auch gerne Gemüse oder Kartoffeln?
- Ja, sicher, immer mit Beilage. Ich würde kein Fleisch so essen, sondern immer im Rahmen einer Mahlzeit, mit Kartoffeln und Gemüse oder Salat. Wir essen auch viel Salat dazu.
- Trinken Sie auch sehr gerne mal ein Glas Wein oder ein Glas Bier zum Essen?
- Ja, ich persönlich trinke zu Hause eigentlich sehr wenig Alkohol, aber wenn ich ausgehe, mit Freunden oder mit meiner Frau, dann trinke ich

eigentlich immer zum Essen, entweder ein gutes Glas Wein oder ein Glas Bier.
- Essen Sie auch sehr viel Obst?
- Es geht, es geht. Ich mag gerne Obst, ja, jetzt im Winter bemühe ich mich, etwas mehr Obst zu essen, um mehr Vitamin C zu bekommen, aber, ja, es hält sich in Grenzen.
- Rauchen Sie?
- Nein.
- Haben Sie nie geraucht?
- Doch, das habe ich aber schon vor vielen Jahren aufgehört.

3 (p. 140) ▶4 31
- Glauben Sie, dass Sie sich gesund ernähren?
- Ja, darauf achte ich.
- Und worauf achten Sie am meisten? Essen Sie gerne Fleisch oder weniger Fleisch?
- Ich denke, dass ich ausgewogen esse, weniger Fleisch als früher. Ich habe früher mehr Fleisch gegessen. Jetzt lege ich mehr Wert auf Milch, Eiweißprodukte überhaupt, Körnersachen zum Frühstück, vielleicht Körnerbrötchen, viel Obst, auch Gemüse.
- Essen Sie gerne Fisch?
- Jawohl, das tue ich, weil er auch mager ist und mir gut schmeckt.
- Trinken Sie häufig Alkohol?
- Nein, nicht häufig, mehr trinke ich Wasser, hier: Sprudelwasser, Mineralwasser. Und gerne natürlich zum Essen auch ein Glas Wein.
- Und Bier trinken Sie nicht so gerne?
- Nein, ich bin keine Biertrinkerin.
- Rauchen Sie?
- Nein, auch nicht mehr. Das habe ich vor vielen Jahren getan und habe es aufgehört.

7 (p. 141) ▶4 32
- Wie alt ist Ihr ältester Besucher oder Ihre älteste Besucherin?
- 72 Jahre.
- 72 Jahre?
- Eine Dame von 72 Jahren.
- Aha, und aus welchen Gründen kommen die Menschen zu Ihnen?
- Meistens gesundheitliche Gründe, um sich fit zu halten.
- Und die älteren Besucher, was machen die am meisten, welche Sportarten?
- Eher ruhigere Gymnastikkurse, die sich mit der Bauchmuskulatur, mit der Rückenmuskulatur, mit der Beweglichkeit befassen, also Wirbelsäulengymnastikkurse, Stretching, oder auch so funktionale Gymnastik.
- Also wüssten Sie jetzt auch gar nicht, welche Sportart die beliebteste ist, oder ob es überhaupt eine beliebteste ...
- Die beliebteste Sportart, doch, das ist ja durch Zahlen, zum Beispiel Mitglieder von Sportvereinen, das ist schon statistisch erhoben, und das wäre in jedem Falle Fußball. Aber ich kann Ihnen sagen, also 4 Millionen Deutsche sind in Fitnesscentern organisiert.
- 4 Millionen Deutsche?
- 4 Millionen Deutsche.
- In ganz Deutschland?
- In ganz Deutschland.
- Und glauben Sie, dass es mehr Männer sind, mehr Frauen sind oder gibt's da keine ...
- Ich glaube, dass generell die Männer etwas fleißiger sind, etwas körperbewusster sind, dass es etwas mehr Männer sind. Bei uns ist der Anteil gleich, 50 /50, aber generell glaube ich, dass der Anteil an sport treibenden Männern in jedem Falle höher liegt.

8 (p. 141) ▶4 33
- Ich habe gehört, Sie fahren sehr gerne Ski.
- Ja, ich fahre gerne im Winter Ski.
- Welches Land gefällt Ihnen am besten, um Ski zu fahren?
- Ich fahre gerne in Österreich oder der Schweiz Ski, auch Frankreich bietet wunderbare Pisten.

Man kann nicht sagen, dass man eines dieser Länder bevorzugen kann.
- Welche Skisportart gefällt Ihnen am besten? Langlauf oder Abfahrtslauf?
- Ich habe beides sehr gerne. Beim Abfahrtslauf ist die Bewegung sehr begeisternd, sehr anregend, und beim Langlauf kann man die Natur mehr wahrnehmen und sich daran freuen.

10 (p. 142) ▶4 34
- Frau Gerhard, wie lange betreiben Sie schon Rudersport?
- Also, leistungssportmäßig seit neun Jahren.
- Und wie lange insgesamt? Wann haben Sie angefangen damit?
- Ich habe 1990 das Rudern gelernt.
- Sie sagten, Sie betreiben das leistungsmäßig. Wie oft in der Woche trainieren Sie?
- Zurzeit trainiere ich zwölfmal die Woche.
- Zwölfmal die Woche! Und wie viel Stunden?
- Je nach Woche. Zwischen 18 und 23 Stunden die Woche.
- Das ist sehr viel! Haben Sie schon mal an einem internationalen Wettbewerb teilgenommen?
- Ja, ich war schon mehrmals auf Weltmeisterschaften und ja, die letzten acht Jahre bin ich in der Nationalmannschaft.
- Und haben Sie auch schon Medaillen gewonnen?
- Ja, ich habe drei Medaillen auf Weltmeisterschaften gewonnen, zweimal Silber und einmal die Bronzemedaille; und sonst war ich auch immer im Endlauf.

Unit 14
4 (p. 144) ▶4 37
- Hallo, Sabine. Wie geht's?
- Ganz gut, aber 'n bisschen Angst hab ich schon, immer vor der ersten Stunde. Ich habe so viel vergessen.
- Ach, das kommt schon wieder, du wirst sehen.
- Sag mal, weißt du, in welchem Raum wir sind?
- Nee, lass uns mal nachsehen ... Anfängerkurse für Französisch ...
- Hier: Mittelstufe Italienisch. Hier steht's: Raum 117.
- Du, guck mal, wer da kommt! Euer lieber Nachbar! Ist das nicht der, immer so ...
- Sch ...
- Guten Abend, Sabine, das ist ja ein Zufall. Wollen Sie auch Englisch lernen?
- 'n Abend, Herr König. Nein, Italienisch. Wir fahren im Sommer nach Italien. Und Sie lernen Englisch?
- Ja, ich weiß, in meinem Alter! Aber wissen Sie, wo wir doch jetzt einen englischen Schwiegersohn haben und unsere Tochter in London leben wird, da dachte ich, ich mach mal einen Anfängerkurs. Früher, in meiner Schulzeit, haben wir nie Englisch sprechen gelernt, immer nur gelesen und übersetzt.
- Na, dann wünsch ich Ihnen viel Glück!
- Ihnen auch. Wiedersehen.
- Tschüss, Herr König!
- Tschüss!

7 (p. 145) ▶4 38
- Und was studierst du?
- Ich studiere Politikwissenschaft, Anglistik und Jura.
- Und in welchem Semester bist du?
- Ich bin jetzt im 11. Semester.
- Wie lange musst du noch studieren?
- Ich schreibe gerade an meiner Magisterarbeit und bin wahrscheinlich in 9 Monaten fertig.
- Hast du schon Aussicht auf einen Job, oder weißt du noch gar nicht, was du werden willst?
- Wenn man Politikwissenschaften studiert, muss man sehr flexibel sein, und da muss man halt schauen, was sich da anbietet.
- Also, du weißt noch nicht genau, was du nun

machen wirst?
- Noch nicht genau, nein.

- Und du studierst hier in Mainz?
- Ich studier hier in Mainz, und zwar im Hauptfach Buchwesen, im Nebenfach BWL, Betriebswirtschaft, und als drittes Fach Komparatistik.
- Und wie viele Semester musst du noch studieren, ungefähr?
- Noch mal genauso viel, also wahrscheinlich noch mal fünf Semester, und dann dürfte es geschafft sein, ja.
- Weißt du denn schon, was du mal werden möchtest?
- Ja, sehr genau. Ich werde wahrscheinlich in einem Verlag arbeiten. Wenn es irgendwie geht, ähm, mit der Herstellung der Bücher was zu tun haben. Und das ist also schon sehr konkret. Ich plane diesbezüglich auch bereits.

- Und was studierst du?
- Ich studiere Französisch und Geschichte.
- Auf Lehramt?
- Genau, Lehramt.
- Ach so, möchtest du Lehrerin werden?
- Genau, eines Tages will ich Lehrerin werden.

Unit 15
2 (p. 147) ▶4 39
- Herr Drossel, was kann man als Autofahrer für die Umwelt tun?
- Man soll auf jeden Fall Bleifrei oder Super Bleifrei tanken. Und das Auto soll einen Katalysator haben - das ist auch sehr wichtig.
- Und was kann man sonst noch tun?
- Also, man kann den Motor abstellen, wenn man wartet - an Ampeln zum Beispiel.
- Und sollte ich auch den Motor abstellen, wenn ich auf jemanden in meinem Auto warte?
- Auf jeden Fall. Wenn man mehr als 20 Sekunden auf jemanden wartet, sollte man das Auto abstellen.
- Muss man das in Deutschland tun - ich meine, ist das Gesetz?
- Ja, das ist Gesetz. Wenn man zum Beispiel morgens im Winter den Motor anmacht, darf das Auto nicht mehr im Leerlauf laufen, sondern man muss sofort losfahren. Und wenn man das Auto nicht braucht, soll man den Motor abstellen.
- Gibt es da auch Kontrollen? Wer kontrolliert das?
- Also, die Polizei kontrolliert das nicht. Aber die Nachbarn zum Beispiel achten da schon drauf. Und wenn das öfter vorkommt, dann kann man eine Anzeige bekommen - das passiert schon manchmal, ja.
- Danke schön!

8 (p. 150) ▶4 40
- Sie trennen also Ihren Müll, Frau König?
- Ja, ich recycle meinen Müll. Soll ich Ihnen das einmal zeigen?
- Ja, gern.
- So, hier ist meine Küche. Also - das ist meine Biotonne.
- Was kommt in die Biotonne?
- In die Biotonne kommen Küchenabfälle.
- Also zum Beispiel Obstschalen?
- Ja, und hier - diese Eierschalen auch.
- Und das ist Ihr gelber Sack?
- Ja. In den gelben Sack kommt Kunststoff und Metall - Verpackungen aus Alu, zum Beispiel. Und hier ist meine graue Restmülltonne.
- Und was kommt denn in die Restmülltonne?
- In die Restmülltonne kommen Medikamente...
- Also, vielleicht alte Tabletten?
- Ja, das stimmt. So etwas kommt in die Restmülltonne.
- Und was machen Sie mit Ihrem Altpapier?
- Zeitungen und anderes Altpapier sammle ich. Sie kommen in den Altpapiercontainer.

- Und Ihr Altglas sammeln Sie auch?
- Ja, Glas und Flaschen kommen in den Altglascontainer.

9 (p. 150) ▶4 41
- Herr Drossel, wie kann man im Haushalt zu viel Müll vermeiden?
- Man kann zum Beispiel beim Einkaufen von zu Hause eine Stofftasche oder einen Korb mitnehmen.
- Man soll also keine Plastiktüten vom Geschäft mitnehmen?
- Ja, das ist richtig.
- Und was kann ich sonst noch tun?
- Man soll keine Produkte mit überflüssiger Verpackung kaufen, also keine Produkte mit zu viel Papier oder Plastik.
- Aha. Und wie kann ich sonst noch Müll vermeiden?
- Man kauft am besten Mehrwegprodukte, das sind zum Beispiel Pfandflaschen. Man soll auch Behälter aus Plastik vermeiden. Besser sind recycelte Behälter aus Glas.
- Also soll man auch keine Cola in Dosen kaufen?
- Nein, das soll man auf keinen Fall. Das ist nicht gut für die Umwelt.
- Herr Drossel, man soll zu viel Müll vermeiden - das ist klar. Aber was soll man mit dem Restmüll tun?
- Also, den Restmüll soll man trennen - das ist am besten.

Unit 16
3 (p. 152) ▶4 43
- Wie werden Sie dieses Jahr Weihnachten verbringen?
- Wir sind zu Hause und werden am Heiligen Abend in der Familie feiern, und am ersten Weihnachtsfeiertag treffen wir uns traditionsgemäß mit der Familie meines Bruders, die hier in der selben Stadt wohnt und da kommen wir alle zusammen, essen miteinander am Mittag und bleiben bis abends zusammen.
- Und was essen Sie am ersten Weihnachtstag?
- Im letzten Jahr haben wir eine Gans gehabt.
- Eine Gans.
- Ja.
- Ist das ein traditionelles Gericht?
- Die Weihnachtsgans ist eigentlich schon ein traditionelles Gericht in Deutschland, ja.
- Fahren Sie auch manchmal weg über Weihnachten?
- Wir fahren auch über Weihnachten in manchen Jahren weg, zum Skifahren, beispielsweise, in die Berge, das ist unterschiedlich. Dieses Jahr bleiben wir zu Hause.
- Gehen Sie auch in die Kirche zu Weihnachten?
- Wir besuchen am Heiligen Abend einen Mitternachtsgottesdienst.
- Ja, dann wünsche ich Ihnen ein schönes Fest!
- Danke schön, Ihnen auch.
- Danke.

- Frau Zacharias, wie werden Sie dieses Jahr Weihnachten feiern?
- Also ich werde Weihnachten, den Vierundzwanzigsten, nicht feiern und wir haben auch keine Tradition, Weihnachten zu feiern ...
- Und warum?
- Wir haben uns gegen den Konsum entschieden und wir leben, wir sind keine überzeugten Christen und dementsprechend lehnen wir es ab, Weihnachten zu feiern.
- Ignorieren Sie das Weihnachtsfest oder fahren Sie weg?
- Nein, also in diesem Jahr bleiben wir auf jeden Fall zu Hause, weil ...
- Frau Zacharias, Sie sagten, dass Sie Weihnachten nicht feiern, bedeutet das, dass Sie beispielsweise keine Weihnachtskarten verschicken, keinen Weihnachtsbaum haben,

keine Weihnachtsgans kochen?
- Ja, das heißt, also, wir kaufen keine Geschenke, wir verschicken keine Karten, wir machen kein Festtagsessen, also keine Gans, keinen Karpfen, keinen Stollen, keine Plätzchen und wir haben auch keinen Weihnachtsbaum.

- Frau Senf, wie werden Sie dieses Jahr Weihnachten feiern?
- Wie die letzten Jahre.
- Das bedeutet, also, sind Sie alleine oder ...?
- Ich lebe alleine und zum Heiligabend kommen meine Tochter und ihr Freund und meine Mutter, und wir schmücken einen Weihnachtsbaum, das Essen soll möglichst nicht so aufwendig sein, damit die Hausfrau Zeit hat, sich um ihre Gäste zu kümmern.
- Und was machen Sie Heiligabend? Gehen Sie in die Kirche?
- Nein.
- Was wird es dieses Jahr bei Ihnen zu Weihnachten zu essen geben?
- An Heiligabend, wie gesagt, immer möglichst mühelos für die Hausfrau, das heißt Raclette oder Fondue. Am ersten Feiertag, wenn's zu Hause ist, gibt's Gans. Das ist allerdings ein Problem, da meine Tochter Vegetarierin ist. Ihr Freund und meine Mutter essen umso lieber Fleisch. Das ist ein Problem, deshalb gehen wir auch öfters am ersten Feiertag aus zum Essen, dann kann jeder wählen, was er will.
- Ja, danke.

9 (p. 154) ▶4 46
- Frohes neues Jahr!
- Frohes neues Jahr!

- Wir gratulieren zur Hochzeit!
- Danke schön.

- Ich drücke Ihnen die Daumen!
- Danke. Kann ich gebrauchen.

- Herzlichen Glückwunsch zum Geburtstag!
- Ah, danke schön für das Geschenk!

- Ein frohes Weihnachtsfest!
- Ihnen auch!

- Viel Glück und alles Gute in der neuen Wohnung!
- Danke! Komm uns bald mal besuchen.

- Herzlichen Glückwunsch zum Examen!
- Danke. Ist alles gut gegangen.

- Gratuliere zum neuen Job!
- Danke! Hast du was zu trinken?
- Wir trinken auf Herrn Antonescu!
- Ich danke euch allen für eure Hilfe!
- Kompliment zu Ihrem Deutsch!
- Danke schön.

Word groups

In this section you will find words grouped into different areas of meaning, such as countries, nationalities, the family and occupations. The translations given here correspond to the contexts used in the book.

1 Countries and Nationalities

America	*Amerika*	*Amerikaner/in*
Australia	*Australien*	*Australier/in*
Austria	*Österreich*	*Österreicher/in*
Belgium	*Belgien*	*Belgier/in*
Brazil	*Brasilien*	*Brasilianer/in*
Canada	*Kanada*	*Kanadier/in*
China	*China*	*Chinese/in*
Denmark	*Dänemark*	*Däne/in*
Egypt	*Ägypten*	*Ägypter/in*
England	*England*	*Engländer/in*
France	*Frankreich*	*Franzose/(-sin)*
Germany	*Deutschland*	*Deutsche/r*
Great Britain	*Großbritannien*	*Brite/in*
Greece	*Griechenland*	*Grieche/in*
Hungary	*Ungarn*	*Ungar/in*
India	*Indien*	*Inder/in*
Iran	*der Iran*	*Iraner/in*
Ireland	*Irland*	*Ire/in*
Israel	*Israel*	*Israeli/n*
Italy	*Italien*	*Italiener/in*
Japan	*Japan*	*Japaner/in*
Korea	*Korea*	*Koreaner/in*
Lebanon	*der Libanon*	*Libanese/in*
Luxembourg	*Luxemburg*	*Luxemburger/in*
Morocco	*Marokko*	*Marokkaner/in*
Netherlands	*die Niederlande*	*Niederländer/in*
New Zealand	*Neuseeland*	*Neuseeländer/in*
Nigeria	*Nigeria*	*Nigerianer/in*
Norway	*Norwegen*	*Norweger/in*
Pakistan	*Pakistan*	*Pakistaner/in*
Poland	*Polen*	*Pole/in*
Portugal	*Portugal*	*Portugiese/in*
Romania	*Rumänien*	*Rumäne/in*
Russia	*Russland*	*Russe/in*
S.Africa	*Südafrika*	*Südafrikaner/in*
Scotland	*Schottland*	*Schotte/in*
Spain	*Spanien*	*Spanier/in*
Sudan	*der Sudan*	*Sudanese/in*
Sweden	*Schweden*	*Schwede/in*
Switzerland	*die Schweiz*	*Schweizer/in*

Turkey	die Türkei	Türke/in
USA	die Vereinigten Staaten/USA	Amerikaner/in
Wales	Wales	Waliser/in

Note: Omit the emboldened e for the feminine form.

2 Languages

Arabic	arabisch	Japanese	japanisch
Chinese	chinesisch	Norwegian	norwegisch
Danish	dänisch	Persian	persisch
Dutch	holländisch	Polish	polnisch
English	englisch	Portuguese	portugiesisch
French	französisch	Rumanian	rumänisch
German	deutsch	Russian	russisch
Greek	griechisch	Spanish	spanisch
Hebrew	hebräisch	Swedish	schwedisch
Hindi	hindu	Turkish	türkisch
Hungarian	ungarisch	Welsh	walisisch
Italian	italienisch		

3 Family

mother	die Mutter
father	der Vater
parents	die Eltern
daughter	die Tochter
son	der Sohn
children	die Kinder
sister	die Schwester
brother	der Bruder
brothers and sisters	die Geschwister
step-sister/-brother	Stiefschwester/-bruder
grandmother	die Oma/Großmutter
grandfather	der Opa/Großvater
aunt	die Tante
uncle	der Onkel
mother/father-in-law	Schwiegermutter /- vater
daughter/son-in-law	Schwiegertochter /- sohn

4 Occupations

architect	Architekt/in
composer	Komponist/in
dentist	Zahnarzt/-ärztin
doctor	Arzt/Ärztin
editor	Redakteur/in
engineer	Ingenieur/in
export manager	Exportleiter/in
graphics designer	Grafiker/in
journalist	Journalist/in
managing director	Geschäftsführer/in
pensioner	Rentner/in
physicist	Physiker/in
policeman	Polizist/in
production manager	Produktionsleiter/in
receptionist	Empfangschef/-dame
secretary	Sekretärin
shop assistant	Verkäufer/in
student	Student/in
teacher	Lehrer/in
waiter/waitress	Kellner/in
writer	Schriftsteller/in

Word groups

5 Descriptions of people

a) Appearance

tall	*groß*
short	*klein*
blue/brown eyes	*blaue/braune Augen*
blond	*blond*
dark	*dunkelhaarig*
curly hair	*lockige Haare*
straight hair	*glatte Haare*
beard/moustache	*Bart/Schnurrbart*
bald	*Glatze*
with glasses	*Brille*
pretty	*hübsch*
good looking	*gut aussehend*
ugly	*hässlich*
young	*jung*
old	*alt*
slim	*schlank*
fat	*dick*

b) Character and personality

nice	*nett, lieb*
(un)friendly	*(un)freundlich*
funny	*lustig*
popular	*beliebt*
interesting	*interessant*
quiet	*ruhig*
boring	*langweilig*
hard working	*fleißig*

6 Routines

to (un)dress yourself	*sich (aus-) /anziehen*
to brush your shoes	*die Schuhe putzen*
to brush your teeth	*sich die Zähne putzen*
to do the cleaning	*sauber machen* (sep.)
to do the cooking	*kochen/das Essen machen*
to do the vacuum cleaning	*staubsaugen*
to do the ironing	*bügeln*
to do the shopping	*einkaufen gehen*
to do the washing up	*abwaschen* (sep.)
to do the washing	*die Wäsche machen*
to get your hair cut	*sich die Haare schneiden lassen*
to make the beds	*die Betten machen*
to take a shower/ bath	*sich duschen/ sich baden*
to wash yourself	*sich waschen*

7 Parts of the body

arm	*der Arm*
back	*der Rücken*
chest	*die Brust*
ear	*das Ohr*
eye	*das Auge*
finger	*der Finger*
foot	*der Fuß*
hair	*das Haar/die Haare*
hand	*die Hand*
head	*der Kopf*
knee	*das Knie*
leg	*das Bein*
lips	*die Lippen*
mouth	*der Mund*
neck	*der Hals*
nose	*die Nase*
shoulder	*die Schulter*
stomach	*der Bauch*
throat	*der Hals*
toe	*der Zeh*
tooth	*der Zahn*

8 Health and illness

allergy	*die Allergie*
cough	*der Husten*
health	*die Gesundheit*
health insurance certificate	*der Krankenschein*
health insurance scheme	*die Krankenkasse*
health spa	*die Kur*
illness	*die Krankheit*
insect bite	*der Insektenstich*
to lose/to put on weight	*ab-/zunehmen*
medicine, medication	*die Medizin, das Medikament*
my leg hurts	*mein Bein tut weh*
ointment	*die Salbe*
plaster	*das Pflaster*
tablet	*die Tablette*
to be healthy	*gesund sein*
to be ill	*krank sein*
to be in pain	*wehtun* (sep.)
to eat healthily	*sich gesund ernähren*
to have a backache	*Rückenschmerzen haben*
to have a cold	*Schnupfen haben/erkältet sein*
to have a headache	*Kopfschmerzen haben*
to have a sore throat	*Halsschmerzen haben*
to have a temperature	*Fieber haben*
to have flu	*Grippe haben*
to keep fit	*sich fit halten*
What's the matter?	*Was fehlt Ihnen?*
wholefood	*die Vollwertkost*
wound	*die Wunde*

9 Sports and pastimes

athletics	die Leichtathletik
club	der Verein/der Klub
to play in a club	in einem Verein spielen
cycling	das Radfahren
football	der Fußball
to play football	Fußball spielen
golf	das Golf
gymnastics	das Turnen
hobby	das Hobby
horseriding	das Reiten
jogging	das Jogging
member	das Mitglied
mountain climbing	das Bergsteigen
rowing	das Rudern
skiing	der Skisport
to ski	Ski fahren
squash	das Squash
swimming	das Schwimmen
table tennis	das Tischtennis
team	die Mannschaft
tennis	das Tennis
to do sports	Sport machen/treiben
to train	trainieren
to go walking, rambling	wandern

10 Shops

bakery	die Bäckerei
butcher's	die Metzgerei
cake shop	die Konditorei
chemist	die Apotheke
closed	geschlossen
corner shop	Tante-Emma-Laden
department store	das Kaufhaus
health food shop	der Bioladen, das Reformhaus
kiosk	der Kiosk
market	der Markt
opening hours	die Öffnungszeiten
supermarket	der Supermarkt

11 Clothes and accessories

blouse	die Bluse
bracelet	das Armband
brooch	die Brosche
clothes	die Kleidung
coat	der Mantel
dress	das Kleid
jacket	das Jackett, die Jacke
jewellery	der Schmuck
shirt	das Hemd
shoes	die Schuhe (pl.)
size	die Größe
which size?	welche Größe?
skirt	der Rock
socks	die Socken (pl.)
a pair of socks	ein Paar Socken
suit	der Anzug
sweater	der Pullover
T-shirt	das T-Shirt
tie	die Krawatte/der Schlips
tights	die Strumpfhose
trousers	die Hose
try on	anprobieren

12 Food

a) Fruit, vegetables

cabbage	der Kohl
carrots	Karotten/Möhren
fruit	das Obst
potato	die Kartoffel
salad	der Salat
tomatoes	Tomaten
vegetable	das Gemüse

b) Fish and meats

meat	das Fleisch
ham	der Schinken
cold meats	der Aufschnitt
salami	die Salami
fish	der Fisch
sausage	die Wurst

c) other

bread	das Brot
bread roll	das Brötchen
butter	die Butter
muesli	das Müsli
crisp bread	das Knäckebrot
white bread	das Weißbrot
wholemeal bread	das Vollkornbrot
jam	die Marmelade
cheese	der Käse
honey	der Honig
toast	der Toast
yoghurt	das (der) Jogurt
egg	das Ei

Word groups

13 Drinks

beer	das Bier
coffee	der Kaffee
coffee with/ without milk	Kaffee mit/ ohne Milch
a (little) jug of coffee	ein Kännchen Kaffee
a cup of coffee	eine Tasse Kaffee
tea	der Tee
lemon tea	Tee mit Zitrone
juice	der Saft
apple juice	der Apfelsaft
orange juice	der Orangensaft
lemonade	die Limonade
milk	die Milch
mineral water	das Mineralwasser
sparkling wine	der Sekt
wine	der Wein
white/red wine	der Weißwein/Rotwein

14 Containers and measures

a glass of	ein Glas
a bottle of	eine Flasche
a spoonful of	ein Löffel
a teaspoon	ein Teelöffel
a tablespoon	ein Esslöffel
a bunch of flowers	ein Blumenstrauß
a can, tin	eine Dose
a dozen	ein Dutzend
a jar	ein Glas
a kilo of	ein Kilo
a litre of	ein Liter
a pound of	ein Pfund
half a pound of	ein halbes Pfund
a packet of	ein Paket

15 The house

a) Around the house

balcony	der Balkon
basement	das Untergeschoss
bathroom	das Bad(ezimmer)
bedroom	das Schlafzimmer
bedsit	das möblierte Zimmer
cellar	der Keller
dining room	das Esszimmer
flat	die Wohnung
floor	der Stock/die Etage
garden	der Garten
house	das Haus
kitchen	die Küche
lounge	das Wohnzimmer
nursery	das Kinderzimmer
room	das Zimmer
shower	die Dusche
study	das Arbeitszimmer
toilet	die Toilette

b) Furniture and appliances

bed	das Bett
coffee machine	die Kaffeemaschine
cupboard	der Schrank
desk	der Schreibtisch
sofa	das Sofa
table	der Tisch
TV set	der Fernseher
vending machine	der Automat
wardrobe	der Kleiderschrank

16 Buildings, places and monuments

airport	der Flughafen
bank	die Bank
farm	der Bauernhof
Brandenburg Gate	das Brandenburger Tor
bus stop	die Bushaltestelle
coffee house	das Café
cathedral	der Dom
castle	die Burg/das Schloss
church	die Kirche
factory	die Fabrik
guesthouse	die Pension
harbour	der Hafen
holiday home	das Ferienhaus
hotel	das Hotel
hospital	das Krankenhaus
library	die Bibliothek
museum	das Museum
old part of the city	die Altstadt
petrol station	die Tankstelle
playground	der Spielplatz
post office	die Post
pub	die Kneipe
restaurant	das Restaurant
school	die Schule
service area	die Raststätte
square	der Platz
savings bank	die (Stadt)Sparkasse
station	der Bahnhof
theatre	das Theater
tourist office	der Verkehrsverein/ die Touristen- information
town hall	das Rathaus
underground station	die U-Bahn-Station
university	die Universität

17 Means of transport

aeroplane	*das Flugzeug*	taxi	*das Taxi*
by plane	*mit dem Flugzeug*	tram	*die Straßenbahn*
bus	*der Bus*	train	*der Zug/die Bahn*
by bus	*mit dem Bus*	by train	*mit dem Zug/mit*
bicycle	*das Fahrrad*		*der Bahn*
car	*das Auto*	tube/underground	*die U-Bahn*
coach	*der (Reise)Bus*	by tube	*mit der U-Bahn*

18 Numbers

0	*null*	13	*dreizehn*	80	*achtzig*
1	*eins*	14	*vierzehn*	90	*neunzig*
2	*zwei*	15	*fünfzehn*	100	*einhundert*
3	*drei*	16	*sechzehn*	101	*(ein)hunderteins*
4	*vier*	17	*siebzehn*	200	*zweihundert*
5	*fünf*	18	*achtzehn*	212	*zweihundertzwölf*
6	*sechs*	19	*neunzehn*	300	*dreihundert*
7	*sieben*	20	*zwanzig*	333	*dreihundertdreiunddreißig*
8	*acht*	21	*einundzwanzig*	400	*vierhundert*
9	*neun*	22	*zweiundzwanzig*	500	*fünfhundert*
10	*zehn*	30	*dreißig*	600	*sechshundert*
11	*elf*	40	*vierzig*	700	*siebenhundert*
12	*zwölf*	50	*fünfzig*	800	*achthundert*
		60	*sechzig*	900	*neunhundert*
		70	*siebzig*	1000	*eintausend*

19 Days and months

Monday	*der Montag*
Tuesday	*der Dienstag*
Wednesday	*der Mittwoch*
Thursday	*der Donnerstag*
Friday	*der Freitag*
Saturday	*der Samstag/Sonnabend*
Sunday	*der Sonntag*
January	*der Januar*
February	*der Februar*
March	*der März*
April	*der April*
May	*der Mai*
June	*der Juni*
July	*der Juli*
August	*der August*
September	*der September*
October	*der Oktober*
November	*der November*
December	*der Dezember*

20 Expressions of time

at Christmas	*(zu) Weihnachten*
over Easter	*über Ostern*
in January	*im Januar*
in the summer	*im Sommer*
in the summer holidays	*in den Sommerferien*
this week/month	*diese Woche/ diesen Monat*
last week	*letzte Woche*
next week	*nächste Woche*
a week ago	*vor einer Woche*
at the weekend	*am Wochenende*
40 hours a week	*40 Wochenstunden/Stunden in der Woche*
today	*heute*
now	*jetzt*
tomorrow	*morgen*
yesterday	*gestern*
every day	*jeden Tag*
every year	*jedes Jahr*
always	*immer*
often	*oft*
never	*nie*
sometimes	*manchmal*
seldom	*selten*
once a day	*einmal am/pro Tag*
once a week	*einmal pro/in der Woche*
twice a month/year	*zweimal im Monat/Jahr*

Glossary

Irregular verbs are indicated by *

A

ab	*from*	
der	Abend(-e) *evening*	
	abends *in the evening*	
	guten Abend *good evening*	
	heute Abend *this evening*	
das	Abendbrot(-e) *evening meal*	
das	Abendgymnasium (Abendgymnasien) *evening classes, adult education college*	
die	Abendschule(-n) *evening classes, adult education college*	
	aber *but*	
die	Abfahrt(-en) *departure*	
der	Abfahrtslauf (Abfahrtsläufe) *downhill racing*	
der	Abflug (Abflüge) *departure (by air)*	
	abheben (sep.) *to withdraw (money)*	
	abholen (sep.) *to collect, pick up*	
das	Abitur *school-leaving examination*	
	ablehnen (sep.) *to be against*	
	abnehmen (sep.) *to lose weight*	
die	Abreise(-n) *departure*	
	abstellen (sep.) *turn off*	
die	Abteilung(-en) *department*	
	abwaschen (sep.) *to wash up*	
	ach je! *oh dear!*	
	ach so! *oh, I see!*	
	achten (auf etwas) *to pay attention (to something)*	
der	ADAC *motorists' organisation*	
die	Adresse(-n) *address*	
der	Advent (sing.) *Advent*	
die	Adventszeit (sing.) *Advent*	
die	Akte(-n) *file*	
die	Aktivität(-en) *activity*	
	aktuell *topical*	
	akzeptieren *to accept*	
der	Alkohol(-e) *alcohol*	
	allein(-e) *alone*	
	allein erziehend *single parent*	
	allerdings *however, to be sure*	
die	Allergie(-n) *allergy*	
	alles *everything, all*	
	alles Gute *all the best*	
	allgemein *ordinary*	
der	Alltag (sing.) *everyday life*	
die	Alpen *the Alps*	
	als *than*	

	also *so*	
	alt, älter, ältest... *old*	
das	Alter(-) *age*	
der	Altglas-Container(-) *bottle bank*	
der	Altkleider-Container(-) *container for old clothes*	
das	Altpapier (sing.) *used paper*	
der	Altpapier-Container *paper bank*	
die	Altstadt (Altstädte) *old part of the city*	
	ambulant *out-patient*	
der	Amerikaner(-) *American (man)*	
die	Amerikanerin(-nen) *American (woman)*	
die	Amerikanistik (sing.) *American studies*	
die	Ampel(-n) *traffic lights*	
	an *at; on*	
die	Ananas(-) *pineapple*	
	anbauen (sep.) *to cultivate, grow*	
	anbieten (sep.) *to offer*	
	ander(-er, -e, -es) *other*	
der	Anfang (Anfänge) *beginning*	
	am Anfang *at first, initially*	
	anfangen (sep.) *to begin*	
der	Anfängerkurs(-e) *beginner's course*	
das	Angebot(-e) *offer*	
	im Angebot *on special offer*	
	angenehm *pleasant; pleased to meet you*	
	angeworben (see anwerben)	
die	Anglistik (sing.) *English (studies)*	
die	Angst (Ängste) *fear*	
	ich habe Angst *I am afraid, scared*	
	ankommen (sep.) *to arrive*	
die	Ankunft (Ankünfte) *arrival*	
	anmachen (sep.) *to switch on*	
	anregend *exciting*	
der	Anruf(-e) *telephone call*	
der	Anrufbeantworter(-) *answering machine*	
	anrufen (sep.) *to telephone, ring up*	
	anschauen (sep.) *to look at*	
	im Anschluss daran *afterwards*	
die	Anschrift(-en) *address*	
das	Ansehen (sing.) *reputation*	
	(sich) ansehen *to have a look at*	
	anstrengend *exhausting*	
der	Anteil(-e) *share, proportion*	
die	Antwort(-en) *answer*	
	um Antwort wird gebeten (u.A.w.g.) *R.S.V.P.*	
	anwerben* *to recruit*	
die	Anwerbung(-en) *recruitment*	
die	Anzeige(-n) *report (to the police)*	

der	Anzug (Anzüge) *suit*	

der Anzug (Anzüge) *suit*
das Apartment(-s) *studio flat*
der Apfel (Äpfel) *apple*
das Apfelmus(-e) *apple sauce*
die Apfelsine(-n) *orange*
die Apfelstreuseltorte(-n) *apple crumble /gateau*
die Apfeltorte(-n) *apple cake*
der Apparat(-e) *telephone (or other appliance)*
  am Apparat *speaking*
der Appetit *appetite*
  Guten Appetit! *Enjoy your meal!*
  April *April*
die Arbeit(-en) *work*
  arbeiten *to work*
die Arbeitskraft (Arbeitskräfte) *worker*
  arbeitslos *unemployed*
der Arbeitsmarkt (Arbeitsmärkte) *job market*
die Arbeitsmöglichkeit(-en) *employment opportunity*
der Arbeitsplatz (Arbeitsplätze) *place of work (desk)*
der Arbeitstag (-e) *working day*
die Arbeitszeit (sing.) *working hours*
das Arbeitszimmer(-) *study*
der Architekt(-en) *architect (man)*
die Architektin(-nen) *architect (woman)*
der Arm(-e) *arm*
das Armband (Armbänder) *bracelet*
die Armee(-n) *army*
der Ärmel(-) *sleeve*
  arrogant *arrogant*
der Arzt (Ärzte) *doctor*
  praktischer Arzt *general practitioner*
die Arzthelferin(-nen) *receptionist, doctor's or dentist's assistant (woman)*
der Assistent(-en) *assistant*
der Asylbewerber(-) *asylum seeker*
  (auf)atmen *to breathe (a sigh of relief)*
die Attraktion(-en) *attraction*
  außerdem *as well, besides*
  auch *also, too*
  auf *on; in*
  auf Wiederhören *goodbye (on telephone)*
  auf Wiedersehen *goodbye*
die Aufbaustufe(-n) *threshold level*
der Aufenthalt(-e) *stay*
  aufhören (sep.) *to stop*
  aufstehen (sep.) *to get up*
  aufwachsen (sep.) *to grow up*
der Aufzug (Aufzüge) *lift*
das Auge(-n) *eye*
  aus *from; out of*
die Aus- und Fortbildung(-en) *further education*
die Ausbildung(-en) *education, training*
die Ausdauer (sing.) *stamina*
  Ausdauer orientierte Aktivitäten *activity oriented towards stamina*
  ausdrucken (sep.) *to print out*

die Ausfahrt(-en) *exit*
  ausfüllen (sep.) *to fill in*
der Ausgang (Ausgänge) *exit*
  ausgeben (sep.) *to spend*
  ausgewogen *balanced*
das Ausland (sing.) *abroad, foreign countries*
der Ausländer(-) *foreigner*
  ausländisch *foreign*
der Auslandsschalter(-) *foreign exchange desk*
  ausleihen (sep.)* *to borrow*
  ausrichten *to pass on (a message)*
  ausschließlich *exclusively, entirely*
der Ausschnitt(-e) *neckline*
  aussehen (sep.) *to look (like)*
die Aussicht(-en) *prospect*
der Aussiedler(-) *resettler*
  aussteigen (sep.) *to get out (of bus, etc.)*
  aussterben *to become extinct*
  Australien *Australia*
der Australier(-) *Australian (man)*
die Australierin(-nen) *Australian (woman)*
der Ausverkauf (Ausverkäufe) *(clearance) sale*
der Ausweis(-e) *company pass, identity card*
  (sich) ausweisen (sep.) *to identify oneself*
das Auto(-s) *car*
die Autobahn(-en) *motorway*
der Autofahrer(-) *driver*
der Automat(-en) *vending machine; cash dispenser*
die Autowerkstatt (Autowerkstätten) *garage*

B

  backen *to bake*
die Bäckerei(-en) *bakery*
die Backstube(-n) *bakery*
das Bad (Bäder) *bath, bathroom*
das Badezimmer(-) *bathroom*
der Bahnfreund(-e) *railway enthusiast*
der Bahnhof (Bahnhöfe) *railway station*
der Bahnsteig(-e) *(station) platform*
  bald *soon*
  so bald wie möglich *as soon as possible*
der Balkon(-e) *balcony*
die Banane(-n) *banana*
die Bank(-en) *bank*
die Bankangestellte(-n) *bank employee (woman)*
die Bankleitzahl(-en) (BLZ) *sort code*
der Bär(-en) *bear*
die Bar(-s) *bar*
  bar *cash*
das Bargeld (sing.) *cash*
  bargeldlos *without using cash*
der Bart (Bärte) *beard*
die Batterie(-n) *battery*
der Bauch (Bäuche) *stomach*

German-English Glossary

bauen *to build*
der Bauernhof (Bauernhöfe) *farm*
bearbeiten *to treat*
bedeuten *to mean*
die Bedienung (sing.) *service*
(sich) befinden* *to be (found) (at)*
begeisternd *exhilarating*
beginnen* *to begin*
begrüßen *to welcome*
die Begrüßung(-en) *welcome*
der Begründer(-) *founder*
der Behälter(-) *container*
die Behandlung(-en) *treatment*
bei *at; near; by; with*
bei Ihnen *at your house*
beide *both*
beige *beige*
die Beilage(-n) *side dish*
das Bein(-e) *leg*
bekommen* *to get; to agree with*
mir ist etwas nicht bekommen *something (I ate) didn't agree with me*
beliebt *favourite; popular*
am beliebtesten *the most popular*
das Benzin (sing.) *petrol*
bequem *comfortable, convenient*
bereits *already*
der Berg(-e) *mountain*
der Beruf(-e) *profession*
was sind Sie von Beruf? *what do you do (for a living)?*
die Berufsausbildung(-en) *vocational training*
abgeschlossene Berufsausbildung *completed vocational qualification*
die Berufserfahrung(-en) *work experience*
die Berufsschule(-n) *vocational school*
berufstätig *working*
die Bescherung(-en) *giving of Christmas presents*
(sich) beschweren *to complain*
die Besichtigung(-en) *visit*
besonders *particularly*
die Besprechung(-en) *meeting*
besser *better*
best(-er, -e, -es) *best*
wie komme ich am besten zu... ? *what's the best way to... ?*
bestätigen *to confirm*
bestehen* *to exist, consist, be made of*
bestellen *to order*
bestimmt *certain*
bestünde (*see* bestehen)
der Besuch(-e) *visit*
besuchen *to visit*
der Besucher(-) *visitor (man)*
die Besucherin(-nen) *visitor (woman)*

der Betrag (Beträge) *amount*
betreiben* *to do, go in for*
der Betrieb(-e) *firm, factory, business*
die Betriebswirtschaft (sing.) *business studies*
das Bett(-en) *bed*
die Bevölkerung(-en) *population*
bevorzugt *preferred*
bewegen *to move*
die Bewegung(-en) *exercise, movement*
(sich) bewerben* *to apply for a job*
die Bewerbung(-en) *application*
bewusst *carefully, sensibly*
bezahlen *to pay*
die Bibel(-n) *bible*
die Bibliothek(-en) *library*
das Bier(-e) *beer*
billig *inexpensive, cheap*
bin *am* (*see* sein)
der Bioladen (Bioläden) *health food store*
die Biotonne(-n) *biological bin*
das Biotop(-e) *biotope*
die Birne(-n) *pear*
bis *from; until; by*
ein bisschen *a little*
die Bitte(-n) *request*
bitte, bitte schön *please*
wie bitte? *pardon?*
blau *blue*
bleiben* *to stay, remain*
Bleifrei *unleaded (petrol)*
blond *blond*
die Blume(-n) *flower*
der Blumenstrauß (Blumensträuße) *bunch of flowers*
borgen *to borrow*
böse *angry, annoyed*
braten* *to fry*
brauchen *to need*
braun *brown*
breit *wide*
brennen* *to burn*
der Brief(-e) *letter*
die Briefmarke(-n) *postage stamp*
die Brille(-n) *glasses*
bringen* *to bring*
die Brosche(-n) *brooch*
das Brot(-e) *bread*
das Brötchen(-) *(bread) roll*
der Bruder (Brüder) *brother*
das Buch (Bücher) *book*
buchen *to book*
buchstabieren *to spell*
das Buchwesen (sing.) *Publishing and Book Production*
bügeln *to do the ironing*
der Bundesbürger(-) *citizen of the Federal Republic*
das Bundesland (Bundesländer) *federal state*

die   Bundesrepublik Deutschland *Federal Republic of Germany*
der   Bürger(-) *citizen*
      Bürger zweiter Klasse *second-class citizen*
das   Büro(-s) *office*
der   Bus(-se) *bus*
die   Butter (sing.) *butter*

C

das   Café(-s) *café*
der   Camcorder(-) *camcorder*
der   Campingplatz (Campingplätze) *campsite*
die   CD(-s) *(compact disc)*
der   Cent *cent*
der   Chef(-s) *boss (man)*
die   Chefin(-nen) *boss (woman)*
die   Collage(-n) *collage*
der   Computer(-) *computer*
die   Currywurst (Currywürste) *curry sausage*
die   Cutterin(-nen) *(film etc.) editor*

D

      da *there; here*
      dafür *for this*
      dahin *(to) there*
die   Damenbekleidung (sing.) *ladies' wear*
      danach *after that*
      danke, danke schön *thank you*
      dann *then*
      das *the; that*
      das wär's *that's all*
      dass *that*
das   Datum (Daten) *date*
      davon *from there; out of these*
      dazukommen *to come in addition*
die   DDR *GDR*
die   Demonstration(-en) *demonstration*
      denken* *to think*
      denn *for; then*
      der *the; he*
      deshalb *for that reason, that's why*
die   Deutsche Demokratische Republik (DDR) *German Democratic Republic*
der   Deutsche(-n) *German (man)*
      Deutschland *Germany*
die   Diabetikerin(-nen) *diabetic (woman)*
      dich *you (informal)*
      dick *fat, big*
      die *the*
die   Dienstreise(-n) *business trip*
      diese *these*
das   Ding(-e) *thing*
der   Dom(-e) *cathedral*
das   Doppelhaushälfte *semi-detached house*

das   Doppelzimmer(-) *double room*
das   Dorf (Dörfer) *village*
      dort *there*
      dort drüben *over there*
      dreimal *three times*
      dreimal die Woche *three times a week*
      dringend *urgent*
      dritte(-r, -s) *third*
das   Drittel(-) *one third*
die   Droge(-n) *drug*
der   Drogenhandel (sing.) *drug dealing*
      (ich) drücke dir/Ihnen die Daumen *I'll keep my fingers crossed for you*
      drucken *to print*
      du *you (informal)*
      dual *dual*
      dunkelblau *dark blue*
      durch *by, through*
      dürfen* *to be allowed; may (modal verb)*
      was darf es sein? *what would you like?*
die   Dusche(-n) *shower*
      duzen *to call 'du'*

E

      ebenso *as well*
die   Ecke(-n) *corner*
      egoistisch *egotistic*
die   Ehe(-n) *marriage*
      ehemalig *former*
das   Ei(-er) *egg*
      eigen *own*
die   Eile (sing.) *hurry*
      in Eile sein *to be in a hurry*
      ein(-e) *a*
      ein bisschen *a little*
die   Einbahnstraße(-n) *one-way street*
      einbehalten (sep.) *retain*
der   Eindruck (Eindrücke) *impression*
      einfach *single (ticket); simple, simply*
das   Einfamilienhaus (Einfamilienhäuser) *detached house*
      einführen (sep.) *to insert*
die   Einführung(-en) *introduction*
      eingeben* *to enter, type in*
die   Einheit(-en) *unity*
      Tag der Deutschen Einheit *day of German unity*
      einige *some*
der   Einkauf (Einkäufe) *purchase(s)*
      einkaufen (gehen) *(to go) shopping*
der   Einklang (sing.) *harmony*
      einladen (sep.) *to invite*
die   Einladung(-en) *invitation*
      einlaufen (sep.) *to shrink*
      einmal (mal) *once; just*
      ich schau mal nach *I'll just check*

German-English Glossary

einreiben* *to rub in*
einschließen (sep.) *to include*
einsparen (sep.) *to save*
einst *once*
von einst *old, former*
einsteigen (sep.) *to get on (a bus, etc.)*
einverstanden *in agreement; OK*
ich bin einverstanden *I agree*
die Einwegflasche(-n) *non-returnable bottle*
das Einzelzimmer(-) *single room*
die Elektroabteilung(-en) *electrical department*
der Elektroartikel(-) *electrical goods*
die Eltern (pl.) *parents*
empfehlen* *recommend*
das Ende(-n) *end*
der Endlauf (Endläufe) *final*
der Engländer(-) *Englishman*
die Engländerin(-nen) *Englishwoman*
Englisch *English*
das Enkelkind(-er) *grandchild*
die Enkeltochter(Enkeltöchter) *granddaughter*
entlang *along*
entnehmen* *to take out*
entschuldigen *to excuse*
entschuldigen Sie *excuse me*
enttäuscht *disappointed*
entweder... oder *either... or*
entwerten *to stamp (cancel)*
der Entwerter(-) *ticket-cancelling machine*
er *he*
die Erde(-n) *earth*
das Erdgeschoss (Erdgeschosse) *ground floor*
die Erfahrung(-en) *experience*
erheben *charge, levy*
die Erholung(-en) *rest and relaxation, relaxing holiday*
(sich) erkälten *to catch (a) cold*
die Erkältung(-en) *cold*
erledigen *to deal with*
ernähren *to feed*
eröffnen *to open (an account)*
erreichbar *available*
erreichen *to reach*
erst *first, only, not until*
erste(-r, -s) *first*
zum ersten Mal *for the first time*
die Erwachsenenbildung (sing.) *adult education*
erzählen *to tell*
es *it*
essen* *to eat*
das Essen(-) *meal*
das Esszimmer(-) *dining room*
die Etage(-n) *floor, storey*
etwa *about*
etwas *something; a little*
der Euro(-s) *euro*

Europa *Europe*
das Examen(-) *examination*
existieren *to exist*
experimentell *experimental*
der Exportleiter(-) *export manager (man)*
die Exportleiterin(-nen) *export manager (woman)*

F

die Fabrik(-en) *factory*
die Fachschule(-n) *technical college*
das Fachwerkhaus (Fachwerkhäuser) *timber-framed house*
der Fahrausweis(-e) *ticket*
fahren* *to go; drive*
in die Stadt fahren *to go into town*
die Fahrkarte(-n) *ticket*
der Fahrkartenschalter(-) *ticket desk, counter*
der Fahrplan (Fahrpläne) *timetable*
das Fahrrad (Fahrräder) *bicycle*
der Fahrradverleih (sing.) *renting a bicycle*
die Fahrt(-en) *journey*
die Fahrzeit(-en) *travelling time*
der Fall (Fälle) *case*
auf keinen Fall *in no circumstances*
falls *if*
falsch *wrong*
die Familie(-n) *family*
das Familienfest(-e) *family party*
fand (*see* finden)
die Farbe(-n) *colour*
der Fasching (sing.) *(pre-Lent) carnival*
fast *nearly*
faszinierend *fascinating*
das Fax(-e) *fax*
die Faxnummer(-n) *fax number*
Februar *February*
fehlen *to be missing; to be wrong (with someone)*
was fehlt Ihnen? *what's wrong?*
der Feierabend(-e) *finishing time (at work), leisure time*
feiern *to celebrate*
der Feiertag(-e) *holiday*
fein *fine*
die Feinoptik (sing.) *precision optical instruments*
die Ferien *holiday(s)*
das Ferienappartment(-s) *holiday apartment*
das Feriengebiet(-e) *holiday resort*
die Ferienhausvermietung(-en) *holiday homes (self-catering)*
fernsehen* *to watch television*
das Fernsehen (sing.) / der Fernseher(-) *television*
der Fernsprecher(-) *telephone*
fertig *ready; finished*
das Fest(-e) *festival, celebration*

festhalten (sep.) *to capture*
das Feuerwerk (sing.) *firework display*
das Fieber(-) *temperature*
fiebersenkend *fever-reducing*
der Film(-e) *film*
die Filmwissenschaft (sing.) *film studies*
finanziell *financial*
in finanzieller Hinsicht *financially*
finden* *to find*
wo finde ich...? *where can I find...?*
der Finger(-) *finger*
der Fisch(-e) *fish*
fit *fit*
sich fit halten *to keep fit*
das Fitnesscenter(-) *fitness centre*
die Flasche(-n) *bottle*
fleißig *hardworking*
das Fleisch (sing.) *meat*
der Fleischstand (Fleischstände) *meat counter*
die Fleischwaren (pl.) *meat products*
fliegen* *to fly*
der Fluss (Flüsse) *river*
der Flusslauf (Flussläufe) *course of a river*
der Flug (Flüge) *flight*
folgen *to follow*
das Fondue(-s) *fondu*
das Formular(-e) *form*
fortziehen (sep.) *to move away*
das Foto(-s) *photos*
der Fotoapparat(-e) *camera*
die Frage(-n) *question*
fragen *to ask*
der Franken(-) *Swiss franc*
Frankreich *France*
Französisch *French*
die Frau(-en) *woman; wife*
zweite Frau *second wife*
Frau *Mrs*
die Frauenärztin(-nen) *gynaecologist (woman)*
frei *free; available*
die Freizeit (sing.) *spare time*
das Fremdenverkehrsbüro(-s) *tourist information office*
(sich) freuen *to be pleased, look forward*
freut mich *pleased to meet you*
der Freund(-e) *friend (man)*
die Freundin(-nen) *friend (woman), girlfriend*
freundlich *friendly*
frisch *fresh*
der Friseur(-e) *hairdresser*
froh *happy*
früh *early*
früher *earlier, before; former*
der Frühling(-e) *spring*
der Frühschoppen(-) *morning drink*
das Frühstück(-e) *breakfast*

fühlen *to feel*
funktionieren *to work*
für *for*
furchtbar *terrible*
der Fuß (Füße) *foot*
zu Fuß *on foot*
der Fußball (Fußbälle) *football*

G

der Gang (Gänge) *corridor*
die Gans (Gänse) *goose*
ganz *quite; whole*
gar nicht *not at all*
der Garten (Gärten) *garden*
der Gartenabfall-Container(-) *garden waste bin*
der Gastarbeiter(-) *guest worker*
das Gästezimmer(-) *guest room*
der Gasthof (Gasthöfe) *inn*
geben* *to give*
es gibt keinen Zuschlag *there is no supplement*
geboren *born*
das Geburtsdatum (Geburtsdaten) *date of birth*
der Geburtsort(-e) *place of birth*
der Geburtstag(-e) *birthday*
gedruckt (*see* drucken)
geehrt *honoured*
Sehr geehrte Damen und Herren *Dear Sir or Madam*
gefallen* *to please*
die gefällt mir besser *I prefer it*
hat es Ihnen gefallen? *did you like it?*
der Gefallen(-) *favour*
tun Sie mir einen Gefallen? *can you do me a favour?*
das Gefühl(-e) *feeling*
gegen *against*
das Gehalt (Gehälter) *salary*
das Geheimnis(-se) *secret*
die Geheimzahl(-en) *personal number*
gehen* *to go*
es geht um... *it concerns...*
sich gehen lassen *to let oneself go*
wie geht es Ihnen? wie geht's? *how are you?*
gehören *to belong*
gelb *yellow*
das Geld(-er) *money*
der Geldautomat(-en) *cash dispenser*
der Geldbetrag (Geldbeträge) *(sum of) money*
gemahlen (*see* mahlen)
gemeinsam *together*
gemischt *mixed*
das Gemüse (sing.) *vegetables*
gemütlich *cosy*

German-English Glossary

genau *exactly*
genießen* *to enjoy*
genug *enough*
gerade *just (now)*
geradeaus *straight on*
das   Gericht(-e) *dish*
der   Gerichtsvollzieher(-) *bailiff*
gerieben (*see* reiben)
gering *small, little*
der   Germanist(-en) *German specialist*
die   Germanistik (sing.) *German (studies)*
gern(e) *willingly; you are welcome*
ich hätte gern(e) *I would like*
ich spiele gern Tennis *I like playing tennis*
das   Geschäft(-e) *shop, business*
der   Geschäftsführer(-) *managing director (man)*
die   Geschäftsführerin(-nen) *managing director (woman)*
die   Geschäftsreise(-n) *business trip*
das   Geschenk(-e) *present*
die   Geschichte(-n) *history; story*
geschieden *divorced*
geschlossen (*see* schließen)
die   Geschwister *brothers and sisters*
das   Gesetz(-e) *law*
gestern *yesterday*
gestern Abend *yesterday evening*
gestiegen (*see* steigen)
gesund *healthy*
die   Gesundheit (sing.) *health*
gewinnen* *to win*
gewusst (*see* wissen)
das   Gewürz (Gewürze) *spices*
gibt (*see* geben)
das   Glas (Gläser) *glass*
das   Glasfenster(-) *stained glass window*
die   Glatze(-n) *bald head*
glauben *to think, believe*
gleich *immediately, straight away; like; same*
gleich links *immediately on the left*
das   Gleis(-e) *(station) platform*
die   Gleitzeit (sing.) *flexitime*
das   Glück(-(e)s) *luck, happiness*
viel Glück! *good luck!*
glücklich *happy*
der   Glückwunsch (Glückwünsche) *congratulations*
der   Glühwein *mulled wine*
das   Gold (sing.) *gold*
gotisch *Gothic*
die   Grafikabteilung(-en) *graphic design department*
der   Grafiker(-) *graphic designer*
das   Gramm (sing.) *gramme*
gratulieren *to congratulate*
grau *grey*
der   Grieche(-n) *Greek (man)*
die   Grippe(-n) *flu*

groß, größer, größt... *big, tall*
groß werden *to grow up*
Großbritannien *Great Britain*
die   Größe(-n) *size*
die   Großmutter (Großmütter) *grandmother*
der   Großraum (Großräume) *area*
der   Großvater (Großväter) *grandfather*
der   Groschen(-) *Groschen*
der   Gruß (Grüße) *greetings*
liebe Grüße *with best wishes*
mit freundlichen Grüßen *yours sincerely*
mit herzlichen Grüßen *with best wishes*
grün *green*
der   Grund (Gründe) *reason*
(an)gucken (sep.) *to look; watch (informal)*
günstig *favourable, reasonable*
ein günstiges Angebot *bargain*
die   Gurke(-n) *cucumber*
gut (besser, best...) *good; well; nice*
mir geht es (nicht) gut *I am (not) well*
der   Gutschein(-e) *credit voucher*
das   Gymnasium (Gymnasien) *grammar school*
die   Gymnastik (sing.) *exercises, gymnastics*

H

das   Haar(-e) *hair*
sich die Haare schneiden lassen *to get your hair cut*
haben* *to have*
hast du Lust...? *do you feel like...*
ich hätte gerne *I would like*
Spaß haben *to have fun, enjoy oneself*
das   Hackfleisch (sing.) *minced meat*
das   Hähnchen(-) *chicken*
halb *half*
halb so schlimm *it's not so bad*
halb zehn *half-past nine*
der   Halbbruder (Halbbrüder) *half-brother*
die   Halbpension(-en) *half board*
die   Halbschwester(-n) *half-sister*
hallo *hello*
der   Hals (Hälse) *neck*
(sich) halten *to keep, stay*
das   Handtuch (Handtücher) *towel*
das   Handwerk (sing.) *trade; craft(s)*
häufig *often*
der   Hauptbahnhof (Hauptbahnhöfe) *main (railway) station*
das   Hauptfach (Hauptfächer) *main subject(s)*
die   Hauptschule(-n) *secondary school*
der   Hauptschüler(-) *secondary pupil*
die   Hauptstadt (Hauptstädte) *capital*
das   Haus (Häuser) *house*
nach Hause gehen, fahren, kommen *to go/come home*

zu Hause *at home*

die Hausfrau(-en) *housewife*

der Haushalt (-e) *household; housework*

die Haushaltswarenabteilung(-en) *household goods department*

der Hausmeister(-) *caretaker*

heiß *hot*

mir ist heiß *I feel hot*

heißen* *to be called; to mean*

wie heißen Sie? *what is your name?*

der Heiligabend(-e) *Christmas Eve*

heiraten *to get married, marry*

die Heizung(-en) *heating*

hektisch *hectic*

helfen* *to help*

hellblau *light blue*

das Hemd(-en) *shirt*

der Herbst(-e) *autumn*

der Herr(-en) *gentleman; lord*

Herr *Mr*

die Herrenbekleidung (sing.) *men's (clothing) department*

herstellen (sep.) *to produce*

herzlich *hearty, sincere*

heute *today*

hier *here*

hierher *(to) here*

hiervon *of these*

die Himbeertorte(-n) *raspberry cake/gateau*

die Himmelfahrt *Ascension Day*

hinfahren* (sep.) *to go there*

hinkommen* (sep.) *to get there*

hinten *behind*

hinterlassen *leave (a message)*

historisch *historic*

das Hobby(-s) *hobby*

hoch, höher, höchst... *high*

hochachtungsvoll *yours faithfully*

die Hochsaison(-s) *peak season*

die Hochzeit(-en) *wedding*

die Hochzeitsfeier(-n) *wedding reception*

der Hochzeitskuchen(-) *wedding cake*

holen *to collect, fetch*

Holland *Holland*

hören *to hear; listen to*

die Hose(-n) *(pair of) trousers*

das Hotel(-s) *hotel*

hübsch *pretty*

das Huhn (Hühner) *chicken*

humpeln *to limp*

das Hundefutter (sing.) *dog food*

der Husten(-) *cough*

husten *to cough*

I

ich *I*

ignorieren *to ignore*

Ihnen *(to) you*

Ihr *your (formal)*

immer *always, ever*

immer billiger *cheaper and cheaper*

in *in; to*

der Ingenieur(-e) *(qualified) engineer (man)*

die Ingenieurin(-nen) *(qualified) engineer (woman)*

die Innenstadt (Innenstädte) *city centre*

der Insektenstich(-e) *insect bite*

die Insel(-n) *island*

insgesamt *in total*

interessant *interesting*

interessieren *to interest*

sich interessieren *to be interested*

international *international*

das Interview(-s) *interview*

die Iranerin(-nen) *Iranian (woman)*

der Ire(-n) *Irishman*

die Irin(-nen) *Irishwoman*

der Irre(-n) *madman*

isst *(see* essen*)*

ist *is* (see *sein*)

der Italiener(-) *Italian (man)*

Italienisch *Italian*

J

ja *yes; after all*

ich war ja Grafiker *after all, I was a graphic designer*

die Jacke(-n) *jacket*

das Jahr(-e) *year*

die Jahreszeit(-en) *season*

je *each*

jeder(-e, -es) *every*

jemand *someone*

jetzt *now*

der Job(-s) *job*

joggen *to jog*

der/das Jogurt(-) *yoghurt*

der Journalist(-en) *journalist (man)*

die Journalistin(-nen) *journalist (woman)*

jucken *to itch*

der Juckreiz(-e) *itching*

der Jude(-n) *Jew*

der Jugendliche(-n) *youth, young person*

der Jugoslawe(-n) *Yugoslav (man)*

Jugoslawien *Yugoslavia*

jung *young*

Juni *June*

die Jura (sing.) *law studies*

German-English Glossary

K

der	Kaffee (sing.)	*coffee*
	kalt	*cold*
	mir ist kalt	*I feel cold*
die	Kamera(-s)	*camera*
	kann	*can, is able* (see *können*)
das	Kännchen	*small pot*
die	Kantine(-n)	*canteen*
der	Kanton(-e)	*canton*
der	Karneval(-e)	*carnival*
der	Karpfen(-)	*carp*
die	Karte(-n)	*card, ticket*
die	Kartoffel(-n)	*potato*
der	Käse(-)	*cheese*
der	Käsekuchen(-)	*cheesecake*
die	Kasse(-n)	*cash desk*
der	Kassenbon(-s)	*receipt, sales slip*
der	Katalysator(-en)	*catalyser*
die	Katastrophe(-n)	*catastrophe, disaster*
der	Kater(-)	*tomcat; hangover*
	kaufen	*to buy*
der	Käufer(-)	*shopper (man)*
das	Kaufhaus (Kaufhäuser)	*department store*
	kaum	*barely, hardly*
	kein	*no*
	keinen Zucker	*no sugar*
das	Kellergeschoss (Kellergeschosse)	*basement, cellar*
der	Kellner(-)	*waiter*
	kennen lernen	*to get to know*
der	Kerzenständer(-)	*candle holder*
das	Kilo(-s)	*kilo*
der	Kilometer(-)	*kilometre*
das	Kind(-er)	*child*
die	Kinderärztin(-nen)	*paediatrician (woman)*
der	Kindergarten (Kindergärten)	*kindergarten, nursery school*
die	Kinderkrippe(-n)	*day care centre*
der	Kiosk(-e)	*kiosk*
die	Kirche(-n)	*church*
	klar	*clear*
	alles klar	*OK*
die	Klasse(-n)	*class, grade*
	klassisch	*classical*
das	Kleid (Kleider)	*dress, clothes*
	klein	*little, small; short (body height)*
die	Kleinigkeit(-en)	*small thing; minor point; nothing*
das	Klima(-s)	*climate*
der	Klub(-s)	*club*
die	Kneipe(-n)	*pub, restaurant*
	kochen	*to cook*
der	Kollege(-n)	*colleague (man)*
die	Kollegin(-nen)	*colleague (woman)*
	Köln	*Cologne*

	kommen*	*to come*
	er kam gelaufen	*he came running*
	kommt noch etwas dazu?	*anything else?*
	komm(t) rein	*come in*
	mitkommen (sep.)	*to come along/with*
	wie komme ich zu... ?	*how do I get to... ?*
der	Kommissar(-e)	*police inspector*
das	Kompliment(-e)	*compliment*
	Kompliment zu...	*congratulations on...*
die	Konferenz(-en)	*conference, meeting*
der	König(-e)	*king*
die	Königin(-nen)	*queen*
	können*	*to be able, can (modal verb)*
der	Konsum (sing.)	*consumerism*
der	Kontinent(-e)	*continent*
das	Konto (Konten, Konti)	*(bank) account*
die	Kontrolle(-n)	*check*
die	Kontrolluntersuchung(-en)	*(medical) check-up*
der	Kopf (Köpfe)	*head*
der	Kopfschmerz(-en)	*headache*
die	Körnersachen (pl.)	*grain products*
	Körperbewusst	*body-focused*
	kosten	*to cost; taste*
das	Kostüm(-e)	*costume*
	krank	*ill*
das	Krankenhaus (Krankenhäuser)	*hospital*
die	Krankenschwester(-n)	*(female) nurse*
die	Krankheit(-en)	*illness*
die	Krawatte(-n)	*tie*
die	Kreditkarte(-n)	*credit card*
der	Krieg(-e)	*war*
die	Küche(-n)	*kitchen*
der	Kuchen(-)	*cake*
der	Küchenabfall (Küchenabfälle)	*kitchen waste*
die	Kuh (Kühe)	*cow*
	(sich) kümmern um	*to look after*
der	Kunde(-n)	*customer*
die	Kunstakademie(-n)	*art college*
der	Kunststoff(-e)	*synthetic materials*
die	Kur(-en)	*(health) cure*
der	Kurs(-e)	*exchange rate; course*
	kurz	*short; for a short time*
der	Kuss (Küsse)	*kiss*
die	Küste(-n)	*coast*

L

	lachen	*to laugh*
das	Ladenschlussgesetz(-e)	*shop closing hours' act*
	lag	(see *liegen*)
das	Land (Länder)	*land; country; (federal) state*
	auf dem Land	*in the country*
die	Landeshauptstadt (Landeshauptstädte)	*capital*
die	Landschaft(-en)	*landscape; countryside*

lang *long*
lange *long*
der Langlauf (Langläufe) *cross-country skiing*
langsam *slow; slowly*
langweilig *boring*
der Lauf (Läufe) *course; race*
im Laufe der Zeit *in the course of time*
laufen* *to run*
im Leerlauf laufen *to idle the engine*
das Leben(-) *life*
die Lebensmittel (pl.) *food*
der Lebkuchen(-) *gingerbread*
lecker *delicious*
(sich) legen *to lie (down)*
das Lehramt (sing.) *teaching profession*
die Lehre (sing.) *apprenticeship*
der Lehrer(-) *teacher (man)*
die Lehrerin(-nen) *teacher (woman)*
der Lehrling(-e) *apprentice*
die Leichtathletik (sing.) *athletics*
Leid, es tut mir Leid *I'm sorry*
leider *I'm afraid, unfortunately*
leistungssportmäßig *competitively*
die Leitung(-en) *(telephone) line*
lernen *to learn; study*
lesen* *to read*
letzte(-r, -s) *last*
die Leute *people*
lieb *dear; kind*
lieben *to love*
lieber *rather*
ich höre lieber Popmusik *I prefer listening to pop music*
Liebste(r) *sweetheart, darling*
liefern *to deliver*
liegen* *to lie, be situated*
die Liegewiese(-n) *sunbathing lawn*
links *(on the) left*
die Liste(-n) *list*
der Liter(-) *litre*
der LKW(-s) *heavy goods vehicle (lorry parking)*
lockig *curly*
der Löffel(-) *spoon*
Esslöffel *tablespoon*
los: was ist los? *what's the matter?*
losfahren* (sep.) *to drive off*
losgehen* (sep.) *to start*
die Luft (Lüfte) *air*
die Lust (Lüste) *pleasure*
hast du Lust... ? *do you feel like... ?*
lustig *funny, lively, jolly*
lustige Leute *fun people*
Luxemburg *Luxembourg*
das Luxusgut (Luxusgüter) *luxury goods*

M

machen *to make; do*
was macht das? *how much does that come to?*
das Mädchen(-) *girl*
die Magisterarbeit(-en) *M.A. thesis*
mahlen* *to grind*
die Mahlzeit(-en) *meal*
Mahlzeit! *Enjoy your meal!*
Mai *May*
der Maifeiertag(-e) *Labour Day*
mal (*see* einmal)
das Malzbier(-e) *malt beer*
man *you/one*
wie macht man...? *how do you make...?*
der Manager(-) *manager (man)*
die Managerin(-nen) *manager (woman)*
manchmal *sometimes*
die Mandel(-n) *almond*
der Mann (Männer) *man; husband*
zweiter Mann *second husband*
das Männchen(-) *little man, dwarf*
die Mannschaft(-en) *team*
der Mantel *coat*
das Märchen(-) *fairy tale*
die Märchenstunde(-n) *(children's) story hour*
der Markt (Märkte) *market*
der Marktplatz (Marktplätze) *market square*
die Marmelade(-n) *jam*
das Marzipan(-s) *marzipan*
materialistisch *materialistic*
die Mauer(-n) *wall*
Berliner Mauer *Berlin Wall*
die Maus (Mäuse) *mouse*
die Medaille(-n) *medal*
das Medikament(-e) *medicine, medication*
das Mehl (sing.) *flour*
mehr *more*
die Mehrheit(-en) *majority*
das Mehrwegprodukt(-e) *recyclable product*
die Mehrwertsteuer (MwSt.) (sing.) *value-added tax (VAT)*
mein *my*
meinen *to believe, be of the opinion*
die Meinung(-en) *opinion*
ich bin der Meinung, dass... *I think (I am of the opinion) that...*
meist... *most*
meistens *usually*
(sich) melden *to answer (the telephone), report*
der Mensch(-en) *person (people)*
menschlich *human, humane*
(sich) merken *to make a note of*
messen* *to measure*

German-English Glossary

das Metall(-e) *metal*
mich *me*
die Miete(-n) *rent*
mieten *to rent*
die Mietwohnung(-en) *rented flat*
die Milch (sing.) *milk*
mild *mild*
die Minute(-n) *minute*
mir *(to) me*
mit *with*
kommen Sie mit? *are you coming (with me/us)?*
der Mitarbeiter(-) *employee*
das Mitglied(-er) *member*
mitnehmen (sep.) *to take along*
der Mittag(-e) *midday*
(zu) Mittag essen *to have lunch*
das Mittagessen(-) *lunch*
zum Mittagessen einladen *to invite for lunch*
die Mittagspause(-n) *lunch break*
die Mitte(-n) *middle*
die Mittelstufe(-n) *intermediate level*
mitten *in the middle*
die Mitternacht (sing.) *midnight*
der Mitternachtsgottesdienst(-e) *midnight service*
Mittwoch *Wednesday*
das Modell(-e) *model*
modern *modern*
mögen* *to like (modal verb)*
möchte *would like (to); should*
was für Musik magst du? *what sort of music do you like?*
die Möglichkeit(-en) *possibility, opportunity*
möglichst *as far as possible*
das Mohnbrötchen(-) *poppy-seed roll*
der Mohnkuchen(-) *poppy-seed cake*
der Moment(-e) *moment*
im Moment *at the moment*
der Monat(-e) *month*
Montag *Monday*
der Morgen(-) *morning*
guten Morgen *good morning*
morgens *in the morning*
morgen *tomorrow*
morgen früh *tomorrow morning*
das Motorradrennen(-) *motorcycle race*
das Müsli(-) *muesli*
der Müller(-) *miller*
die Mülltonne(-n) *dustbin*
München *Munich*
die Münze(-n) *coin*
der Münzfernsprecher(-) *pay phone*
das Museum (Museen) *museum*
die Musik (sing.) *music*
das Muskeltraining (sing.) *body building*
die Muskulatur(-en) *muscles*

müssen* *to have to, must (modal verb)*
die Mutter (Mütter) *mother*
die MwSt. (*see* Mehrwertsteuer)
die Mythologie(-n) *mythology*

N

na *well/so*
nach *after; past; to*
der Nachbar(-n) *neighbour*
der Nachmittag(-e) *afternoon*
nachmittags *in the afternoon*
der Nachname(-n) *surname*
die Nachricht(-en) *message, news*
nachschauen (sep.) *to look up, check*
nächster(-e, -es) *next*
die Nacht (Nächte) *night*
die Nähe (sing.) *vicinity*
in der Nähe *nearby*
der Name(-n) *name*
wie ist Ihr Name? *what's your name?*
nanu *what's this?*
die Nase(-n) *nose*
meine Nase läuft *my nose is running*
national *national*
die Nationalität(-en) *nationality*
die Nationalmannschaft(-en) *national team, crew*
natürlich *natural(ly); of course*
neben *next to*
das Nebenfach (Nebenfächer) *subsidiary subject(s)*
der Neffe(-n) *nephew*
negativ *negative*
nehmen* *to take*
nehmen Sie Platz *take a seat*
nein *no*
nett *nice*
sind Sie so nett... *would you mind...*
neu *new*
Neujahr (sing.) *New Year*
nicht *not*
nicht wahr? *(translation depends on context:*
Sie kommen morgen, nicht wahr? *you're coming tomorrow, aren't you?*
die Nichte(-n) *niece*
nichts *nothing*
nie *never*
niemand *no one*
der Nobelpreis(-e) *Nobel Prize*
noch *still*
noch einen Wunsch? *anything else?*
noch (ein)mal *again*
der Norden *north*
die Nordsee (sing.) *North Sea*
der Norweger(-) *Norwegian (man)*

die Norwegerin(-nen) *Norwegian (woman)*
notieren *make a note of*
die Notiz(-en) *note*
die Nummer(-n) *number*
nur *only*

O

ob *whether*
oben *above*
das Obst (sing.) *fruit*
oder *or*
offiziell *official*
öffnen *to open*
die Öffnungszeit(-en) *opening time/hours*
oft *often*
öfter *often*
ohne *without*
das Ohr(-en) *ear*
ökologisch *ecological*
Oktober *October*
das Oktoberfest *Oktoberfest (Munich October festival)*
das Öl(-e) *oil*
die Ölfarbe(-n) *oil paint*
der Onkel(-) *uncle*
die Orangenmarmelade(-n) *orange marmalade*
die Ordnung(-en) *order*
das ist/geht in Ordnung *that's all right*
organisieren *to organise*
der Ossi(-s) *East German*
Ostberlin *East Berlin*
der Osten (sing.) *the East*
Ostern *Easter*
Österreich *Austria*
östlich *eastern*

P

das Paket(-e) *parcel*
der Panoramablick(-e) *panoramic view*
das Papier(-e) *paper*
die Parfümerie(-n) *perfumery*
der Parmesan(-s) *Parmesan (cheese)*
der Partner(-) *partner (man)*
die Partnerin(-nen) *partner (woman)*
passieren *to happen*
das Pech *bad luck*
so ein Pech! *what bad luck!*
die Pension(-en) *pension, guesthouse*
die Person(-en) *person*
die Personalabteilung(-en) *personnel department*
die Personalakte(-n) *personal file*
persönlich *personal*
das Pfand (Pfänder) *deposit*
Pfingsten *Whitsun*
der Pfirsich(-e) *peach*

das Pflaster(-) *plaster*
die Pfote(-n) *paw*
das Pfund(-e) *pound*
die Physik (sing.) *physics*
der Physiker(-) *physicist*
die Piste(-n) *piste*
der PKW(-s) *(private) car (parking)*
das Plastik (sing.) *plastic*
das Plastikgeld(-er) *plastic money*
der Platz (Plätze) *place; square*
das Plätzchen(-) *biscuit*
pleite *broke (informal)*
politisch *political*
die Politikwissenschaft (sing.) *political science*
die Polizei (sing.) *police*
der Polizist(-en) *policeman*
die Polizistin(-nen) *policewoman*
die Pommes frites (pl.) *chips*
die Popmusik (sing.) *pop music*
das Porzellan(-e) *china, porcelain*
positiv *positive, improved*
die Post (sing.) *post, post office*
der Postraum(-räume) *post room*
praktisch *practical*
die Praline(-n) *chocolate (sweet)*
die Praxis (sing.) *practice, practical experience*
der Preis(-e) *price*
prima *great*
privat versichert *privately insured*
pro *per*
pro Person *per person*
der Pro-Kopf-Verbrauch (sing.) *consumption per head*
probieren *to try, taste*
das Problem(-e) *problem*
das Produkt(-e) *product*
der Produktionsleiter(-) *production manager (man)*
die Produktionsleiterin(-nen) *production manager (woman)*
das Programm(-e) *programme*
das Projekt(-e) *project*
Prost! *Cheers!*
das Prozent(-e) *percent*
pünktlich *punctual, on time*
putzen *to clean*

Q

die Qualität(-en) *quality*

R

das Raclette(-s) *raclette*
Rad fahren (sep.) *to cycle*
die Radtour(-en) *bicycle ride*
der Rappen(-) *Swiss centime*
der Rat (sing.) *advice*

German-English Glossary

die Rate(-n) *instalment*
auf Raten kaufen *to buy on hire purchase*
rauchen *to smoke*
der Raum (Räume) *room*
raus *out; get out!*
die Realschule(-n) *secondary school*
die Rebsorte(-n) *vine*
recht *right, very*
ist das recht? *is that all right?*
rechts *(on the) right*
recyceln *to recycle*
der Redakteur(-e) *editor*
reduzieren *to reduce*
das Reformhaus (Reformhäuser) *health food store*
die Regierung(-en) *government*
der Reibekuchen(-) *potato rosti*
reiben* *grate; rub*
reich *rich*
reichen *to be enough*
der Reifen(-) *tyre*
das Reiseland (Reiseländer) *holiday destination*
reisen *to travel*
das Reisezentrum (Reisezentren) *travel centre*
das Reiseziel(-e) *holiday destination*
reiten* *to ride*
die Relativitätstheorie(-n) *theory of relativity*
religiös *religious*
die Rente(-n) *pension*
der Rentner(-) *pensioner (man)*
die Rentnerin(-nen) *pensioner (woman)*
reservieren *to reserve*
das Restaurant(-s) *restaurant*
die Restmülltonne(-n) *bin for non-recyclable waste*
die Rezeption(-en) *reception (area)*
rezeptpflichtig *available only on prescription*
das Rheinufer(-) *bank of the Rhine*
richtig *correct; true*
bin ich hier richtig? *is this right?*
rief *(see rufen)*
der Rock (Röcke) *skirt*
der Rohstoff(-e) *raw material*
die Rolltreppe(-n) *escalator*
rot *red*
der Rotwein(-e) *red wine*
der Rücken(-) *back*
der Rudersport (sing.) *rowing*
rufen* *to call, cry*
die Rufnummer(-) *telephone number*
ruhig *quiet*
Rumänien *Romania*
rund *round*

S

die Sache(-n) *thing*
die Sachertorte(-n) *chocolate cake*
der Sack (Säcke) *bag*
sagen *to say*
wie gesagt *as I said*
die Sahne (sing.) *cream*
die Salami(-s) *salami*
der Salat(-e) *salad*
die Salbe(-n) *ointment*
das Salz(-e) *salt*
die Sammlung(-en) *collection*
der Samstag *Saturday*
sauber *clean*
sauber machen *to clean*
sauer *sour; annoyed*
die Schachtel(-n) *box*
die Schadenfreude (sing.) *malicious pleasure*
das Schaf(-e) *sheep*
schaffen *to manage (to do something)*
die Schale(-n) *bowl; skin, peelings*
der Schalter(-) *counter*
(an)schauen (sep.) *to look; watch*
der Scheck(-s) *cheque*
die Scheckkarte(-n) *cheque card*
die Scheibe(-n) *slice*
(sich) scheiden *to get divorced*
schick *smart*
schicken *to send*
das Schiff(-e) *boat, ship*
das Schild(-er) *(road) sign*
der Schilling(-e) *Schilling*
der Schinken (sing.) *ham*
schlafen* *to sleep*
das Schlafzimmer(-) *bedroom*
schlank *slim*
schlecht *bad*
mir ist schlecht *I don't feel well*
schließen* *to close*
schlimm *bad*
der Schlips(-e) *tie*
schlucken *to swallow*
schmecken *to taste*
der Schmerz(-en) *pain*
Halsschmerzen *sore throat*
Kopfschmerzen *headache*
der Schmuck (sing.) *jewellery*
schmutzig *dirty*
schneiden* *to cut*
schnell *fast, quickly*
der Schnupfen(-) *(head) cold*
der Schnurrbart (Schnurrbärte) *moustache*
die Schokolade (-n) *chocolate*
die Scholle(-n) *plaice*
schon *already*
schön *beautiful; nice*

	schreiben* *to write*
	schriftlich *in writing*
der	Schuh(-e) *shoe*
die	Schule(-n) *school*
der	Schüler(-) *pupil, student*
	schützen *to protect*
	schwarz *black*
das	Schweinesteak(-s) *pork steak*
die	Schweiz *Switzerland*
die	Schweizerin(-nen) *Swiss (woman)*
der	Schweizer(-) *Swiss (man)*
	schwer *hard*
die	Schwester(-n) *sister*
der	Schwiegersohn (Schwiegersöhne) *son-in-law*
	schwierig *difficult*
	schwimmen* *to swim*
	sechsspurig *six-lane*
der	See(-n) *lake*
die	Sehenswürdigkeit(-en) *sights*
	sehr *very; very much*
	sein* *to be*
	seit *since*
	seit sechs Monaten *for six months*
	seitdem *since then*
die	Sekretärin(-nen) *secretary (woman)*
der	Sekt(-e) *sparkling wine*
die	Sektbar(-s) *champagne bar*
die	Sekunde(-n) *second*
	selbst *oneself*
	selbst gemacht *home-made*
	selbst tanken (sep.) *self-service petrol*
die	Selbstverteidigung(-en) *self-defence*
das	Seminar(-e) *seminar, course*
die	Semmel(-n) *(bread) roll*
die	Shorts *shorts*
	sicher *sure, certainly*
	sie *she; they*
	Sie *you (formal)*
der	Signalton (Signaltöne) *tone (on answering machine)*
der	Silvester(-) *New Year's Eve*
	sind (*see* sein)
	singen* *to sing*
	sitzen* *to sit*
die	Sitzung(-en) *meeting*
	ski fahren / ski laufen *skiing*
der	Skisport (sing.) *skiing*
die	Socke(-n) *sock*
	sofort *straight away*
der	Sohn (Söhne) *son*
	sollen* *must (modal verb)*
der	Sommer(-) *summer*
der	Sommerschlussverkauf (Sommerschlussverkäufe) *summer sale*
das	Sonderangebot(-e) *special offer*
der	Sondertarif(-e) *special fare*

	Sonnabend *Saturday*
	(sich) sonnen *to sunbathe*
	sonnig *sunny*
der	Sonntag *Sunday*
	sonst *otherwise*
	sonst noch etwas? *anything else?*
	Spaß haben* *to have fun, enjoy oneself*
	Spanisch *Spanish*
die	Sparkasse(-n) *savings bank*
	spät *late*
	wie spät ist es? *what time is it?*
	zu spät *too late*
die	Speisekarte(-n) *menu*
	sperren *to close*
	spielen *to play*
der	Spielplatz (Spielplätze) *playground*
der	Sport (sing.) *sport*
	Sport treiben *to do sport*
die	Sportabteilung(-en) *sports department*
die	Sportart(-en) *type of sport*
der	Sportartikel(-) *sports equipment*
die	Sprache(-n) *language*
die	Sprachenschule(-n) *language school*
	sprechen* *to speak*
die	Sprechstunde(-n) *surgery hours*
die	Sprechzeit(-en) *surgery hours*
der	Staat(-en) *state*
die	Stadt (Städte) *town, city*
das	Städteporträt(-s) *portrait of a town*
die	Stadtmitte(-n) *(city, town) centre*
der	Stadtplan (Stadtpläne) *(street) map*
die	Stadtsparkasse(-n) *local savings bank*
	stark *strong*
	starten *to start*
	statt *instead of*
	stattfinden (sep.) *to take place*
	staubsaugen* *to vacuum clean*
	stecken *to insert*
	stehen* *to stand*
	steigen* *to rise, go up*
die	Stelle(-n) *place; vacancy; position*
die	Steuer(-n) *tax*
der	Stiefbruder (Stiefbrüder) *step-brother*
die	Stiefschwester(-n) *step-sister*
der	Stock (Stöcke) *floor, storey*
der	Stoff(-e) *material*
die	Stollen(-) *German Christmas cake*
die	Straße(-n) *street, road*
die	Strecke(-n) *stretch*
das	Streckennetz(-e) *rail network*
das	Stroh (sing.) *straw*
die	Strumpfhose(-n) *tights*
das	Stück(-e) *piece*
der	Student(-en) *student (man)*
das	Studentenheim(-e) *student hostel*

German-English Glossary

die Studentin(-nen) *student (woman)*
die Studienreise(-n) *study trip*
    studieren *to study*
das Studio(-s) *studio*
das Studium (Studien) *(course of) study*
die Stunde(-n) *hour; time*
    süß *sweet*
die Süßigkeit(-en) *confectionery*
    suchen *look for, want*
der Sucherfocus (sing.) *viewfinder*
    Süden *south*
die Summe(-n) *sum, total*
    super *super, great (informal)*
    Super Bleifrei *super unleaded*
der Supermarkt (Supermärkte) *supermarket*
der Swimmingpool(-s) *swimming pool*
das System(-e) *system*
die Szene(-n) *scene*

T

das T-Shirt(-s) *T-shirt*
die Tablette(-n) *tablet*
der Tag(-e) *day*
    guten Tag *hello, good afternoon*
    jeden Tag *every day*
    zwei Stunden am Tag *two hours a day*
der Tag der Deutschen Einheit *(anniversary of) German unification*
    tagsüber *during the day*
    tanken *to get petrol*
die Tankstelle(-n) *petrol station*
die Tante(-n) *aunt*
    tanzen *to dance*
die Tasche(-n) *bag*
die Tasse(-n) *cup*
die Tastatur(-en) *keyboard*
    tausend *thousand*
das Taxi(-s) *taxi*
die Taxizentrale(-n) *taxi firm*
die Technik (sing.) *technology*
der Tee (sing.) *tea*
    teilen *to divide, share*
das Telefon(-e) *telephone*
    telefonieren *to telephone*
die Telefonkarte(-n) *phone card*
die Telefonnummer(-n) *telephone number*
    wie ist Ihre Telefonnummer? *what is your telephone number?*
die Telefonzelle(-n) *telephone box*
das Telekom (T-Punkt)-Geschäft *Telecom shop*
der Teller(-) *plate*
das Tennis (sing.) *tennis*
die Tenniskleidung *tennis clothes*

der Tennisschläger(-) *tennis racket*
der Tennisschuh (-e) *tennis shoes*
der Termin(-e) *appointment*
der Terminkalender(-) *appointments diary*
das Testament(-e) *testament*
    teuer *expensive, dear*
    wie teuer sind sie? *how much are they?*
das Theater(-) *theatre*
das Thema (Themen) *subject*
die Theorie(-n) *theory*
das Ticket (-s) *ticket*
das Tier(-e) *animal*
die Tierart(-en) *animal species*
der Tiger(-) *tiger*
der Tipp(-s) *tip*
der Tisch(-e) *table*
das Tischtennis (sing.) *table tennis*
der Toast(-s) *toast, bread for toasting*
die Tochter (Töchter) *daughter*
    toi, toi, toi! *good luck!*
die Toilette(-n) *toilet*
    toll *great (informal)*
die Tomate(-n) *tomato*
die Tonne(-n) *tonne*
die Torte(-n) *cake*
    total *total, totally*
der Tourist(-en) *tourist*
die Touristeninformation(-en) *tourist office*
    traditionell *traditional*
    tragen* *to carry; wear*
    trainieren *to train*
der Traum (Träume) *dream*
die Trauung(-en) *wedding (ceremony)*
der Travellerscheck(-s) *traveller's cheque*
    (sich) treffen* *to meet*
    treiben* *to do, go in for*
der Trend(-s) *trend*
    trennen *to separate*
die Treppe(-n) *stairs, staircase*
die Treppe rauf/runter *up/down the stairs*
    trinken* *to drink*
    auf... trinken *to drink to...*
    trug *(see tragen)*
der Truthahn (Truthähne) *turkey*
    Tschüss *goodbye (informal)*
die Tulpe(-n) *tulip*
    tun* *to do*
    tut mir Leid *I'm sorry*
    Tunesien *Tunisia*
der Türke(-n) *Turk (man)*
die Türkin(-en) *Turk (woman)*
die Türkei *Turkey*
    turnen *to do gymnastics*

U

die	U-Bahn(-en) *underground (railway)*
	üben *to practise*
	über *over*
	überall *everywhere*
	überflüssig *unnecessary, superfluous*
	übersetzen *to translate*
der	Übersiedler(-) *emigrant*
die	Uhr(-en) *clock*
	es ist 17 Uhr *it is five p.m.*
	um wie viel Uhr? *(at) what time?*
	wie viel Uhr ist es? *what time is it?*
	um *at; around; in order to*
	um 4 Uhr *at four o'clock*
	um die Ecke *around the corner*
	um glücklich zu sein *in order to be happy*
	umfallen (sep.) *to fall over*
die	Umfrage(-n) *survey*
	umherfahren (sep.) *to drive around*
der	Umlaut(-e) *umlaut*
die	Umleitung(-en) *diversion*
	umsteigen (sep.) *change (bus, etc.)*
	umtauschen (sep.) *to exchange (goods), change (money)*
die	Umwelt (sing.) *environment*
die	Umweltinformation(-en) *environmental information office*
das	Umweltministerium *ministry for the environment*
der	Umweltschutz (sing.) *protection of the environment*
der	Umweltschützer(-) *protector of the environment*
die	Umweltverschmutzung(-en) *environmental pollution*
	unbedingt *definitely*
	und *and*
	ungefähr *about, approximately*
	ungesund *unhealthy*
	unglücklich *unhappy*
	ungültig *invalid, void*
die	Universität(-en) *university*
die	Unruhe(-n) *unrest*
	uns *us*
	unser *our*
	unten *below*
	unter *under*
	unterschiedlich *different; variable*
	unterschreiben* *to sign*
die	Untersuchung(-en) *examination, check-up*
	unterwegs *on the way*
der	Urlaub(-e) *holiday(s)*
	Urlaub machen *to take a holiday*
der	Urlauber(-) *holidaymaker*
das	Urlaubsgeld(-er) *holiday pay*
das	Urlaubsland (Urlaubsländer) *holiday destination*
die	USA *USA*

V

die	Vase(-n) *vase*
der	Vater (Väter) *father*
	verändern *to change*
der	Verband (Verbände) *club*
	(sich) verbessern *to improve*
	verbinden* *to put through*
	ich verbinde *I'm putting you through*
die	Verbindung(-en) *connection*
	verbreiten *to give away, spread*
	verbringen* *to spend*
der	Verein(-e) *club*
	vereinbaren *to agree, arrange*
	nach Vereinbarung *by appointment*
	vergessen* *to forget*
	vergiften *to poison*
	verheiratet *married*
	verkaufen *to sell*
der	Verkäufer(-) *sales assistant (man)*
die	Verkäuferin(-nen) *sales assistant (woman)*
der	Verkehrsverein(-e) *tourist information office*
	(sich) verkleiden *to dress up*
der	Verlag(-e) *publisher*
	verlassen *to leave*
	(sich) verletzen *to hurt oneself*
	verlieren* *to lose*
	vermieten *to let*
	verpacken *to pack*
die	Verpackung(-en) *wrapping*
	verreisen *to go away, abroad*
	verrückt *crazy*
	verschenken *to give as a present*
	verschicken *to send*
die	Versicherung(-en) *insurance; insurance company*
die	Versicherungskarte(-n) *insurance or contribution card*
das	Verständnis (sing.) *understanding*
	verstehen* *to understand*
	versuchen *to try*
	verwitwet *widowed*
das	Video(-s) *video*
die	Videografik (-en) *video graphics (on tv)*
der	Videoraum (Videoräume) *video room*
	viel, mehr, am meisten *much, a lot, many*
	vielleicht *perhaps*
das	Viertel(-) *quarter*
das	Vitamin(-e) *vitamin*
die	Volkshochschule(-n) *adult education centre*
die	Volkswirtschaft (sing.) *economics*
	voll belegt *fully booked*
das	Vollkornbrötchen(-) *wholemeal roll*
die	Vollmacht *letter of authority*
	voll tanken *to fill up (with petrol)*

German-English Glossary

der   Volontär(-e) *trainee*
       vor *before*
       im Voraus *in advance*
       vor kurzem *recently*
die   Vorbestellung(-en) *reservation, advance order*
       vorkommen (sep.) *to happen*
       vorn *in front*
der   Vorname(-n) *first name*
der   Vorschlag (Vorschläge) *suggestion*
die   Vorsorge(-n) *provision*
       ambulante Vorsorge *out-patient provision*
       vorstellen *to introduce*
die   Vorstellung(-en) *performance*
das   Vorstellungsgespräch(-e) *job interview*
die   Vorwahl(-en) *dialling code*

W

die   Waffel(-n) *waffle*
       wahr *true*
       während *while*
       wahrnehmen (sep.) *to appreciate*
       wahrscheinlich *probably*
das   Wahrzeichen(-) *landmark*
der   Wald (Wälder) *wood, forest*
       wandern *to go walking, ramble, hike*
       wann *when*
       war, waren (*see* sein)
das   Warenhaus (Warenhäuser) *department store*
       warm *warm*
       warten *to wait*
       warum *why*
       was *what*
       so was wie *something like*
       was für... *what sort of...*
       was (etwas) *something*
die   Wäsche (sing.) *laundry*
das   Wasser (-) *water*
der   Wechselkurs(-e) *exchange rate*
der   Weg(-e) *way; path*
       weg *away*
       wegen *because of; about*
       wehtun (sep.) *to hurt*
       weiß (*see* wissen)
       weiß *white*
das   Weißbrot(-e) *white loaf*
der   Weißwein(-e) *white wine*
das   Weihnachten(-) *Christmas*
der   Weihnachtsbaum (Weihnachtsbäume) *Christmas tree*
das   Weihnachtsgeld(-er) *Christmas bonus*
die   Weihnachtskarte(-n) *Christmas card*
das   Weihnachtslied(-er) *Christmas song, carol*
der   Weihnachtsmarkt (Weihnachtsmärkte) *Christmas market*
der   1. Weihnachtstag(-e) *Christmas Day*
der   2. Weihnachtstag(-e) *Boxing Day*
       weil *because*
der   Wein(-e) *wine*
das   Weinanbaugebiet(-e) *wine-growing area*
das   Weinlokal(-e) *wine bar*
die   Weintraube(-n) *grape*
       weit *far*
       weiterfahren (sep.) *to travel on, continue one's journey*
       weitergehen (sep.) *to go on, continue*
       welchen? *which one?*
die   Welt(-en) *world*
der   Weltkrieg(-e) *world war*
die   Weltmeisterschaft(-en) *world championship*
die   Wende (sing.) *time before the unification*
       wenig *little, few*
       weniger *less*
       wenn *if; when*
       wer *who*
       werden* *to become; will*
die   Werkstatt (Werkstätten) *workshop*
der   Wert(-e) *value*
       im Wert von *to the value of*
       Wert legen auf* *to attach importance to*
       wert *worth*
       wertvoll *valuable*
       wesentlich *considerably, fundamentally*
der   Wessi(-s) *West German*
       Westberlin *West Berlin*
der   Westen (sing.) *the West*
       westlich *western*
der   Wettbewerb(-e) *competition*
das   Wetter (sing.) *weather*
       wichtig *important*
       wie *how; what*
       wie ist es mit diesem? *what about this one?*
       wie ist Ihr Name? *what is your name?*
       wie war's? *how was it?*
       wie wär's mit...? *how about...?*
       wieder *again*
       wiederhaben (sep.) *have back*
       wiederholen *to repeat*
das   Wiedersehen(-) *reunion*
       auf Wiedersehen *goodbye*
       Wien *Vienna*
die   Wiese(-n) *meadow*
       wie viel *how much*
       wie viel Uhr (ist es)? *what time (is it)?*
       willkommen *welcome*
       herzlich willkommen *a warm welcome*
der   Winter(-) *winter*
       wir *we*
die   Wirbelsäule(-n) *spine*

	wird (*see* werden)	
	wirklich *really*	
	wissen* *to know*	
	ich hätte gern gewusst... *I'd like to know...*	
	wenn ich das nur wüsste *if I only knew that*	
der	Wissenschaftler(-) *scientist*	
	wissenswert *worth knowing*	
	wo *where*	
die	Woche(-n) *week*	
das	Wochenende(-n) *weekend*	
das	Wochenendseminar(-e) *weekend seminar, course*	
	woher *(from) where*	
	wohin *(to) where*	
das	Wohl (sing.) *health*	
	zum Wohl! *Cheers!*	
	wohl *well*	
	wohnen *to live (in)*	
die	Wohnung(-en) *flat*	
das	Wohnzimmer(-) *living room*	
	wollen* *to want, wish*	
	ich will nach Amsterdam *I want to go to Amsterdam*	
	woraus *out of what*	
das	Wörterbuch (Wörterbücher) *dictionary*	
	wovor *what... of*	
die	Wunde(-n) *wound*	
	wunderbar *wonderful*	
	wünschen *to wish*	
	wünschenswert *desirable*	
	wurde *was, became (see* werden*)*	
das	Würstchen(-) *small sausage*	
	Wiener Würstchen *large cooked sausage*	

Z

	zählen *to be counted, be among*	
	zahlen *to pay*	
der	Zahn (Zähne) *tooth*	
der	Zahnarzt (Zahnärzte) *dentist*	
die	Zahnbürste(-n) *toothbrush*	
die	Zahnschmerzen (pl.) *toothache*	
das	Zäpfchen(-) *suppository*	
	zeigen *to show, point*	
die	Zeit(-en) *time*	
	zurzeit *at this time, at the moment*	
die	Zeitersparnis(-se) *time-saving*	
die	Zeitschrift (-en) *magazine*	
die	Zeitung(-en) *newspaper*	
	zelten *to camp*	
das	Zentrum (Zentren) *centre*	
	zerstechen* *to bite (insects)*	
	zerstören *to destroy*	
	ziemlich *quite*	
das	Zimmer(-) *room*	

die	Zitrone(-n) *lemon*	
	zu *to; for; too*	
	zu spät *too late*	
	zum Braten *for frying*	
der	Zucker (sing.) *sugar*	
	zueinander *to each other*	
	zuerst *first*	
der	Zufall (Zufälle) *coincidence*	
der	Zug (Züge) *train*	
	zu Hause / zuhause *at home*	
die	Zukunft (Zukünfte) *future*	
	zulassen *to accept*	
	nicht zugelassen *not accepted*	
	zurechtkommen (sep.) *get on (well)*	
	zurück *back*	
	fünf Pfennig zurück *five Pfennigs change*	
	hin und zurück *return (ticket)*	
	zurückfahren (sep.) *to go back*	
	zurückkehren (sep.) *to go back*	
	zurückkommen (sep.) *to come back*	
	zurückrufen (sep.) *to call back*	
	zurücktreten (sep.) *to resign*	
	zusammen *together*	
	zusammenwachsen (sep.) *to grow together*	
der	Zuschlag (Zuschläge) *supplement*	
die	Zutat(-en) *ingredient*	
	zweite(-r, -s) *second*	
die	Zwiebel(-n) *onion*	
der	Zwilling(-e) *twin*	
	zwischen *between*	
	zwischendurch *in between*	

Acknowledgements

The authors and publishers would like to acknowledge the use of the following texts. Every effort has been made to trace all copyright holders, but the publishers will be pleased to make the necessary arrangements at the earliest opportunity if there are any omissions.

Globus Infografik GmbH (p. 9, 125, 148); Westdeutsche Lotterie GmbH & Co (p. 16); Weißbierbrauerei Hopf GmbH (p. 23); Centrale Marketing Gesellschaft der deutschen Agrarwirtschaft mbH (p. 18); Sigloch Edition (p. 24); Tourist centre Jena (p. 24); Deutsche Telekom AG (p. 28, 94); Greven Verlag (p. 32); Deutsche Bahn AG (DB) (p. 33, 35, 36); Amt für Lübeck-Werbung und Tourismus (p. 40); Sparkasse (p. 114); Bensberger Bank eG (p. 115); TUI (p. 65); Fremdenverkehrsbüro Mainz (p. 95); J. G. Niederegger GmbH & Co (p. 98, 105, 107); Deutsche Lufthansa AG (p. 125); Vangelis Pavlidis/Inter Nationes (p. 126); Hotel Schwarzer Bär (p. 127); Pension Toman (p. 128); Starke/Thüringer Allgemeine (p. 133); Janosch (p. 138); Bad Fredeburg Kneippheilbad (p. 140); Kurverwaltung Winterberg (p. 140); Heilbad Lindenmoor (p. 140); Staatsbad Salzuflen GmbH (p. 140); die Volkshochschule (VHS) (p. 143); Inter Nationes (p. 147, 149); Eduscho (p. 154); Pierre Aziz (p. 118)

BBC Languages would like to thank the following for providing photographs and for permission to reproduce copyright material. While every effort has been made to trace and acknowledge all copyright holders, we will be pleased to make the necessary arrangements at the earliest opportunity if there are any omissions or errors.

Picture credits: Alamy/Comstock Images 90 (tl); **Alamy/Goodshot** 47; © **BBC, Bernd Spauke** 14, 36 (t), 41 (b), 49 (t), 57 (b), 62, 71 (b); **Camera Press** 131; **Getty Images** 141 (l, ml, mr), 142; **Joern Sackermann/Das Fotoarchiv** i; **ImageState/ICN/Gavin Hellier** 128; **Jonathan Oppong-Wiafe** 4, 12 (l), 31, 42, 44, 51 (t), 52 (1a, 1b, 2a, 2b, 3b, 4a, 4b, 5a, 5b, 6a, 6b), 56, 78, 97, 103 (m, mb), 108 (m, b), 110 (ml), 111, 119 (ml, bl), 130, 134 (t, m, bl); **Magnum Photos Ltd** 123 (tl); **Moviestore Collection Ltd** 8 (tr); **Powerstock** 112 (t), 130; **Rex Features Ltd** 8 (b); **Zefa Pictures** 1 (m), 13, 22, 101 (b), 102, 103 (ml), 135, 137.

Many thanks also to: David Hargreaves, Peter Essex, Joan Keevill, Michaela Jung, Andrea Köhler, Iris Sprankling, Catherine Basset, Robin Sawers, Ivan Sertic (Nicolai Antonescu), Christa Rockstroh (Frau Maier), Caroline Schmitt (Susanne Weiß), Konstanze Proebster (Anna Daniels), Daniel Werner (Ulli Meyer), Astrid Rempel (Elke Schneider), Stefan Gebelhoff (Dieter Hagen), Peter Höschler (Herr Schiller), Lale Ütsükarci (Hülya), Hans-Peter Deppe (kiosk owner), Gennaro de Chiara (kiosk customer), Thorsten Thomas, Werner Kalb, Ulrike Hensel, Andrea Schulte, Stephan Bulow, Rainer Conrad, Lewent Apak, Sabine Asenkerschbaumer.

The TV programmes **Deutsch Plus** were made with the help of DEUTSCHE WELLE Radio and TV International.